U0105370

新亞文商學術叢刊

孔道追尋的變與不變：以朱次琦、簡朝亮和伍憲子為討論中心

劉志輝　著

麥序

Das war der Mann, der immer wiederkehrt,
wenn eine Zeit noch einmal ihren Wert,
da sie sich enden will, zusammenfaßt.
Da hebt noch einer ihre ganze Last
und wirft sie in den Abgrund seiner Brust.

Die vor ihm hatten Leid und Lust;
er aber fühlt nur noch des Lebens Masse
und daß er Alles wie ein Ding umfasse, –
nur Gott bleibt über seinen Willen weit:
da liebt er ihn mit seinem hohen Hasse
für diese Unerreichbarkeit.

一個時代行將終結，其價值得重估的時候，這樣的一個人總會再出現。他提起整個時代的重負，放入他胸懷深處。
在他之前的人們受著痛苦與欲誘，但他只感受到生命的所有重量，並要把一切一體地抱擁——只有上帝遠超他的意志。也因為祂不可企及，他以極大的憎恨去愛祂。

在上世紀八十年代，我還在中文大學歷史系唸碩士班的時候，華文學界刮著一片歐陸社會理論風，我們一群初出茅廬的學生也跟著大群說著法蘭克福學派、結構主義和哈巴馬斯（Jürgen Habermas, 1929-）等等。也因此，我選了當時備受討論的德國社會學家韋伯（Max Weber, 1864-1920）的學說為碩士論文題目。他的龐大理論自有其攝人的魅力，他那被過簡化的「儒家思想無助資本主義發展」說法，在四小龍經濟騰飛的環境中成為眾矢之的，也增添我對他的興趣。只是當時我的德語是僅識之無，依賴的英譯本連英國人都不能看懂。我只能硬著頭皮去讀，實則很多地方似懂非懂。不過韋伯夫人（MarianneWeber, 1870-1954）為韋伯寫的傳記（英譯：Max Weber: A Biography）卻大大幫助了我去認識他的學術關懷和歷程。上面一段引文見於書的導言，描述的是文藝復興的通儒米開朗基羅（Michelangelo），但也折射到韋伯的學術志業。我看了十分感動，就把英德對照的文字影印了，貼在研究室的門外，有次還聽到當時的指導教授李弘祺師在門外朗讀。

論文通過後，韋伯的傳記就被置之高閣，但一段文字留下的印記，居然啟導了我之後幾十年的學術研究。自此我一直堅信，稱得上偉大思想家的，視野應該覆蓋生命，時代以至人類的境遇。東西哲人追求的美善的生命（good life），從物質上升到精神，從個人達於全人類。為此，他們努力思考人的本質和需要、知識的力量和限度、教育的目標和方式、個體和大群的關係、各種領導和管治制度的好壞等等問題。Good life 可能是個遙不可及的想像，時代不斷向前，開創新的條件也造成各種新挑戰，但一代一代的哲人沒有放棄。他們利用所處身傳統的核心價值，各種既有的和新添的文化資源，去繼續這些無休止的探索。反過來，在反覆思考和回應時代的問題的時候，他們也不知不覺地轉化了傳統。

得李金強兄介紹，我得以認識志輝，並伴隨他在學術路上走了一段。志輝研究中國傳統儒學已經多年，早有豐富著作，本書脫胎自他的博士論文，可以說是他部分研究成果的總結。九江學派為晚清以來儒學的重要流派，代表人物朱次琦（1807-1882）、簡朝亮（1851-1933）和伍憲子（1881-

1959）在世變極速的時代，重新思考儒者的處境與責任、仕與隱的選擇、求道的方法和弘道的新途徑、儒學對中國的新政治和經濟秩序的貢獻、儒學在現代社會的價值和意義等等問題。他們處身在轉變中的環境，背負著儒者的使命，放眼大群的未來，氣度恢弘，思想透徹。志輝在本書將之一一道來，補足了近代儒學史的重要一章。我再三閱讀，深覺獲益良多。我很肯定志輝之後仍會孜孜不倦，憑其學力再創學術新高。

志輝未來會全身投入研究，我則因為工作上的轉變而疏於學問。這次為了替志輝作序得以重拾書本，格外高興。再閱韋伯傳記時，才發現序首所引文字，原來出自德語系詩人里爾克（Rainer Maria Rilke, 1875-1926）的詩集，當年我對他是全不認識。但是，民國初年時，積極推介和翻譯里爾克的作品的留德學人馮至（1905-1993），正是我離開大學之前，最後的研究計畫的其中一個主題。這幾年我看了里爾克頗多的作品，只是沒能把他聯繫到韋伯。此刻才發現，以為是新同道的，原來是同行已久。廣大的學術天地中，各人都有自己要走的路，有人喜得學侶，結伴一生；當日大家擦身而過，再見已是聲氣相通。

麥勁生

2021年10月29日　香港

楊序

看罷劉志輝君《孔道追尋的變與不變：以朱次琦、簡朝亮與伍憲子為討論中心》，內心強烈感到前賢傳道、衛道之艱難。

朱次琦雖宦途起伏，鄉試、會試多次落第，然坦然處之，不受得失名利纏繞。道光二十七年（1847），朱氏中進士，即用知縣，派往山西。時人多相賀，朱氏卻憂心是否能達至上下通情的責任。其不以物喜，不以物驚，先天下之憂而憂，見於其行為上。任職山西時，以儒為治，智捕大盜、驅殺狼群，均一時美政，聲譽遠聞；離任時，民眾沿道相送，可謂宦海清流。

咸豐五年（1855），朱氏辭官，在禮山講學，不分「漢學」、「宋學」，直本孔子教誨，提出「四行」（惇行孝弟、崇尚名節、變化氣質、檢攝威儀）、「五學」（經、史、掌故、性理、辭章）為本，以達到誠心、謹慎、克己、力行的規範。劉君在「漢宋調和與實學」一節，詳細分析朱氏傳道、衛道的心切。乾嘉以後，尊漢詆宋之風盛，甚至認為「調和漢宋」或「漢宋兼采」是不可能實現。劉君指出在「稽古」與「致用」兩大治學範疇中，朱次琦卻得其中。劉君指出朱次琦之學不僅著重「經世致用」，更重要的是以清初大儒顧炎武（1613-1682）為典範；再者，朱氏所反的「漢學」，不僅是乾嘉的考據學風，更是當時「分科教授」的制度，使學子不能完整理解孔道。其結論是九江之學術又遠非「漢學」或「宋學」所能限囿，分析可算是的評。

朱氏講求經世致用，終生最大成就在教育，著名門人包括康有為、簡朝亮，亦以經世致用為目標。朱氏一生儉樸，堅守淑世儒道，成一代名儒。

簡朝亮先生不仕，以「正人心、挽世風」為職志，終生整理儒家經典，晚年為《續資治通鑑》作史論。其求道、弘道、傳道之心有如長夜明燈。簡氏處於潮流急轉，傳統知識份子（士）被邊緣化的時代。在維持知識份子尊嚴及承接道統之間，簡氏不失風骨氣節。簡氏曾閉門苦讀，絕意科場，以傳道為己任。具有強烈士大夫氣節，冀能讀書救國。劉君就簡氏「道」、「器」之論分析簡氏的心靈世界。從「道、器觀」到「道、器合一」等，劉君都仔細分析；另外，簡氏直承朱九江學統，認為分科教學，會成為「進學成德」的障礙，內文詳加討論，這亦是本書可觀之處。

簡朝亮多次拒絕為官，如禮部尚書溥良聘之為禮學館顧問，簡以病為由辭之；民國四年（1915）袁世凱來信問候，然簡朝亮拒之不理；清史館館長趙爾巽欲聘之為修纂，然簡亦不回應。從以上各事可見到，一位忠於孔學，不慕權貴的儒士。

伍憲子是近代政治家，將儒學實踐於政治上，追求民主。其釋「仁」，以「生生不息」為其要，以「動」、「變」、「化」而達至自強不息。以「仁」與「生」聯成一起。伍憲子上承朱九江、簡朝亮的尊孔。劉君分析指孔子被視為中國文化的承傳和發明者及在諸子百家之中孔子地位無與倫比。這與康有為立教尊孔，以宗教模式而行尊孔之事，實有不同之處。伍氏特重道統，這與當時潮流興「疑古」不無關係。

西學東漸，科學文化使人類趨向現實主義，忽略了群體、國家的意識。人類的價值降至與萬物同值，失去了為將來、別人、家國社會，以至人類的關顧之情。伍氏認為孔子的「仁」就能解決「科學文化」的弊端。他說「仁之所到處，必有感應，如父慈，感應到子孝，君敬，感應到臣忠，夫義，感應到弟恭」(見伍憲子《孔子》)。其次伍氏將「民本思想」、「民主人格」提出討論，是承接傳統，開創新局的理論。

朱次琦、簡朝亮、伍憲子生於亂世，時值傳統道學受西方道德及科學的沖擊。三人生於憂患，死於憂患，身體力行，終生奉守孔道。其道德人格，實令時人仰敬。

本人與朱次琦、簡朝亮、伍憲子算是有一段因緣。我從學於溫中行老師，中行先生是毅夫老先生兒子，是我的師祖。簡孔昭老先生的嫡曾孫永楨先生是孔聖堂高級顧問，是我的長輩。他曾將朱九江先生的殿試策給我看過，也告訴過我一些軼事。我現主理孔聖堂國學班，知道簡朝亮先生於民國十七年（1928）為孔聖堂撰《孔聖堂記》，其文仍在；而伍憲子先生又曾在孔聖堂講學，可謂幾代情誼。本書引起我無限思念、思念前賢、思念先師、思念孔學。當今之世，幾人認真學習孔道？謹此期望劉志輝君的著作，能引起研究孔道之風氣。

楊永漢
序於香港孔聖堂
辛丑立冬前五日

目次

第一章
緒言

第一節　研究緣起及選題意義

自十九世紀末至二十世紀初，中國不僅經歷了「改朝易代」的轉變，也遇上文化取向危機。[1]準確地說，當時的中國，無論在政治秩序，還是思想文化層面，也出現空前危機。在政治上，民國初年的政局紛亂，讓知識分子陷於苦悶和失焦的狀態；在思想文化上，傳統文化的核心思想解體，基本價值與知識的轉變，讓知識分子感到不知所措。在世變日亟的時代，中國知識分子的命運如何，一直都是近代中國思想史研究的重要課題。在十九世紀二〇年代，余英時便嘗試勾勒近代知識分子由「中心」走到「邊緣化」的路線圖。在中國傳統社會結構中，「士」號為「四民之首」。但進入二十世紀，「士」已從這一中心地位一方面是退下來，代之而起的是現代知識分子。在民國初，知識分子仍保存濃厚的士大夫意識。但到了十九世紀、二〇年代末，士大夫文化基本上已消失，知識分子正迅速邊緣化：一方面是在政治社會領域的邊緣化；另一方面是知識分子的自我邊緣化。[2]繼余先生之後，羅志田與王汎森也就「知識分子邊緣化」的問題作了更深入和微觀的討論。[3]雖然有論者認為，羅、王兩位所做的工作，只能說明在

1　所謂「文化取向危機」是指中國儒家道德價值取向的動搖，當中是指以「禮」為基礎的規範倫理，與以「仁」為基礎的德性倫理。詳見張灝：〈轉型時代在中國近代思想史與文化史上的重要性〉，見氏著：《張灝自選集》（上海：上海教育出版社，2002），頁114-115。

2　余英時：〈中國知識分子的邊緣化〉，見氏著：《中國文化與現代變遷》（臺北：三民書局，2015），頁34-50。

3　羅志田：〈近代中國社會權勢的轉移：知識分子的邊緣化與邊緣知識分子的興起〉，見《權

知識精英的觀念中知識分子邊緣化了，但就某些問題，如在一般民眾觀念中知識分子是否邊緣化？在政治社會實踐中讀書人是否被排斥？還沒有很滿意的答案。[4]然而，不能否認的是，從「中心」與「邊緣」的向度來探討知識分子的「變化」，已成為研究近代中國思想史常見的切入點。[5]在討論知識分子邊緣化的時候，研究者多習慣以政治、社會、文化面向為參照，再以不同類型的史料，來論證知識分子如何從「中心」走向「邊緣」，或是從「邊緣」走向「中心」。[6]誠然，上述的研究是不可或缺的，因為我們可以從諸般的研究成果中，窺見近代知識分子與社會互動下的「質變」。[7]

勢轉移：近代中國的思想、社會與學術》（湖北：湖北人民出版社，1999），頁191-241；王汎森：〈近代知識分子自我形象的轉變〉，見氏著：《中國近代思想與學術的系譜》（臺北：聯經出版公司，2014），頁275-302。

4 徐鶴濤：〈近二十年中國近代思想史研究的若干趨勢——圍繞問題意識與研究方法的討論〉，《史林》，2015年第2期（2015年4月），頁207。

5 有關近代知識分子的「邊緣化」研究實在不少，現舉較典型的例子如下：孫燕京：〈晚清知識層的差異及士人的邊緣化〉，《史學理論研究》，2006年第3期（2006年7月），頁70-80；邵寧、王瀟：〈論清末科舉制的廢除對邊緣化知識分子的影響〉，《宜賓學院學報》，第10期（2006年10月），頁41-43；邵寧、高小蘭：〈試論清末知識分子的邊緣化與邊緣化知識分子〉，《蘭州學刊》，2008年第2期（2008年2月），頁115-117；丁業鵬：〈清末新式知識分子的邊緣化與志士化〉，《鄭州師範教育》，第1卷第5期（2012年10月），頁61-66。

6 在現代知識分子是「上升」，還是「下降」的問題上，論者所見並不一致。如張灝先生便認為現代知識分子比較起傳統士大夫，在文化上的影響力不僅沒有下滑，反而有很大提升。見張灝：〈中國近代思想史的轉型時代〉，載《時代的探索》（臺北：聯經出版公司，2004），頁43。許紀霖則認為知識分子的影響力大致經過兩個階段。第一個階段是十九世紀末到二十世紀二十年代末，是知識分子影響力的上升時期；第二階段是二十世紀三十年代到二十世紀四十年代末，是知識分子影響力的下降期。見許紀霖：〈現代中國的知識分子社會〉，載《中國知識分子十論》（修訂版）（香港：香港中和出版公司，2016），頁166-167。

7 就如王汎森在研究近代知識分子「自我形象」的轉變後指出：「有許多人好奇，何以現代知識分子一步一步失去制衡統治者的力量，這當然是一個相當複雜的問題，有人歸因於知識分子的軟弱，但是怎麼會突然有一、兩代的知識分子都變得如此軟弱，原因之一應該是在自我邊緣化之後知識分子失去了抗衡統治者的正當性與自信。」見王汎森：〈近代知識分子自我形象的轉變〉，刊於氏著：《中國近代思想與學術的系譜》，頁301-302。

然而，當我們的目光游走於「近代知識分子」、「中心」和「邊緣」幾個關鍵詞之間，或許會不難發現在論述主流之中，一些被標籤為「保守的」知識分子才是真正的「邊緣人」。在近代中國的論域中，固守傳統經學的知識分子，往往會被置於「進步」／「激進」的反面，成為「落伍」／「保守」的代名詞。在中國近代思想史的研究中，被標籤為「保守的」傳統知識分子雖不至於湮沒無聞，但長期以來，他們肯定並非處於主流論述的「中心」位置。簡言之，所謂「保守的」知識分子，特別是一些「寂寂無聞」的讀書人，從來不是近代中國思想史研究者最心儀的討論對象。[8]若然我們相信，思想史並不是少數精英思想活動的敘述，而是「大眾」思想圖像的描寫。[9]那麼處於近代中國的舊式知識分子的所作所想，便不應再被置若罔聞。

若就研究主題而論，如前所述，由於近代中國遭逢巨變，一切人、事、物都是處於新舊交替之中。研究者的目光自然會被知識分子的諸般「思想變化」——如自我形象、倫理觀、道德觀或哲學觀念等——所吸引。就以儒家傳統為例，眾所周知，長久以來儒家的「道」和「士」的關係是密不可分的。孔子謂「士志於道」；[10]孟子更說「天下有道，以道殉身；天下無道，以身殉道」。[11]在中國的士大夫傳統裡，只要一日為「士」，「道」便是不可「須臾離也」。[12]可是有論者認為，當進入近代中國，當「西學」在士人心目中確立以後，也使傳統的「道」被時空化。從相信「天不變，道亦不變」，亦即「道一而已」，到逐步承認「道出於

---

8 當然這裡所指的思想史，並不包括學術史的範疇。

9 這裡所謂的「大眾」意指少數精英知識分子以外的讀書人。

10 《論語・里仁》，見程樹德撰；程俊英，蔣見元點校：《論語集釋（一）》（北京：中華書局，1996），頁246。

11 《孟子・盡心下》，見焦循撰，沈文倬點校：《孟子正義（下）》（北京：中華書局，1998），頁946。

12 《中庸章句・天命章》，見朱熹：《四書章句集注》（北京：中華書局，2008），頁17。

二」，進而衍化為以西學的「道通為一」。在此三階段中，「道」從普適於「天下」（即全人類）的大方向，縮小為中西學區分下的區域成分，並有「過時」之嫌；後再上升為「世界」通行的模式，而其內涵已基本面目全非了。[13]誠然，進入近代中國，「道」不論在內涵或外延上都經歷了前所未有的變化。不過，最重要的關鍵並非「道」變成了什麼的模樣，而是人如何對待「道」——特別是儒家的「道」。1905年，清政府正式決定廢止科舉。[14]是時，經學雖未至完全廢除，但建制下的儒學可以說是頻臨崩潰。在民國初立後，儒學雖已與政治絕緣，但在文化領域還可以苟延殘喘，惟自新文化運動以後，不論是儒學，還是孔子都被打成了時代的「反派」。縱然國民政府一統南北以後，蔣氏政權大力推廣所謂「新生活運動」，然則儒學已被禁錮在象牙塔內。昔日，戴震（1724-1777）說：「人倫日用之所行皆是」的「道」似已不可復見。[15]可是在時代的邊緣，筆者發現對傳統的讀書人而言，「道」還是充滿「生命力」；對「道」而言，嫻熟經學的讀書人仍是其重要的「傳承者」。

為了揭示儒家之「道」與傳統讀書人的互動關係，筆者嘗試以朱次琦（1807-1882）的第二代傳人簡朝亮（1852-1933），第三代傳人伍憲子（1881-

---

13 羅志田：〈近代中國「道」的轉化〉，收入方維規編：《思想與方法：近代中國的文化政治與知識架構》（北京：北京大學出版社，2015），頁23-45。在「道出於一」、「道出於二」，還是「道出於多」的討論中，王汎森曾指出，晚清以來「複合性思維」——指把顯然有出入或矛盾的思想疊合、鑲嵌、焊接，甚至並置（compartmentalized）在一個結構中，但從思想家本人的角度來看卻是一個邏輯一貫的有機體——的思想特色多出現在傾向保守的思想家，和一些新派人物之中。在受到時代的震盪、西方勢力的覆壓而不能自持之時，他們往往不停地重整、重塑、吸納或排除各種力量，將中西、多樣，甚至是互相矛盾的思想合成一個「複合體」。見王汎森：〈如果把概念想像成一個結構：晚清以來的「複合性思維」〉，《思想史》第6期（2016年6月），頁240-242。

14 近代教育家陳寶泉謂：「廢止科舉，在清光緒三十一年七月。先是《奏定章程》之頒布。本有分年遞減科舉中額之規定。至是乃由袁世凱、張之洞奏請完全廢止。」見陳寶泉：《中國近代學制變遷史》（太原：山西人民出版社，2014），頁62。

15 戴震：《孟子字義疏證》（北京：中華書局，2012），頁43。

1959）為研究對象，探討以下幾個問題：

其一、由1850年代到1950年代，中國儒家的衛道之士面對什麼共同的和不同的時代憂患？

其二、承上題，面對時變，儒家的衛道者如何靈活求變以期達到衛道和傳道的目的？

其三、遇上百年的巨變，「傳道者」與「受道者」之間的身分角色有何變化？

其四、作為一種信仰，儒家之道如何在衛道者的生活中突顯其生命力？

最後，筆者還想就為何選擇九江之學的傳人作出一點說明。其一、就研究的範圍而言。以學派為研究對象既可易於規限研究範圍，又可從學派思想的傳承中，考察其歷時性的「變」與「不變」。其二、就學術流派的研究而言。晚清嶺南學術重要流派有二：一為陳澧（1810-1882）的東塾派；二為朱次琦的九江學派。[16]後者的研究雖不至於乏人問津，但若計其成果，確又遠遠與該學派的學術地位不符。故選擇簡朝亮及其門人作研究對象，誠不足以補漏，亦盼能豐富枝葉之一二。其三、就思想史的研究取向而言。在討論文化史與思想史之轉換的時候，葛兆光常強調「精英」與「經典」和「一般知識」與「信仰世界」的轉換問題。[17]雖然本文研究之路徑並非效法思想文化史，但也希望發掘「精英思想」與個人「生活世界」的關聯。此外，筆者刻意選擇如簡朝亮等舊式讀書人，也是希望從近代中國思想史研究的主調以外，重譜「反時代」旋律的樂章。

---

16 桑兵：〈近代中國學術的地緣與流派〉，載氏著《晚清民國的國學研究》（北京：北京師範大學出版社，2014），頁28-29。

17 葛兆光：《思想史研究課堂講錄：視野、角度與方法》（北京：新華書店，2005），頁297-301。

第二節　前人研究綜述

如前所述，一直以來「九江學派」的研究長期為人所忽略。據「九江學派」的主要研究者張紋華的說法，直至蔣志華的《晚清醇儒：朱次琦》一書出版，「九江學派」之名才是首次出現在較有影響力的著述中。[18]而張氏的學位論文《「九江學派」研究——從朱次琦到簡朝亮》可謂是以「九江學派」為中心的首項學術性研究成果。[19]誠然，若僅從朱次琦的研究而論，現存光緒年間的《朱次琦先生事實考》，可謂是有關朱氏生平事蹟研究的首發。[20]迄至民國，劉師培（1884-1919）在討論清代經學的特點時，指出朱次琦之學兼采漢宋，使學風大變。[21]1940年出版，孫海波的《朱九江學記》歸納了朱氏學術的幾個特點：一、九江之學偏重朱子，實學與德學兼重；二、九江之辭章，乃受姚鼐（1731-1815）和曾國藩（1811-1872）的影響；三、九江之史學本於章學誠；四、九江之學與朱一新互相發明；五、康有為（1858-1927）的萬木學規，未承九江之學。[22]其後，錢穆（1895-1990）分別先後點出九江之學「納康成於朱子」的特點，[23]並明言朱氏在清一代學術發展中的重要性。錢先生謂：

> 清儒漢宋門戶之見，自嘉道以下，已漸知於康成外尚有朱子，然其

18 張紋華：〈「九江學派」考辨〉，《貴州師範大學學報》（社會科學版），2014年第5期，總190期（2014年10月），頁118。蔣志華的《晚清醇儒：朱次琦》是一簡介性的作品，主要敘述了朱氏一生之經歷，並指出主人翁在譜學、詩學、書法等各方面的成就。見蔣志華：《晚清醇儒：朱次琦》（廣州：廣東人民出版社，2007）。

19 張紋華：〈「九江學派」研究——從朱次琦到簡朝亮〉，（華南師範大學博士論文，2011）。

20 見《清代稿鈔本》，第三輯，第101冊（廣州：廣東人民出版社，2010），頁231-314。

21 見劉師培：《清儒得失論：劉師培論學雜稿》（北京：人民大學出版社，2004），頁269。

22 孫海波：〈朱九江學記〉，《中和》，第2期（1940年），轉引自張紋華：《朱次琦研究》（廣州：廣東高等教育出版社，2012），頁7。

23 錢穆：《中國近三百年學術史》（臺北：臺灣商務印書館，1995），頁710。

> 視朱子，實尚在康成之下。稚圭始謂朱子又即漢學而稽之，又謂其使孔子之道大著於天下，其視朱子，已在成康上。又曰治孔子之學無漢學無宋學，尤其為大見解。非深識儒學大統者，不易語此也。[24]

就如張紋華所言，錢穆的研究從不同角度發掘朱次琦與朱子學的關係，對研究朱次琦的後進者啟發良多。如日人別府淳夫便在重塑朱次琦與朱子學的關係上下了一番功夫。[25]除此以外，在1980年代，朱杰勤的〈朱九江先生學述〉對「九江學述」的生成環境、學術內容作了較全面的闡述，當中疏理了「九江學述」的基本面貌。[26]進入上世紀的九〇年代，曾有一系列的文學作品以選錄或賞識形式，介紹對朱次琦的詩文創作進行較系統性的敘述。[27]惟若從思想史的角度而言，楊翔宇的《朱次琦學術思想》才算得上是對朱次琦思想較有系統的初步研究成果。[28]誠然，在2012年，張紋華

24 錢穆：〈朱九江學述〉，見氏著：《中國學術思想史論叢（八）》（臺北：東大圖書公司，1980），頁320。

25 張紋華：《朱次琦研究》（廣州：廣東高等教育出版社，2012），頁8。有關別府淳夫對朱次琦與朱子學關係的闡述，可見別府淳夫：〈朱次琦與康有為——晚清的朱子學研究〉，《孔子研究》，1987年第2期（1987年7月），頁115-121。別府從清代宋學的發展源流切入，再以朱次琦的學術規模和對康有為的影響為例，說明朱子學在晚清的發展概況。

26 朱杰勤：〈朱九江先生學述〉，《學術研究》，1987第4期（1987年5月），頁76-86。在上文刊出以先，丁寶蘭寫了一篇〈簡論朱次琦〉，討論了朱氏在嶺南學術中歷史意義，但略嫌簡略。見丁寶蘭：〈簡論朱次琦〉，《中山大學學報》（社會科學版），1983年第4期（1983年8月），頁77-83。

27 見張紋華：《朱次琦研究》，頁10。相關的敘述可見於仇江：《嶺南歷代文選》（廣州：廣東人民出版社，1993）；陳永正選注：《嶺南歷代詩選》（廣州：廣東人民出版社，1993）；陳永正主編：《嶺南文學史》（廣州：廣東高等教育出版社，1993）；張惠雁：〈論朱次琦及其詩文創作〉（華南師範大學碩士學位論文，1995）；白紅兵：〈中國近代文學觀念的傳承與裂變——以朱次琦、康有為、梁啟超為線索〉（廣州中山大學博士學位論文，2008）。

28 楊翔宇：〈朱次琦學術思想研究〉（華東師範大學碩士學位論文，2005）。張紋華對楊氏之作曾有以下評論：「（此文）研究面較廣、系統性較強是其重要特色。惜在深度上尚需加

據其博士論文改寫而成的《朱次琦研究》，不僅對朱氏的生平事蹟、作品和傳世傳記作了考訂，還從「九江學術」的角度，梳理了其歷史淵源、地理因素、主要學術精神，和概括地敘述了其流派的學術發展。同時，也討論了朱次琦的譜諜學，並詩文創作思想與特點。最難能可貴的，是張氏書援引了大量嶺南地方——特別是九江的史料，故從區域史研究的角度而言，可以說是彌封足珍貴。[29]談到有關嶺南的區域史研究，我們當然不可不提 Steven B. Miles 的努力。2004年，Steven B. Miles 透過重組朱次琦的生平行誼，特別是為其宗族編纂的《朱氏傳芳集》和《九江儒林鄉志》等材料，向讀者展示南海九江鄉的經濟實力，和鄉間宗族的力量，如何支持朱氏為自己和九江鄉建立地域和身分認同。[30]

若與朱次琦相比，不論是簡朝亮，還是簡氏的門人——如伍憲子、張啟煌（1861-1943）等的研究成果相對較少。綜合而言，除簡朝亮外，有關簡氏弟子的研究可謂付諸闕如。就簡朝亮而言，由於他在經學上留下幾部著作——如《尚書集注述疏》、《論語集注補正述疏》、《孝經集注述疏》，並在詩學有所發明——如《讀書堂明詩》，故此論者多就簡氏的經學著作，抑或詩學觀點作出討論。如梁啟超（1873-1929）的《中國近三百年學

強。尤其值得注意的是，作者對朱次琦等修、朱宗琦編纂《南海九江朱氏家譜》的重視，不僅使朱次琦研究更加深入，而且在朱次琦存世著述嚴重欠缺的情況下，這是一個相當必要的嘗試。」見張紋華：《朱次琦研究》，頁8。

29 張氏書所援引的嶺南地方史料和九江史料不少，如《廣東新語》、《粵大記》、《南海縣志》、《南海九江鄉志》、《九江儒林鄉志》、《南海市九江鎮志》、《九江僑刊》和《報告及儒林鄉合訂本》。詳見張紋華：《朱次琦研究》，頁253-258。

30 見Steven B. Miles "Creating Zhu 'Jiujiang': Localism in Nineteenth-Century Guangdong." *T'oung Pao International Journal of Chinese Studies,* 90.4 (December 2004), 299-340. 此外，在2006年，Steven B. Miles出版了他的第一本著作*The Sea of Learning: Mobility and Identity in Nineteenth-Century Guangzhou.* 雖然，本書以阮元（1764-1849）的學海堂為中心，但書中的第七章卻以朱次琦為例，敘述朱氏建立「九江」學風和地域身分認同。有關是書的內容要點，亦可見程美寶：〈從思想史到思想家的歷史——評麥哲維《學海：十九世紀廣州的社會流動性與身分認同》〉，2007年第2期（2007年5月），頁120-124。

術史》曾就簡氏的《尚書集注述疏》及《論語集注補正述疏》置評，惟評價不高。[31]錢穆也認為：「然稚圭論學，在當時要為孤掌之鳴，從學有簡朝亮最著，然似未能承其學，仍是乾嘉餘緒耳。」[32]然而，錢基博（1887-1957）在《現代中國文學史》則謂：「【簡朝亮】堅苦篤實，一慕其師，所注《論語》、《尚書》，折中漢宋而抉其粹，最為次琦高弟。」[33]論者更認為簡氏《孝經集注述疏》：「縱觀全書，發揮盡致，無一漏義，不但全經貫串，於他經亦不貫串，非夫剽襲膚淺者所可比也。」[34]從上可知，論者雖對簡朝亮的評價高低有別，但亦足見其在學術史上有一定的重要性。[35]當然，若不計零星的述評，具規模的簡朝亮研究，要到二十一世紀才出現。2008年10月9日，「簡朝亮學術研討會」在順德北滘舉行。在討論會上，與會者就簡朝亮的經學思想、注經特點和貢獻進行了較有系統的研究，可謂開創了簡朝亮研究的新一頁。[36]

---

31 如任公評簡朝亮的《尚書集注述疏》說：「現在《尚書》新疏中，誠無出孫著之右（筆者按：指孫星衍的《尚書今古文注疏》）但孫著能令我們滿足否？還不能……試把孫、江、王以後續輯的《尚書》注古（古注）重新審定一番，仍區畫今古文，製新注新疏，一定可駕諸家之上而不算蹈襲，可惜竟無其人哩。簡竹居就是想做這樁買賣的人，可惜他學問不甚博，見解又迂滯一點，他的《集注述疏》（筆者按：指《尚書集注述疏》），枝辭太多，還不能取孫淵如而代之哩。」又如他評簡氏的《論語集注補正述疏》：「竹居疏晦翁《集注》，當然與漢學家不同調，但平心而論，晦翁《集注》實比平叔《集解》強。若把漢、宋門戶擱在一邊，則疏他也何嘗不可，只是竹居的疏，我總嫌他空話太多一點。」見梁啟超：《中國近三百年學術史》（臺北：五南圖書，2013），頁260，264。

32 錢穆：《中國學術思想史論叢（八）》，頁328。

33 錢基博：《現代中國文學史》（上海：上海書店出版社，2004），頁243。

34 《續修四庫全書總目提要》（經部），《孝經類》（北京：中華書局，1993），頁837。

35 據張紋華所記，自1933年，簡朝亮去世後，門人、後學寫了不少追述性文章，如任元熙、簡又文分別作《悼竹居夫子》、《追懷簡竹居夫子》；後學吳宓、古直、方孝岳、李滄萍分別作《悼簡竹居先生》、《簡竹居先生挽詩》、《聞竹居先生下世作》、《簡竹居先生挽詞》。由此可見，簡朝亮在畢鄉土和學界有一定的名聲。見張紋華：《簡朝亮研究》（廣州：廣東高等教育出版社，2013），頁2。

36 是次討論會的成果，已收錄在廣東省順德區北滘鎮人民政府等編：《簡朝亮學術研究討論會論文集》之中，惟筆者未見其文集，現僅參考張紋華的資料而書。見張紋華：〈清末民

若就近年的簡氏研究而論，通論性的文章計有：張紋華、傅永聚的〈簡朝亮與康有為述論〉，在文中主要討論了簡氏與康氏在學術上的相異之處。[37]張紋華的〈論朱次琦與簡朝亮〉和〈簡朝亮對朱次琦學說的傳承與發展——兼與錢穆先生商榷〉，兩篇文章非常相近，主要講述簡朝亮如何承傳其師朱次琦的學術風格，而後者比前者寫來較有系統。[38]至於張紋華的〈從蠢氣、蠻氣到霸氣——從《嶺南宣言》想到簡朝亮〉，則是一篇介紹性的文章，嚴格而言並算不上是學術性論文。[39]而有關簡朝亮生平事蹟的計有：張紋華的〈嶺南儒宗簡朝亮與香港的因緣〉和〈簡朝亮生平事蹟考辨〉。[40]前者張氏在文中指出1887年，簡朝亮在六進科場（分別是1875、1876、1879、1882、1883、1885）及1886年險遭入獄之災後曾遊香港，並講述簡門弟子在香港的發展概況。[41]而後者則敘述了簡朝亮的出生、游學、教學，還有交游等情況。

除了上述兩類文章，研究者多從經學和文學兩個角度切入，前者多探討簡氏的注經特點、經學作品地位，或注經的不足處；後者則多從簡氏的詩歌或文章等作品，考察其詩文創作的特點，或是從中窺探其思想性格。

初嶺南大儒末簡朝亮研究述評〉，第12卷第3期（2010年8月），頁26。又見張紋華：《簡朝亮研究》，頁4-5。

37 張紋華、傅永聚：〈簡朝亮與康有為論述〉，《聊城大學學報》（社會科學版），2012年第4期（2012年8月），頁50-54。

38 張紋華：〈論朱次琦與簡朝亮〉，《江南大學學報》（人文社會科學版），第13卷15期（2014年9月），頁51-59。張紋華：〈簡朝亮對朱次琦學說的傳承與發展——兼與錢穆先生商榷〉，第14卷3期（2015年5月），頁69-73。

39 張紋華：〈從蠢氣、蠻氣到霸氣——從《嶺南宣言》想到簡朝亮〉，《粵海風》，2011年第1期（2011年1月），頁54-56。

40 分別見張紋華：〈嶺南儒宗簡朝亮與香港的因緣〉，《順德職業技術學院學報》，2012年第2期（2012年4月），頁84-86。張紋華：〈簡朝亮生平事蹟考辨〉，《五邑大學學報》（社會科學版），2012第1期（2012年2月），頁47-51。

41 1886年，為治族中賭博者，簡朝亮被控以誣盜，並押至廣州候審，後得友人梁鼎芬之助，終得釋放。見張紋華：《簡朝亮研究》，頁41。

在經學研究類型方面，如唐貴明的〈簡朝亮《論語集注補注正述疏》的特色〉，即是介紹簡氏如何在注《論語》上補朱注之不足，並調和漢宋的特色。[42]而在張付東的〈論簡朝亮《孝經集注述疏》〉中，作者主要指出簡氏在學術上力求調和漢宋，卻又主要以宋學為旨歸；在疏經上力求申明、補正舊注疏，但有些地方卻為曲說；在治經方法上力求以經解經，但行文上又不免煩瑣。[43]至於張紋華的〈廣東名儒簡朝亮的注經特色及其若干不足〉，更是從注音和釋義兩方面，分析簡朝亮的注經特點，又同時指出簡氏注經時，有略顯武斷、空話太多、表述重複等三方面不足處。[44]在文學類型研究方面，如有張紋華的〈簡朝亮的詩歌分期及其特點〉、〈近代廣東名儒簡朝亮的詩歌意象與文人心態〉和〈簡朝亮的文章創作〉。[45]

從現有的成果中，我們發現以簡朝亮思想作為研究主題的，真是鳳毛麟角。如陳恩維的〈論嶺南近代愛國詩人簡朝亮詩中的時務及其文化抉擇〉和岑麗華的〈從詩歌分析簡朝亮的思想性格〉皆是從簡氏的詩歌探討作者的思想，如岑麗華指出從簡氏的詩歌中，反映了作者憂國傷時、堅持治經守道，並反對西學的思想。[46]而黎齊英、張紋華的〈簡朝亮的教育活動與教育思想〉，則是過回顧簡氏的教育活動，來探討主人翁的教育思

42 唐貴明：〈簡朝亮《論語集注補正述疏》的特色〉，《聊城大學學報》（社會科學版），2010年第1期（2010年1月），頁18-20。

43 張付東：〈論簡朝亮《孝經集注述疏》〉，《順德職業技術學院學報》，第10卷第2期（2012年4月），頁79-83。

44 張紋華：〈廣東名儒簡朝亮的注經特色及其若干不足〉，《江南大學學報》（人文社會科學版），第12卷第5期（2013年9月），頁44-49。

45 分別見張紋華：〈簡朝亮的詩歌分期及其特點〉，《順德職業學院學報》，第11卷第1期（2013年1月），頁82-85。張紋華：〈近代廣東名儒簡朝亮的詩歌意象與文人心態〉，《嶺南文史》，2013年第4期（2013年12月），頁30-33。張紋華：〈簡朝亮的文章創作〉，《廣東技術師範學院學報》（社會科學版），2013年第10期（2013年10月），頁28-33。

46 見陳恩維：〈論嶺南近代愛國詩人簡朝亮詩中的時務及其文化抉擇〉，《廣州大學學報》，第8卷第3期（2009年3月），頁3-8。岑麗華：〈從詩歌分析簡朝亮的思想性格〉，《順德技術學術學報》，第7卷第1期（2009年3月），頁6-11。

想。在文章裡作者指出，簡氏的教育思想，分別是重視實踐，讀書報國，並以塑造人格為重的。[47]

到研究成果回顧的最後，我們當然不可不提，張紋華的《簡朝亮研究》。上述張氏之作，是現存有關簡朝亮研究的，獨一無二的綜合性研究成果。誠如作者所言，《簡朝亮研究》一書是從學術史、文學史出發，對簡朝亮學術思想的形成、發展與消亡進行研究，而且對簡氏的生平事蹟、經學著作、文學編纂、譜學編纂和文學作品進行了清理和探究。[48]不計引言和結語，全書共分六章，分別是：第一章，簡朝亮其人其文史實考述；第二章，簡朝亮學術思想的主要內容與學術精神；第三章、簡朝亮學術思想的發展階段與學術貢獻；第四章，簡朝亮的主要經學著述與學術價值；第五章，簡朝亮的文學編纂學譜學編纂；第六章，簡朝亮的詩歌理論與詩文創作。張氏著書在2013年出版，到2014年，張付東作〈《簡朝亮研究》訂誤〉，就史實、學術概念、語句邏輯、判斷和評價來討論《簡朝亮研究》的不足處。[49]有關張付東的批評，筆者不欲在此置喙，惟若就思想史的角度論之，張紋華在探討簡朝亮的思想時，雖能指出簡氏的思想特徵，說出了一些「現象」，但卻未能分析「現象」背後之原因，故稍嫌有「知其然，不知其所以然」之弊。就以《簡》書中第二章為例，作者嘗試從簡氏的學術淵源和時代背景切入，先描述竹居先生如何受其師朱次琦的反西人、西器思想影響；再者，以《寄梁星海言兵書》、《寄馮文學言兵書》、和《再寄梁星海言兵書》為例，說明簡氏以甲午戰爭為契機，藉此深化朱次琦的兵學思想。接著，再另立章節敘述簡朝亮的「以儒治兵」、「用我之

47 黎齊英、張紋華：〈簡朝亮的教育活動與教育思想〉，《韶關學院學報》（社會科學），第35卷第7期（2014年7月），頁55-58。

48 張紋華：《簡朝亮研究》（廣州：廣東高等教育出版社，2013），頁10-11。

49 張付東：〈《簡朝亮研究》訂誤〉，《廣東技術師範學院學報》（社會科學），2014年第8期（2014年），頁61-68。

人與器」、「反對西人、西器」的兵學思想。[50]張紋華的敘述雖不失詳盡，惟有幾點問題猶未有觸及：就思想承傳而言，縱使張氏已勾勒了朱簡師徒在兵學思想上的傳承關係，惟簡氏與其師終歸處於不同之世，而且眾所周知，甲午戰爭為中國士民帶來之震撼，遠非歷次對列強之敗績可比。既是如此，簡竹居是否只是重拾其師之餘唾，以應對敗給蕞爾小國的恥辱？又簡氏兵學是一種迂腐之見？還是有什麼時代意呢？又在同時段內，其他嶺南儒者在相同議題上又有何反應？的凡此種種，都是值得深入討論的問題。因為以上討論，既可發掘簡氏思想與時代的關聯，並可向讀者揭示「九江兵學」是否具備代表性？可惜，張氏在研究簡朝亮時卻未能深入討論相關問題。其實，張氏的遺撼並不僅限於討論簡氏的「兵學思想」上。例如在討論簡氏的學術思想時，張紋華能清理簡氏諸經之述疏，又能注經的種種特點。然而，張氏見小而漏大，竟沒有把簡氏置於清代經學思想——如嶺南經學「漢宋調和」——的川流之中，或經學發展史的角度予以適當的討論。[51]若僅以思想史而論，筆者認為若從簡氏為始，繼以其門人為終，將這一「群體」置於清代與民初的思想發展的洪流作討論，由此審視「九江學術」的承傳與發展，那樣簡竹居與其門人所遺留的一切才會變得更有意義。[52]

---

50 張紋華：《簡朝亮研究》，頁53-72。

51 就以簡氏的《論語集補正述疏》為例，早在2008年，已有論者已把該書置於民國《論語》學的層面作討論。見劉斌：〈民國《論語》學研究〉（山東大學博士學位論文，2008）。此外，簡氏及其門人的思想，也可以置於晚清文化保守思潮的脈絡裡討論。而有關晚清文化保守思潮的討論，可見喻大華：《晚清文化保守思潮研究》（北京：人民出版社，2001）。

52 實言之，簡朝亮在禮學方面的造詣不淺，他亦因禮學知名而被清廷賞識。而簡氏的重「禮」，亦可放在清代「禮學」的脈絡中考量。有關清代「禮學」問題的討論，可參考Chow Kai-wing,*The Rise of Confucian Ritualism in Late Imperial China: Ethics, Classics, and Lineage Discourse* (Standford University Press, 1994), pp. 187-204. 有關近世中國思想，特別是「禮學」思想的流變，也可見伊東貴之著，楊際開譯：《中國近世的思想典範》（臺北：臺灣大學出版中心，2015）。

第三節　研究文獻、研究方法和全文架構

由於本文的討論朱次琦、簡朝亮和伍憲子的承傳脈絡為主軸，故研究材料也以上述人物為中心。若按材料性質而論，筆者會先以研究對象的私人文本為重，如簡朝亮的《讀書堂集（十三卷）》收錄了簡氏所寫的論學文章、人物小傳、祭文、墓誌銘、詩歌、書信，內容不僅豐富，而且當中的書信、詩歌更蘊含作者不少私人生活元素，正有利重組作者在生活中對「道」的思想圖像。

當然，除了上述文獻，一些較有系統的著作仍是不容忽視的。如在簡朝亮的《尚書集注述疏：附〈讀書堂答問〉》、《孝經集注述疏：附〈讀書堂答問〉》、《論語集注補正述疏：附〈讀書堂答問〉》、《禮記子思子言鄭注補正》、《毛詩說習傳》裡，我們可以理解九江學派的教旨。又如伍憲子的幾本重要著作，如《孔子》、《中國民主憲政黨黨史》、《中國民主主義》等，我們固可以窺探作者「求道」內涵與「傳道」形式的轉變。

就研究方法言之，筆者將會以文本細讀、文本比較和概念分析方法，試從「點」到「線」，由「線」到「面」的路徑，重構近代中國時期，傳統知識分子「守道」、「傳道」，並以依「道」以「安身立命」的圖像。所謂「文本細讀」者，是在檢視各類文本之餘，探索文本深層意涵和不同文本之間的關係。而所謂文本比較者，藉著比較簡氏及其門人的相類課題文本，找尋彼此之間的異同，從而窺視九江學派的「變」與「不變」。

在全文的架構鋪排方面，本文的討論以上述三人求道、衛道和傳道的經歷和思想內容為中心。全文分為六章：第一章是交待研究緣起及選題意義、過往的相關研究成果、本文運用的主要文獻、研究方法和全文架構，並附餘論一節紀錄筆者的一些淺見。第二章是「從『生活世界』重新認識朱次琦的孔道精神」。本章以朱次琦為例，嘗試從現實生活的角度切入，說明生活處境與衛道者的求道方式、體道重心和弘道實踐三者之間的關

係。第三章是「九江傳人簡朝亮的『求道』、『弘道』與『傳道』」。本章旨趣主要是透過對簡朝亮著述和教學活動，探討中國儒家的衛道者如何對面西學潮流的衝擊，並試圖透過特寫簡朝亮在將軍山的生活，重構儒道對衛道者發揮的精神支援作用。第四章是「伍憲子的『求道』、『弘道』與『傳道』之旅」。本章主要透過敘述伍憲子從求道到衛道，由國內到美國，最後逝於香港的行誼，重現衛道者在不同處境下經歷求道、弘道和傳道的過程，並從中彰顯伍氏求變以適時患的努力。第五章是「伍憲子的『新孔學』與『中國式民主』」是學理的討論。本章主要的任務是利用伍氏的經學及政治性著作作分析，探討他在上世紀的三〇至五〇年代企圖重賦孔學現代意義的策略和理論內容。第六章是全文結論，主要總納三位衛道者在追尋孔道中的「變」與「不變」，並提出筆者在撰寫本文的反思和展望。

第四節　餘論

在研究和撰寫本文的時候，筆者發現：不管晚清復盛的今文經學，還是著重調和漢宋的九江學派，都奉「經世致用」一條為圭臬。很多時候，近代中國的儒家知識分子，卻因為要嚴守「經世致用」的金科玉律，可能讓傳統儒學陷於困境。就如王汎森所言，對每一個時代的人而言，某些經典是不是還有活力，端視它能否有效地關聯呼應當代的情況。但當傳統儒學參與現代的境況時，假如解經者是從現實境況的諸問題中尋求六經的解答，六經本身也就喪失自我本身與獨特性，反過來被當代的境況所決定了。[53]就如伍憲子的老師康有為，便化孔子為教主，又用《春秋》公羊學作為「改革」的理論基礎。但康南海的《新學偽經考》、《孔子改制考》，既為學者所不屑，同時亦把儒家核心陷於危險之地，譬如孔子既被夷位同

53 王汎森：〈從傳統到反傳統——兩個思想脈絡分析〉，見《中國近代思想與學術的系譜》，頁113。

於諸子，亦被抬上教主之位，反被知識分子所唾棄。而在康氏歿後，伍氏上承業師康南海的老路，將「孔子」（或是「孔學」）推到國家、民族至世界的中心位置。在伍氏建構其「文化中國」的努力之中，我們可窺見一位儒者如何把所學實踐，如何體現儒家「經世經用」的精神，又同時企圖化解文本與詮釋者之間的緊張關係。

伍憲子的「文化中國」建構，可以說是儒家「道德理想主義」的體現。雖然，伍氏的「文化中國」以「孔子」為尊，一是高揚儒家「道統」，為中國的政治和社會秩序重定「權威」，對抗當時的現世政權。並以「仁」結合儒家的宇宙觀和世界觀，為「文化中國」灌注無窮的生命力。然後，再透過「教育」將「道德」與「政治」相連，並利用傳統的經學資源，替中國塑造新的國民。從優化人格，而重鑄國性；由個人而整體，企圖解決一切問題，締造「新的中國」。這一條建設「新中國」的進路，其實並不陌生，二十世紀中葉，當代新儒家的唐、牟諸位先生，還不是依「內在超越」的方法，企圖為「內聖」打開「新外王」，為中國的民主找尋出路嗎？觀乎伍憲子所想，其實與後來新儒家有幾分相似，故伍氏與新儒家在思想上的關聯值得進一步研究。

第二章
重新認識朱次琦的孔道精神

第一節　引論

光緒三十四年（1908），秋，逃亡海外的康有為替朱次琦的文集寫序。在序文中，康氏扼述了九江學術要旨：

> 以躬行為宗，以無欲為尚，氣節摩青蒼，窮極學問，舍漢釋宋，源本孔子，而以經世救民為歸，古之學術有在於是者，則吾師朱九江先生以之。[1]

其後又說：

> 當是時，漢學之盛，餖飣為工，獵瑣文而忘大義，矜多聞而遺躬行。先生敻識高行，獨不蔽於俗，厲節行於後漢，探義理於宋人，既則舍康成，釋紫陽，一一以孔子為歸。[2]

光緒二年（1876），年十九歲的康有為上了禮山草堂，師從嶺南大儒朱次琦。光緒三年（1877），康南海在學術追求上與九江學術漸見分歧。次年（1878），秋冬，康氏更絕學捐書，閉門謝友，用心靜坐。在經歷近乎宗教

1　康有為：〈朱九江先生佚文序〉，見簡朝亮編，關殊鈔點校：《朱九江先生集》，卷十（香港：旅港南海九江商會，1962），頁9。

2　簡朝亮編，關殊鈔點校：《朱九江先生集》，卷十，頁9。

神秘經驗的「聖人之變」後，他離開了禮山，闊別師門。[3]近人錢穆說，康有為登九江門下而未能受其業，後轉主今文經學，又旁騖於佛典，故「其去稚圭論學之意益遠矣」。[4]若按康有為的思想路向而言，錢氏此說固然不無道理。惟有一點我們不可以忽視的，就是康氏受業九江門下的時間雖短，又朱、康二人的學術路數迥然而異。然而游學禮山，對康氏來說不僅畢生難忘，而且還起了決定性的影響。且看康南海的一段禮山憶述：

> 有為未冠，以同參之列，辟咡受學，則先生垂年七十矣。望之凝凝如山嶽，即之溫溫如灌醇酒，碩德高風，不言而化，興起發奮于不自知焉，乃知以德化人之遠也。[5]

又九江先生講學之時：

> 至夫大義所閒，名節所繫，氣盛頰赤，大聲震堂壁，聽者悚然。[6]

受九江之教後，康氏有什麼得著呢？康有為說：

> 為才質無似，粗聞大道之傳，決以聖人為可學，而盡棄俗學，自此始也。[7]

綜而觀之，從以上的憶述中，可知青年時代的康有為明顯被老師的言行舉止深深吸引。更重要的，在朱氏的「感化」下，康南海確認了「聖人為可

---

3 樓宇烈整理：《康有為自編年譜（外二種）》，（北京：中華書局，1992），頁8。

4 錢穆：〈九江學述〉，見氏著：《中國學術思想史論叢（八）》，頁366。

5 康有為：〈朱九江先生佚文序〉，見簡朝亮編，關殊鈔點校：《朱九江先生集》，卷十，頁9。

6 簡朝亮編，關殊鈔點校：《朱九江先生集》，卷十，頁9。

7 簡朝亮編，關殊鈔點校：《朱九江先生集》，卷十，頁9。

學」。[8]眾所周知，自宋明以來，希賢希聖是儒家讀書人追求的共同理想。康氏幼承庭訓，浸淫於儒學的氛圍中，自然對此不會感到陌生。[9]但在游學禮山之前，康南海對「聖人可學」還是沒有什麼把握，直至遇上朱次琦以後，康氏「洗心絕欲，一意歸依，以聖賢為必可期」。[10]在以上的例子中，康有為的「聖人之變」當然讓人神往，但筆者想指出的，南海先生在身陷危難之時，心中呈現的不是經傳，而是老師那種歷久不衰的「聖賢氣象」。自宋代理學興起，體認「聖賢氣象」被視為儒門讀書人學習成聖的一種途徑。讀書人主要透過閱讀《四書》，特別是《論語》中孔子與弟子的言行，來認識聖凡之別，來體會聖人的用心。[11]朱次琦的「聖賢氣象」不僅為青年康氏帶來震撼，更讓他「興起發奮于不自知焉」，並立志「盡棄俗學」，而專攻「聖學」。七十歲的朱次琦，能如斯之引人入勝，如此有吸引力，實非偶然，乃是九江先生一生履行「躬行實踐」的宗旨所致。進一步來說，「躬行」不僅是朱次琦一生的堅持，也是嶺南儒學九江一門的教旨。

在中國學術思想史的脈絡中，朱次琦往往被置於「漢宋之爭」或「漢宋調和」的脈絡中作討論。誠然，「漢學盛，宋學衰」確是朱次琦關注的課題，惟若我們說朱氏關心的是「漢宋之爭」，毋寧說他關注的是孔子之

8　在先秦兩漢時期，聖人歸聖人，凡夫自凡夫，兩者畛域分明。凡人自身努力，可以成為大賢，卻不可以透過「學」而「成聖」。但隨著隋唐時代，佛、道二教的影響，聖凡之間的鴻溝漸消。北宋時，周濂溪提出「聖可學，一為要」，到了程頤直把聖人分為「生知」與「學知」兩種，於此「聖人可學而至」的思維已完成。相關討論，見林永勝：〈作為樂道的孔子：論理學學家對孔子形象的建構及其思想史意義〉，黃俊傑編：《東亞視域中孔子的形象與思想》（臺北：臺灣大學出版中心，2015），頁83-130。

9　康有為祖父與朱次琦相交甚深，而康氏的父親也是朱次琦的學生。康氏曾說：「（九江）先生為先祖連州公友，先君知縣公與伯叔父兩廣文公皆捧杖受業。」見《朱九江先生集》，頁9。

10　樓宇烈整理：《康南海自編年譜（外二種）》，頁7。

11　相關討論可見黃俊傑編：《東亞視域中孔子的形象與思想》，頁118-120。

道的存亡，成聖之道的興衰。就是立足於孔子之道之存亡，朱九江才能超然鶴立，脫離漢宋之爭的糾纏，促成不陷溺於流俗的大見解。[12]故此，若我們欲掌握九江學術的精粹，必須擺脫「漢宋問題」的羈絆，直指九江先生最關注的問題——孔學的存廢。又若要一矢中的，抓住九江心中「孔學」的核心，我們便要以「躬行」二字來掌握九江學術的要領。[13]故康有為說他的老師以「躬行為宗」，可以說是深諳師門之要。為什麼說「躬行」是朱次琦學術的中心呢？就如康有為所言，九江之學「一一以孔子為歸」。所謂以孔子為依歸究竟又意味著什麼呢？所謂「以孔子為歸」，朱次琦做的，是重申「躬行」的意義，或把「躬行」提升到更高的層次上。[14]「躬行」二字在孔學中有何重要意義呢？如王爾敏言，儒家自孔子始首重行為實踐，學問則在其次，是故不尚空言。後世漢儒以傳經為正宗，宋儒以窮理為本業。均已與孔子相去甚遠。[15]關於這一點，劉師培亦嘗論及：

---

12 錢穆先生曾指出：「清儒漢、宋門戶之見，自嘉、道以下，已漸知於康成外尚當有朱子，然其視朱子實在康成下。稚圭始謂『朱子又即漢學而稽之』，又謂其『使孔子之道大著於天下』，其視朱子，已在康成上。又曰『治孔子之學，無漢學、無宋學』，尤為大見解。非深識儒學大統者，不易語此也。」見錢穆：《中國學術思想史論叢（八）》，頁358。

13 論及九江學術要旨，論者多會提及朱次琦所倡的「四行」、「五學」，也能指出重「實行」的九江門風，但究竟「實行」（即躬行）在九江學術中的角色為何，則鮮有深入的討論。如革命黨人劉禺生也曾言：「南海朱次琦（九江）先生，於舉國爭言著書之日，乃獨棄官講學，舉修身讀書之要，以告學者。其言修身之要曰：「敦行孝弟，崇尚名節，變化氣質，檢攝威儀。」其言讀書之要曰：「經學、史學、掌故之學、性理之學、詞章之學。」其為學不分漢、宋，而於白沙、陽明之學，皆有所取，教弟子尤重於實行。」見劉禺生：〈嶺南兩大儒〉，《世載堂雜憶》（沈陽：遼寧教育出版社，1997），頁236。

14 關於朱次琦的學術要旨，九江學派的研究者張紋華曾指出：「在《朱九江學記》一文中，孫海波認為，實學、德學並重是朱次琦學術思想的特點之一。筆者認為實學、德學分別是簡朝亮所指的『申古之學』和『讀書之實』、『修身之實』，而且實學是德學的指導，德學則涵蓋『四行』修身條與『五行』治學章的內容。」見張紋華《朱次琦研究》，頁97。筆者認為張紋華的說法是有問題的，因為「實學」雖然是朱次琦學術組成的重要部分，但說「實學是德學的指導」反把朱學的要旨變得模糊不清。

15 王爾敏：〈經世思想之義界問題〉，《中國近代思想史論續集》（北京：社會科學文獻出版社，2005），頁38-39。

> 蓋孔學既崇實踐，故其書皆經世之書。孔子之初，本來行其道于世，及世不見用，乃垂之空言。六藝者，皆古聖王之政典也。即自著之書，亦專以事理為主，而即基事理以發其道者也。後儒不知孔子之學。於是有楊雄、王通之擬經，有宋明儒者之空說。此皆徒得孔學之跡者也。莊子曰：「夫跡履之所出，而跡豈履也哉。」後世諸儒，均蹈此弊。惟近世顏李之學，頗能於孔教之中求其實用。蓋中國學術之最徵實者。[16]

上述引文，見於1906年，是劉師培東渡日本前，在《國粹學報》上發表的一篇名為〈孔學真論〉的文章。作為一位徘徊於「反西化的西方主義」與「反傳統的傳統主義」的烏托邦追求者，[17]劉師培不僅點出了儒家經世的最重要原則——通經致用，更指出了「實踐」是「孔學」的關鍵處。[18]朱次琦一生所持守的正是這一種「躬行實踐」的精神。但欲把握九江先生學風之要，又務必要從「生活」二字開始。皆因朱次琦奉「躬行實踐」為圭臬，並不是一種純「學理」上的認知，而是一種貼近「信仰實踐」的行為。這種「信仰實踐」的行為又與他所經歷的時代息息相關。

---

16 劉光漢：〈孔學真論〉，《國粹學報》，第十七期，載《國粹學報（分類合訂本）》，第2卷第4期（1906年）頁82-83。王爾敏：〈經世思想之義界問題〉，《中國近代思想史論續集》，頁39。

17 王汎森認為：「在清末的劉師培（1844-1919）身上似乎可以看到當時思想的兩種特質：第一是近代中國傳統知識分子的一種兩難心態，既痛恨西化，卻又想從『西方』取萬靈丹，所以既不滿意當時西方事物對中國的影響與衝擊，但是又想學習西方最『科學』、最『進步』的主義，此處姑稱之為反西化的西方主義。同時他們也有一種批判傳統，又嚮往某種他們認為更純粹的傳統的傾向，我稱之為『反傳統的傳統主義』。第二是追求烏托邦的世界的心態。」王汎森：〈反西化的西方主義與反傳統的傳統主義——劉師培與「社會主義講習會」〉，見氏著：《中國近代思想與學術的系譜》，頁221。

18 劉師培認為「孔子之學，殫精於人道治事之中。所謂實踐之學也，與希臘梭格拉氏同。」見劉光漢：〈孔學真論〉，《國粹學報》，第十七期。見《國粹學報（分類合訂本）》，第2卷第4期（1906年）頁86。

在本章裡，筆者嘗試從朱次琦由出仕到歸隱的經歷切入，企圖重構主人翁「生活」與「思想」的關聯。就如王汎森所言，在此處「思想」（intellection）的意思指所有社會行動中有一個意義的層面，包括感知（perceiving）、辨識（discerning）、認識（discernment）、理解（understanding）、意義（meaning）、感覺（sense）、表示（signification）等。所有的社會行為，都有一個思想的層面賦予行為的意義。[19]如此一來，思想與現實生活中的每一面都可能發生關聯，「我思故我在」與「我在故我思」都存在，二者可能周流往復，互相形塑。[20]一直以來，在思想史或哲學史的研究中，我們往往被思想家們的「創造性思想」所吸引，而有意無意地忽略了活生生的「生活世界」與「思想家」的關聯。就好像在十九世紀末到二十世紀初以前，微不足道的「生活世界」總是未能引起西方哲學家的青睞一樣。[21]就如九江學術的「宗躬行」、「尚無欲」、「厲氣節」、「舍漢釋宋」，絕對不是純粹學理上討論的「概念」，而是朱次琦一生的行動指引。在這些「指引」的背後，實存在著一個「應然」世界，此世界蘊含著萬事萬物之「所當然」。當實踐這些來自「應然」世界的「指引」時，朱次琦要面對的卻是一個「實然」世界，此世界是一個客觀的存在，亦非朱氏所能左右。上述所謂「應然」與「實然」的衝突，對於像朱次琦那樣的一位儒家讀書人而言，並不能化約為一種「理想」與「現實」的碰撞和矛盾。皆因作為儒者，朱次琦非但要對「應然之理」有所認知，更重要的還須在「實然」的世界履行「當然」

---

19 Keith Michael Baker, "On the of the Ideological Origins of the French Revolution," *Inventing the French Revolution: Eassy on French Political Culture in the Eighteenth Century* (New York: Cambridge University Press,1990), p.13.

20 Keith Michael Baker, "On the of the Ideological Origins of the French Revolution," *Inventing the French Revolution: Eassy on French Political Culture in the Eighteenth Century*, p.21-22。

21 這種情況在十九世紀至二十世紀初出現了轉向，不少西方的重要哲學家，如胡塞爾、維根斯坦、海德格爾、列裴伏爾、阿格尼絲．赫勒都把目光投向「日常生活世界」與「主體」關係上。

之「道」。故此，通過考察朱次琦從仕到隱的生活經歷，我們可以認識到以下兩點：一、「出仕與歸隱」與「生活」的關係：雖言「窮則獨善其身，達則兼善天下」是儒家讀書人面對人生順逆的大原則。但辭官歸隱的決定，對一位飽歷科場之苦的讀書人來說並非易事。況且若論「經世濟民」是儒家讀書人的理想，身處廟堂理應比流落江湖所發揮的作用要大。如此一來，朱氏「由仕入隱」不能單純視之為失意官場後的去留問題，而是儒者選擇行「道」模式的重要「轉移」。若我們能了解朱次琦辭官的決定與其當時生活遭遇的關係，便可以明白儒家讀書人，如何在「實然」世界履行「應然」之理時，作出因時制宜的「策略性」選擇。二、「講學之旨」與「時代之弊」的關係：在歸隱之後，朱次琦講學禮山，九江學術亦漸次完成。但為什麼九江先生如此重視躬行和氣節？如此重視「孔學」的重建？這與他的經歷不無關係。簡而言之，若第一點是討論「應然」世界——「道」——對個體在「實然」世界行止的影響。第二點則是彰顯「實然」世界對個體選擇「應然」世界「意義」的促成。誠然，不論是審視朱次琦從「仕」到「隱」的經歷，或是重估朱九江學術的關注點，都只是從「小」處入手的工夫。這或未克盡「思想」與「生活」互動之理，但也能「以小見大」。一窺近代中國儒家知識人在實踐「所信仰之道」之時，與身處的「生活世界」呈現的互動關係，或甚從中拼湊出一幅近代中國知識人的「行道圖」。

第二節　「仕」與「隱」與「求道」的關係

朱次琦，字效虔，又字子襄，號稚圭，廣東南海九江上沙里人。[22]生於嘉慶十二年（1807），卒於光緒七年（1882），朱次琦所經歷的是一個風

22 朱次琦字效虔之說，見朱次琦等修，朱宗琦纂：《南海九江朱氏家譜》卷六，轉引自張紋華：《朱次琦研究》，頁1。

雨飄搖的晚清。如嘉慶十八年（1813），就是在朱次琦七歲的時候，大清的京城發生了由林清策劃的天理教起事，起事者更攻進紫禁城的隆宗門外。雖然與嘉慶元年（1796）爆發的白蓮教起事相比，天理教起事的規模不可同日而語，並迅速被平定，但已讓嘉慶帝（1760-1820）感慨不已：

> 承平日久，生齒日繁，物價騰貴，遊手之民不遑謀食，加之官多疲玩，兵盡怠慵，文不能辦事，武不能操戈，頑鈍無恥，名節有虧，朕遇斯時，大不幸也。[23]

上引嘉慶皇帝的說話，不僅指出了當時的問題，更概括了十九世紀晚清帝國的內部危機。我們也可以藉此勾勒朱次琦「生活世界」的背景圖像。

就「生齒日繁」而言，根據研究顯示，自乾隆五十九年至嘉慶十七年（1794-1812），按不完全的統計數字來看，中國的人口以平均年增長8%穩步上升，平均每年增加270萬人。[24]在太平天國之亂爆發前夕，中國人口已達四億三千萬左右。[25]雖然在乾隆年間，玉米和番薯的傳入，使一些之前未被開發的土地開始被利用，致使從十七、十八世紀之交到十九世紀上半葉，大約有1,000萬人從內地遷往邊疆各地，從某程度上紓緩了人口和糧食

---

23 《仁宗實錄〔四〕》（《清實錄》〔北京：中華書局，1986〕，共36冊），卷二八一，嘉慶十八年十二月上，頁841。

24 據統計自1794-1812，中國的人口由31328萬人增加至36370萬人，但以上數據還未完整。據姜濤所言：「由於這一時期戶部《民數冊》現已大部分缺失，《清實錄》的記載又過於簡略，我們無法準確判斷出現這些統計缺口的具體原因……如果排除這些缺口的干擾，則可以看出，這一個階段民數的變動基本上仍是呈現平穩上升的增長曲線；平均年增長率約為8%，即每年增加近270萬人。」見姜濤：〈清季人口與社會〉，王建朗，黃克武主編：《兩岸新編中國近代史・晚清卷（下冊）》（北京：社會科學文獻出版社，2016），頁678-679。

25 何炳棣：《中國人口的研究：1368-1953年》，頁64、278、282。見費正清編，中國社會科學院歷史研究所編譯室譯：《劍橋中國晚清史：1800-1911（上冊）》（北京：中國社會科學出版社，1993），頁115。

的緊張關係。[26]但巨大的人口壓力仍然為晚清王朝帶來了種種問題，如無業遊民在長江中上游的土地開發，帶來了水土流失，影響了長江下游的河道暢通即為一例。[27]

就「物價騰貴」而言。在十九世紀，中國的茶、絲出口不景氣，加上世界的金銀減產，激化了鴉片輸華量，加深了「銀貴錢賤」的危機。經濟史學者林滿紅曾指出，在1842年以前，銀錢比價大致在1,400-1,500文之間，從1842至1846年，躍升為1,600-2,000文，在1846至1853年間比價升到2,000-2,750文。[28]由於銅錢主要用於零售交易與工資，銅錢的貶值就會影響到主要以銅錢方式獲得收入的工人、零售商與農民。他們在購買以白銀計算的物品，或繳交以白銀計算的租金和賦稅時，自然會感到百上加斤。1851年，福建、浙江總督左宗棠曾描述勞動者的痛苦：「銀價日昂，銀復難得，農者以庸錢糞值為苦。」[29]有研究指出，在1820年代中期到1850年代早期，白銀的兌換率上揚了四分之三。反之，在1830年代至1850年代，除了個別時間的天災影響，糧食價格顯著下降。在此消彼長的情況下，農民受到三重打擊：一、由於農產品和非農產品價格相對變動差異而造成農民購買力的低落；二、副業收入銳減；三、田賦負擔增加。概言之，十九世紀前期的中國農村普遍受到銀貴錢賤和所引發的經濟蕭條的影響，一方面所得減少，同時賦稅負擔卻增加。有論者更指出農民的苦況在長江下游

---

26 馬大正：《清代邊疆開發研究》（北京：中國社會科學出版社，1990），頁40。亦見戴鞍鋼：《晚清史新編》（香港：中華書局，2011），頁14。

27 道光初年，江蘇巡撫陶澍曾謂：「江省地處下游，兼以湖河並漲，宣洩不及，非由江洲壅遏，且江洲之生亦實因上游川、陝、滇、黔等省開墾太多，無業遊民到處伐山砍木，種植雜糧，一遇暴雨，土石隨流而下，以致停淤接漲。」陶澍：《陶文毅公全集》，卷10。轉引自戴鞍鋼：《晚清史新編》，頁14。

28 林滿紅著，林滿紅、詹慶華等譯：《銀線：十九世紀的世界與中國》（臺北：臺灣大學出版中心，2016），頁111。

29 左宗棠：《左文襄公文集》，卷一（上海：上海古籍出版社，1995）頁35。

尤為嚴重，致使太平天國之亂發軔於此。[30]

在「遊手之民」而言，據林滿紅的研究顯示，從1820年代至1850年代，隨著銀貴錢賤的危機擴大，所影響的區域遍及全中國，就是連西北的新疆也不能幸免受上述危機影響的勞動者，會變成遊民。有關遊民問題的嚴重性，曾任安徽巡撫王植曾回憶說：

> 然今日所患，則莫甚于遊食者多。臣青壯年時，聞父老所傳，謂往時一鄉一集，其遊惰無業者，率不過數人，眾皆非笑，無所容身。今則數百家之聚，數十人不等，習以為常。鄉里如此，城邑可知。此語已逾二十年，今當更甚。[31]

有時候，無業遊民會變為暴徒，或參與非法勾當，但讓中央或地方政府感到最頭痛的，便是遊民聚合而成的大規模反政府動亂。如嘉慶元年的白蓮教之亂和後來的捻軍與太平軍之亂，也是與遊民問題脫不了關係。

就「官多疲玩」而言，清初，順治、康熙朝國基未固，君臣都能振作為公，然時間愈久，官僚怠惰因循之風漸起，「訓至官府皆同傳舍，誥誡總屬具文，而吏治不可問矣」。[32]嘉道年間，地方上大小官員對中央咨查案件、飭文等，都視之如具文，任意遲逾。根據不完全統計，從道光十年至二十三年（1830-1843），僅吏部咨交各省，查取因公因私降革、罰俸等處分官員職名的案件，屢催而逾期未覆者，每年即積至上千件之多。其中道光十年僅吏部和兵部未覆各案，即有977件；十七年時更是積達1319件；十九年為1307件；二十三年屢催未覆及續加咨查未覆各案，更多達1811

---

30 有關銀錢比價變化和零售物品的下降，可參見王業鍵：〈十九世紀前期物價下落與太平天國革命〉，見氏著：《清代經濟史論文集（二）》（臺北：稻鄉出版社，2003），頁251-287。

31 王植：《撫皖奏議》，轉引自王業鍵：《清代經濟史論文集（二）》，頁63。

32 齊思和整理：《黃爵滋奏疏許乃濟奏議合刊》（北京：中華書局，1959），頁32。

件。[33]對於是時為官者的惰怠，朱次琦在山西需次期間頗有體會：

> 弟到晉以來，涉獵吏事，深知此事之難。且暗悼邇來講究此事之人之鮮，人人以一官樣作官，民生何賴焉。[34]

道光二十七年（1847），春，朱次琦與兄長北行會試，成進士，簽發山西知縣。道光二十九年（1849），農曆十一月十八日到山西省。[35]其後，致書其兄朱士琦（1795-1856）提及山西官場景況，說為官者少有講究為官治民之事，只是「以一官樣作官」，正是嘉慶帝謂「官多疲玩」之佐證。

有關「頑鈍無恥，名節有虧」方面。晚清道咸年間，國內民亂不止，國外列強環伺。在國家陷於困窘之時，不僅「文不能辦事，武不能操戈」者不少，而且「頑鈍無恥，名節有虧」亦甚多。如在1836年至1865年，在山西、福建、陝西、四川、甘肅、河南、直隸、江西等省，歷任知府、道員、按察使、布政使、署理巡撫等職的江蘇儀徵人張集馨（1800-1878），曾在其自敘年譜中揭示了道咸年間官場的腐敗和黑暗一面。如1839年，山西五寨知縣多瑞，貪吞地丁錢糧二萬餘兩，為恐上司揭發，於是「具稟訐告各上司所收餽送」。[36]又如1852年，朱次琦得知太平軍破金陵，到揚州。為防太平軍來犯山西，先後向平陽知府何維墀、山西巡撫哈芬上《三難五易十可守八可征之策》，惟俱不見用，更受到譏誚。後太平軍在七月進軍山西，平陽知府何維墀全家喪命，山西巡撫哈芬先自逃走，後遭革職，發配邊疆。[37]由以上事例可見，咸道年間官場充斥著貪玩無恥，不知名節之風。

---

33 王開璽：《晚清政治史：數千年未有之變局（上卷）》（北京：東方出版社，2016），頁34-35。

34 朱次琦：〈寄伯兄書〉，見簡朝亮：《朱九江先生集》，卷七，頁3。

35 朱次琦：〈抵山西寄兄弟書〉，見簡朝亮：《朱九江先生集》，卷七，頁2。

36 張集馨：《道咸宦海見聞錄》（北京：中華書局，1981），頁51。

37 其事見《朱九江先生年譜》，載簡朝亮：《朱九江先生集》，卷首，頁14。

以上所述，只是從統治者的視角，勾勒當時晚清政經面貌之一斑，固然不能盡窺十九世紀中葉中國「生活世界」之全豹。惟對探討朱次琦由「仕」入「隱」的轉變卻有一定幫助。究竟「生活世界」與「個人抉擇」的關係如何可容後再作討論，在此我們不妨先探討朱次琦「出仕」與「歸隱」的原因。

咸豐三年（1853），朱次琦自山西襄陵縣令去職。四年後，朱氏更歸隱九江，自此不再入城。[38]翌年，九江先生設帳講學於禮山，九江學術的流傳亦由此時開始。[39]因為在現存的文本資料中，我們找不到「直接」的證據對朱氏退隱的因由作完滿的解釋。故此有關朱次琦辭官歸隱的原因，可謂眾說紛紜，莫衷一是。或謂不見用於世，所以「窮則獨善其身」；或言既無所作為，所以順應天命，立意著書；或認為朱氏不慕名利，與仕途相左，出仕僅為親族所逼而已，故辭官是理所當然的事。[40]更有論者斷言，辭官是中國古代政壇的一種常見現象，並與儒家倡導的「窮則獨善其身」相一致。因此，實在沒有必要對朱次琦辭官襄陵進行過多的臆測。[41]惟筆者認為朱次琦由仕入隱的轉折，並非僅僅是個人在政治途上的順逆遭際，而一位讀書人在實踐儒家之「道」——在此筆者稱之為「行道者」，面對「現實」和

---

38 《朱九江先生年譜》載：「先生居九江先人敝廬，方筵而已……是歲而後，先生鄉居不入城市，蓋九先生之稱，自斯始矣。」見簡朝亮：《朱九江先生集》，卷首，頁14。

39 《朱九江先生年譜》載：「（咸豐）八年，歲在戊午。先生年五十有二。先生居九江，遠方從學者日至。先生講學禮山下，有古大夫歸教州里之風，於是講學終二十餘年。」見簡朝亮：《朱九江先生集》，卷首，頁14。

40 關於朱次琦辭官的原因，可謂眾說紛紜。如門人簡朝亮謂：「……卒不見用，先生遂引疾。」簡朝亮：《朱九江先生集》，卷首，頁13。蔣志華認為，朱次琦因無可作為，故有著書打算，並信仰天命而南歸。見蔣志華：《晚清醇儒：朱次琦》（廣州：人民出版社，2007），頁59-63。又楊翔宇認為，朱次琦出仕為官僅是順應親友之命，實與不慕名利的個性相左。見楊翔宇：〈朱次琦辭官及焚書探因〉，《嶺南文史》，2007年第4期（2007年12月），頁26。張紋華則認為，辭官是中國古代政壇的常見現象，並與儒家倡導的「窮則獨善其身」相一致。見張紋華：《朱次琦研究》，頁23-24。

41 張紋華：《朱次琦研究》，頁23-24。

「理想」世界的矛盾的時候，所作出的一種「實踐的選擇」。「仕而優則學，學而優則仕」本來就是中國傳統讀書人的理想。如朱熹（1130-1200）所言，「學」與「仕」是二而一的事，「學」可成為做官治事所資；「仕」則是證成所學的實際驗證。[42]又如李澤厚所言，「學優則仕」是中國傳統社會知識分子的人生道路，使知識分子個體人生價值、終極關懷被導入「濟世救民」、「同胞物與」的方向。[43]當然，行道者並非只有出仕為官才可以「濟世救民」，但無可否認，至少在常理上，身在廟堂較之遠在江湖，更容易達成「內聖外王」的理想，故應為行道者的「第一選擇」。反之，對行道者來說，由「仕」入「隱」則是「第二選擇」。

自道光四年（1824），十八歲的朱次琦入讀廣州羊城書院。從那時候開始，朱次琦踏上了進仕之途。若以該年為始計，直到道光二十七年（1847）中式成為進士止，朱氏從「學」到「仕」，共花了二十三年。[44]縱觀朱氏二十三年的科場歲月，我們可以嘗試解答一個問題：為何不慕名利的朱次琦會踟躅科場逾二十載？要解答以上問題，我們可以從生活所需、家族之望、經世之志三方面作出分析。

其一、從生活所需而言。根據研究顯示，清代268年間舉行了112科會試，取得進士出身者約26,391人，平均每屆236人。[45]隨著年代的推移，人口遞增，讀書人能透過科舉考試獲取功名，從而提升社會地位的可行性愈來愈低。[46]惟如有論者指出，儘管通過科舉入仕的讀書人有限，但由於每一

42 朱熹謂：「優，有餘力也。仕與學理同而事異，故當其事者，必先有以盡其事，而後可以及其餘。然仕而學，則所以資其事者益深；學而仕，則所以驗其學者益廣。」朱熹：《論語集注》（北京：中華書局，2008），卷10，頁190。

43 李澤厚：《論語今讀》（香港：天地圖書，1998），頁429。

44 有關朱次琦參加科舉考試的經歷，皆載於《朱九江先生年譜》，見簡朝亮：《朱九江先生集》，卷首，頁6-10。

45 王德昭：《清代科舉制度研究》（北京：中華書局，1984），頁65。

46 根據何炳棣先生研究所示，自16世紀末至清代末年，寒微人士向上流動所遇到的困難愈來愈大。而影響社會流動的因素繁多，自然非人口增長一項所能概括，但人口變遷所造

層功名的取得，都程度不同的提高了士子的社會地位，並能改善其生活，且因科舉不設年齡限制，考生可以持續不斷地應試，給予參與者無窮的希望。[47]所以應考科舉者，望藉此進身仕途者自是最終目標，但在參加科舉的進程中，也存在著一種有改善生活的可能。一般來說，在入仕以前，投考科舉的讀書人主要靠設館授徒或兼領書院津貼維生。[48]如國民黨元老胡漢民（1879-1936）十六歲時，為了幫補家計，一面課徒自給，一面應考書院，博取津貼，以贍養弟妹。[49]又如生於1866年，河南省汲縣人王錫彤（1860-1938），在十六歲時家道中落，不得不輟學到修武鹽業當賬房學徒，賺取每月千枚的銅錢工資。後來，因不願在鹽中摻假而失去工作。幸在此時，得淇泉書院月課膏火，「每月輒獲獎錢數千，持歸供母」。[50]後來，王錫彤在十九歲中秀才，二十歲為林家塾師，學生五人，年薪錢三十千。二十一歲，被前知府李德均聘為塾師，月俸銀五兩，零用錢二千，收入已接近翰林院編修的月俸。[51]雖然，我們未能掌握確實的數據，惟獨有一點是可以肯定，就是個人功名與個人收入——特別是當塾師——是成正比的。就是同為塾師，一個白衣秀士和身負功名的，兩者的收入也不可以同日而語。[52]由是觀之，朱次琦不慕名利，亦不屑為八股文，但由於家庭經濟

成的影響卻是根本性的。有關何氏的研究及人口變遷與社會流動的關係，可參考Ho, Ping-ti, *The ladder of success in Imperial China: aspects of social mobility, 1368-1911* (New York: Da Capo Press, 1976), p.113-154 and p.277-314。

47 關曉紅：《科舉停廢與近代中國社會》（北京：社會科學文獻出版社，2013），頁192。

48 按張仲禮所言，讀書人入仕以前的收入來源，主要處理地方的公共事務、充當地方大吏的幕僚、從事教學、入讀書院、行醫。如家業豐厚者，則靠地產和營商獲利。在一般情況下，讀書人在未有較高級的功名——如舉人——之前，從事教學和入讀書院領取津貼，往往是收入的主要來源。見Zhongli, *The income of the Chinese gentry* (Seattle, University of Washington Press, 1962). 參見張氏全書。

49 蔣永敬：《民國胡展堂先生漢民年譜》（臺北：臺灣商務印書館，1981），頁17。

50 王錫彤：《抑齋自述》（開封：河南大學出版社，2001），頁26。

51 王錫彤：《抑齋自述》，頁28-31。

52 關於塾師的收入，張仲禮曾經推算，在19世紀，身負功名的塾師，平均年收入是100兩銀

條件問題，故不得不持續地參加科考，以滿足生活所需。[53]朱次琦的父親朱成發，幼年喪親，後來在親族的扶助下，靠營商起家，雖也有小成，但家境並不算太富裕。[54]如《年譜》記載，朱次琦自幼愛書法，讀書之餘，為尋求書法百家之書，還是要典當衣物以成其事。[55]又如在道光二十三年（1843）十月，朱次琦與兄長參加第三次會試，由於上京的盤纏困乏，不得不「鬻藏書而行」。[56]從以上二例可見，朱次琦家境雖不至於貧困，然又卻非無生活之慮。因為繼續參加科考，朱次琦可以先後入讀當時的官方書院——羊城和越華書院——獲得每月膏火之資和考課獎金。[57]另一方面，由於在科考中獲取功名，朱次琦又可以憑功名之利，賺取更高酬勞。如在參加第三次會試的前一年（1842），朱次琦應九江南沙陳氏的邀約設館授徒。當時，有人勸他「遷教都會」(廣州)，朱次琦笑而不答。後來，朱氏在致家人函謂：「某非不知遷地為良，或可多出儋石」，但因自己一心以古人——范仲淹、孫承宗——為榜樣，潛心苦讀，實在無暇照顧更多學生，所以只好「辭富居貧，使故業可理」。而且在南沙陳氏賓館，可在「廣廈細旃」中「峨冠坐論」，生活條件已經算是不俗，故未有遷教的打算。[58]縱

子，而沒有功名的塾師，平均年收入不足50兩銀子。見Zhongli, *The income of the Chinese gentry* (Seattle, University of Washington Press, 1962), p.95。當然，讀書人從事教學的收入，會因著時、地、人的因素，並塾師個人的名聲的高低而變動，故以上張仲禮的推算，只可以作一個「印象式」的參考而已。

53 關於對八股文的不滿，朱次琦曾直言：「今之子弟所志者，科名而已，所力者，八股、八韻、八法而已。故今之所謂佳子弟，皆古之所自暴自棄之尤者也。」見簡朝亮：《朱九江先生年譜》，頁16。

54 馮栻宗編著：《九江儒林鄉志》(香港：旅港南海九江商會重刊，1986)，頁6。

55 馮栻宗編著：《九江儒林鄉志》，頁6。

56 馮栻宗編著：《九江儒林鄉志》，頁10。

57 據《年譜》載，不論在羊城還是越華書院，朱次琦詩文備受山長青睞，故除了每月膏火以外，月課的獎金也是少不了的。

58 朱次琦：〈癸卯在南沙陳氏賓館有勸以遷教都會者因布家人書〉，見簡朝亮：《朱九江先生集》，卷七，頁2。

然我們沒有朱次琦所得束脩的資料，但由上例可知，朱氏因考獲舉人資格，可以有到廣州開館授徒的機會。又因為學生的數目遞增，朱次琦的收入亦相應地提高。從以上例子可見，投身科考是讀書人的一種職業選擇。除了冀求「朝為田舍郎，暮登天子堂」外，也是士子維持生活所需的一條進路。只要明白這一點，便可以理解為何朱氏既不慕功名，卻仍在科考途上淹留二十多年。

其二、從家族之望言之。自明嘉靖至清道光年間，九江朱氏家族共出了兩位進士，十七位舉人，十三位貢生，可謂人才輩出。[59]以朱次琦家為例，家中兄弟四人，長子士琦（1795-1896）為舉人，次子炳琦為監生，三子次琦為進士，四子宗琦（1810-1881）為貢生，一家男丁全幾乎全部都曾經參加科舉考試。[60]道光十九年（1839），秋，朱次琦與其兄士琦同舉於鄉，一時傳為佳話。[61]同年，冬，朱氏兄弟聯袂上京，開始了會試之路。[62]及後，士琦在科場上未能寸進，朱次琦便成為家族揚名的唯一希望。[63]關於這一點，可以在朱次琦回覆朋友王蓀友（1784-1854）的一封信中得到佐證：

僕少無宦情，又不習吏事，州縣之任，非所克堪。此出蓋為親知逼

59 見朱次琦等修，朱宗琦纂：《南海九江朱氏家譜》，卷六，〈恩榮譜〉，輯於《北京圖書館藏家譜叢刊，閩粵僑鄉卷》，卷22（北京：北京圖書館出版社，2000），頁1153-1190。

60 馮栻宗監修：，《九江儒林鄉志》，卷六，〈古蹟略〉，頁25。

61 據《年譜》載：「（道光十九年）秋，涇陽張文毅、江甯潘忠毅來典試，先生與伯兄同舉於鄉。時人稱之曰：『南海明珠，同時入貢矣』」見簡朝亮：《朱九江先生集》，〈卷首〉，頁8。又潘繹曾謂：「伯子叔子同年貢，上計入都。與都人士激揚，望實藉甚當時」，見馮栻宗監修：，《九江儒林鄉志》，卷六，〈古蹟略〉，頁25。

62 見於《朱九江先生年譜》，載簡朝亮：《朱九江先生集》，卷首，頁8。

63 據《世傳》載：「道光四年，（朱士琦）以第三人補邑庠。十二年，以第三人授廩餼。每使者臨試廣州，古學必選最擢等。先後七試皆一等。十九年，已亥鄉試與弟次琦同捷。公以第三人魁……進取益奮，先後七上公車，多留夏課，旅食京邸垂十年竟不第。」見《南海九江朱氏家譜》卷十一，《家傳譜》，《世傳》，頁2058。

> 迫，勉強一行，帶罪來襄，奉職無狀，瓜及便當棄去，進維周任陳力之義退奉柱史止足之誡，不如是固不可也。[64]

以上書函寫於1852年，這正是朱次琦自山西襄陵辭官歸隱的前一年。在書函中，主人公道出棄官求去，是源於「少無宦情」、「不習吏事」。若觀朱次琦任知縣190日的政績，所謂「不習吏事」固然是自謙之辭，就是「少無宦情」也須細意斟酌，惟信中提及「親知逼迫」則證明朱次琦為官確實與家族期望不無關係。

其三、從克盡天職言之。論者常說朱次琦一生不嗜功名，似乎已經無庸置疑。在現存的文本資料中，有關他不熱衷於功名的證據，可謂俯拾皆是。如在投考鄉試期間（道光八年至道光十九年），朱氏四赴秋闈三次落榜，他卻能視之如常：

> 八年……秋，先生赴鄉試。……已而報罷，先生讀書囂囂自若也。曰：朱子云：「非科舉累人，人自累耳。」[65]
>
> 十有二年……秋，先生赴鄉試，報罷。有以幸雋告者，先生告曰：「不勤而祿，無望而得，唐李景讓之母所以憂也。吾今事母，奚可幸乎？」[66]
>
> 十有七年……秋，先生赴鄉試，獲薦。試文用史，主者以麤棄之。報罷，主者發卷，觀其名，迺先生也，悔之。先生俳體戲答友人問詩：「美人秋心，道其事也。」[67]

---

64 朱次琦：《答王菉友書》，見簡朝亮：《朱九江先生集》，卷七，頁4。

65 見於《朱九江先生年譜》，簡朝亮：《朱九江先生集》，卷首，頁6。

66 簡朝亮：《朱九江先生集》，卷首，頁7。

67 簡朝亮：《朱九江先生集》，卷首，頁8。

又如朱氏北行會試，在抵清遠時致函其弟宗琦，信中提到：

> 自惟寡薄，豈辦任官，此行邀福，或叨一第，思遂南歸，寄跡丙舍，將吾叔仲，長奉板輿，對鵲占門，徙魚築宅。陸機之屋，不問乎東西；何點之山，略分乎大小……閉門養親，至於沒齒。雖三公上衮，百城南面，何以易此哉？[68]

從以上書函中，可見朱次琦在赴會試之時，早已心懷歸隱之志。就是因為朱氏心寄青山，意慕陸、何，故能不為科場利祿左右。[69]昔日，朱熹（1130-1200）曾論科舉與士子的關係：

> 非是科舉累人，自是人累科舉。若高見遠識之士，讀聖賢之書，據吾所見而為文以應之，得失利害置之度外，雖日日應舉，亦不累也。[70]

如朱子所言，士子應考會否為科舉所累，完全在於「得失利害」四字，如士子能看淡「得失利害」自能不為科舉所累。在細讀朱氏北行會試的家書後，我們便可以更肯定官場利祿非他所求，故才可以到達不為科舉所累的境界。但既然有志「閉門養親，至於沒齒」，朱次琦何苦又要涉足官場呢？眾所周知，在中國歷史上「士農工商」的「四民階層」意識早已深入民心。對讀書人而言，作為「四民之首」就必須肩負「經世濟民」的責任，深諳儒家之道的九江先生也無例外。據《年譜》載，朱次琦常說：

---

68 朱次琦：〈北行抵清遠縣與季弟宜城書〉，簡朝亮：《朱九江先生集》，卷七，頁2。

69 據史載，西晉陸機在出仕前，曾隱居華亭；南朝何點亦隱居不應召。

70 見張伯行輯訂：《朱子語類》，卷三（中國：商務印書館，1937），頁83。

> 天於兆民之中，獨畀一二人才，蓋兆民苦樂，皆寄之矣。父傳業而先長子，所以字幼也。徒竭吾才自為計，何異吞產棄親，傷其父命，天心不其然也。吉凶與民同息，聖者出之安，賢者體之勉，當官舉其事，下士盡其心。[71]

由上文可見，朱次琦認為讀書人不僅是民眾中的精英，而且是上承「天心」下撫「萬民」的中介。作為讀書人就應該心繫民眾的「苦樂」，做到「吉凶與民同息」，「當官舉其事，下士盡其心」，才算是恰如其分的。誠如余英時所言，在中國知識人的傳統中，素以超世間的精神——即是「道」，來「改變世界」——即「救世」或「經世」。而「改變世界」分別有正反兩面，正面為「出仕」，反面則是對社會進行批判。[72]若如余氏所言，那樣朱次琦在決定「仕」與「隱」的時候，並不能純以「個人喜好」為依歸，而是以完成上天賦予的「使命」為首要考慮。因為在朱次琦眼中，讀書人能「讀書識字」是上天賜予的，若「徒竭吾才自為計」，只為一己的「志趣」作打算，又「何異吞產棄親，傷其父命」。所以在山西需次之時，雖然朱次琦的生活捉襟見肘，但仍「不敢自屏寬閑，偷安於昕夕」[73]，而且努力搜羅武備、倉儲、河渠、地利之書，致力為當官作準備。[74]朱氏既然天性淡泊，不嗜名利，但卻如此積極作「預備工作」，皆因朱次琦意識到自己已經不是一名「下士」，而是「君父之身」。[75]由以上所述可知，朱次琦認識到身為讀書人，秉承天賦之才，便必須克盡天職，以經世濟民為己任。「出仕」為官正是履行天命之所當然。

---

71 見《朱九江先生年譜》，載簡朝亮：《朱九江先生集》，卷首，頁8。

72 余英時：〈中國知識人史的考察〉，見余英時著：《中國知識人之史的考察》（桂林：廣西師範大學出版社，2004），頁11-12。

73 朱次琦：〈抵山西寄兄弟書〉，見簡朝亮：《朱九江先生集》，卷七，頁3。

74 朱次琦：〈寄伯兄書〉，見簡朝亮：《朱九江先生集》，卷七，頁3。

75 朱次琦：〈抵山西寄兄弟書〉，見簡朝亮：《朱九江先生集》，卷七，頁3。

經過以上扼要的分析，我們大概已明白，為何天性淡泊的朱次琦會半生淹留科場與官場。惟自道光三十年（1850）至咸豐三年（1853），春，朱次琦由正式需次山西，到代任襄陵知縣後辭官，前後不過三年光景。箇中因由雖前人已有所論，但不論天性便然或是不為所用，皆未能說明他「當官」的困境，亦未能透析朱氏辭官的底蘊。在下文中，筆者將會從候補文官制度和朱氏需次山西的生活切入，補充說明朱次琦辭官南歸的因由。

首先，在候補文官制度言之。按清代官制職分文、武，平民經過科舉、保舉、捐納或庇蔭皆可以有入仕的可能。而所謂「候補文官」，從廣義而言，是指沒有得到實缺的官員，包括處於吏部詮選階段的候選官員和處於任用階段（在部、省學習、試用、即用、委用或補用）的官員。[76]在清一代候補文官可謂無處不在，這種情況到了嘉、道之後更為嚴重，時人亦言：

> 自嘉慶朝軍需日亟，捐例大開。上既破格招徠，下即濫行登進，仕途猥雜，識者憂之。[77]

道光二十七年（1847），朱次琦中進士，即用知縣，簽發山西，惟他到山西以後卻發現「目下晉省人員冗塞，候補知縣積至八十餘員」，究其原因也是捐納者多，「故候補日繁」。莫論候補官職要三四年之久，就是要署事也要等上一二年。最糟糕的是「將來捐輸，花樣無窮」，候補官積壓的問題斷不容易解決。[78]除了候補人員積壓，補候官員的選用又是另一個問題。依清朝的制度規定，有關候補文官的任用安排，中央歸各部堂官所有，地方由地方督撫和藩司取決。在名義上，藩司可任免知府及其以下的

76 肖宗志：《候補文官群體與晚清政治》（成都：巴蜀出版社，2007），頁19。

77 〈清吏治說〉，《申報》（1900年11月14日），轉引自肖宗志：《候補文官群體與晚清政治》，頁28。

78 朱次琦：〈抵山西寄兄弟書〉，見簡朝亮：《朱九江先生集》，卷七，頁2。

正佐官員，但在實際的運作上，督撫才是年終密考權的真正的把持者。[79]簡言之，若候補官員要成功得到差事或實職，必須獲取地方督撫的賞識和認可。反之，如候補官員與地方督撫意見不合，便難有寸進之機。現可舉一例證明上說，咸豐二年（1852），春，山西北部邊民與蒙古人發生爭端，漢人乘蒙古人不備，夜襲蒙古旗戶，使蒙古七百餘人喪生。山西當局準備發兵北上以武力解決問題。朱次琦認為眼下南方已有內亂，故不宜妄動興兵，應派人處理和調定。是時，朱氏的座師潘鐸（1793-1863），剛好在山西任按察使，不僅認同他的想法，更把他推薦給山西巡撫兆那蘇圖（？-1852）。於是朱次琦才有機會在需次期間，承辦調停山西北邊漢蒙糾紛的差事。其後，朱氏得以代任襄陵縣令也是因為處理這次漢蒙糾紛得宜，而得到山西巡撫兆那蘇圖賞識有關。[80]惟時移世易，同年，先有潘鐸調任，繼後兆那蘇圖身故。是時，代任襄陵令的朱次琦得悉太平軍破武昌，佔金陵，至揚州，他即草擬了《晉聯關隴御賊三難五易十可守八可征之策》，上呈平陽知府何維墀，但不獲理會。後來，朱次琦離任回到太原，親呈此策與山西巡撫哈芬，不但沒有被取用更遭到譏誚。[81]在短短不足一年之間，朱次琦由備受賞識到飽受白眼，從一位能吏驟然成為腐儒，其遭遇可說是別若雲泥。而箇中因由，實與個人的能力無多大關係，只是緣於山西官場的人事變化而已。話說回來，既然朱次琦已失去賞識他的伯

79 有關督撫專斷地方人員的任用權，胡思敬言：「藩司去督撫一階，用人行政皆其責。督撫專奏報，藩司遂不能與爭。年終密考，聽其一言，以為進退」，見氏著：《國聞備乘》，卷二，《近代稗海》第一輯，頁261。轉引自肖宗志：《候補文官群體與晚清政治》，頁61。

80 此事見於《朱九江先生年譜》，〈咸豐二年〉，輯於簡朝亮：《朱九江先生集》，卷首，頁11-12。

81 簡朝亮：《朱九江先生集》，頁13-14。據史載，咸豐二年四月中旬，潘鐸調任為湖南布政使。同年八月，兆那蘇圖身故。其後，山西巡撫一職輾轉由甘肅布政使易棠代之。而易氏到任前，則由工部左侍郎哈芬署理。潘鐸事見《文宗顯皇帝實錄》(《清實錄》)，卷五十九，咸豐二年四月中，頁786-2。兆那蘇圖事見趙爾巽等撰：《清史稿》(北京：中華書局，1976年)，《表四十四》〈疆臣表八〉，頁7838。

樂，又不見用於新任山西巡撫，加上他早存歸隱田園之意。所以似乎可以斷定，朱次琦選擇南歸也不足為奇。但如前所述，我們不可以忽略朱氏的出仕，他既是背負了家族之望的重擔，也是肩負著「經世濟民」的使命。若不是遇上一定的「困難」，而該等「困難」又不易克服的話，想必朱次琦決不易輕言求去。在此筆者會從「生活層面」的角度切入，嘗試重構朱次琦在需次山西期間所遇到的「困難」，藉此為朱氏由「仕」到「隱」的選擇作一些補充及說明。

若要明白朱次琦需次山西期間的生活狀況，我們必須對清代候補文官的收入和支出有一概括性的理解。據清代文官制度規定，凡入仕者會被列入除、補、轉、改、升、調六班依例除授。候補人員在未得到實缺之前，一概沒有法定的俸祿。就地方官員而言，不論試用還是署缺，官俸和養廉銀的有無和多少，要視不同情況而定。一般而言，候補官員署缺的時候都會得到原任一半的養廉銀，若候補官員只是承辦一些臨時性的差事，或在地方局、所任事——非編制內的官缺，只會獲得一些車馬費或是來自釐金的資助。[82]至於支出方面，除了衣食住行的基本需要外，雇用長隨、備置車馬、飲宴應酬等，也是不容易應付的開支。收入無時，開支常在，往往使候補人員的生活陷於貧困拮据的地步。[83]在山西需次期間，朱次琦的生活狀況又如何呢？1849年底，朱氏到任山西後，首要面對的就是生活問題。在寄回鄉間的家書中，他曾提到太原的物價和生活開支問題：

> 并州之城，少燠多寒，舟楫不通，物價騰貴。需次其間，器服薪水之資，芻馬僕賃之費，居大不易。[84]

82 肖宗志：《候補文官群體與晚清政治》，頁116-117。

83 肖宗志徵引了不少筆記、日記、報章資料，描述了清代候補文官生活的慘狀，可參考肖宗志：《候補文官群體與晚清政治》，頁117-131。

84 朱次琦：〈抵山西寄兄弟書〉，見簡朝亮：《朱九江先生集》，卷七，頁2。

如林滿紅所言，十九世紀中葉的中國出現「銀貴錢賤」的現象，雖然我們沒有1849年至1852年山西銀錢比價的數據。但1851年至1853年，全國的銀錢比價在1:2000至1:2700之間徘徊。[85]銀錢比價的大幅波動，令物價高漲，政府人員的收人減少。像朱氏這類無法領取正俸的候補人員，所受到的影響只會更大。特別為了節省開支，朱次琦住在山西省城的浙江會館，生活以簡樸為尚：

> 弟見住山西省城浙江會館，館後室為典守僧。禪堂西偏屋數間，即其出息，弟賃居之。出則徒步，入則齏鹽。作官是何物事？不過與和尚們隔壁耳。[86]

在署任襄陵縣令以前，朱氏得到兆那蘇圖的賞識，又蒙座師潘鐸的幫忙，還能承辦一些臨時的差事，從而獲取一點收入。[87]惟一日未能補上實缺，生活仍然未能得到改善：

> 僕留滯晉陽，抗塵走俗，準之道素，彌益慚顏……選人恆患，每在憂貧，歷相九州，此邦為甚。僕往昔家食屢空，鄰於殆庶，今云釋褐代匱，合於曩編。東坡云：「獨有羈旅人，天窮無所逃」，僕之謂矣。[88]

---

85 有關銀錢比價的資料，可參考〈表3.1中國各地所報銀價（1824-54）〉，見林滿紅：《銀線：十九世紀的世界與中國》，頁112-113。

86 朱次琦：〈答康述之書〉，見簡朝亮：《朱九江先生集》，卷七，頁3。

87 在山西需次期間，朱次琦曾在《寄伯兄書》謂：「弟到晉以來，涉獵吏事」，又說常搜羅武備河渠的書籍，能借的便借，當借無可借，便「猶出候補勉強之錢購之也」；又在《赴襄陵寄兄弟書》謂：「次琦奉檄訪緝訣志一案……因續委查辦關外事件」，從上可見，在需次山西期間，朱次琦既有「差事」，也是有「收入」的。見簡朝亮：《朱九江先生集》，卷七，頁3-4。

88 朱次琦：〈答明同年書〉，見簡朝亮：《朱九江先生集》，卷七，頁3。

上引是一封致好友明之綱的私函。在信中的字裡行間，我們發現朱次琦深感一身功名，並沒有為過往貧困的生活帶來什麼改變。舊日為基本生活的困乏而擔憂，今日也同樣是「每在憂貧」。信中所引的詩句，原出自蘇軾（1037-1101）被貶黃州時所寫的《東坡八首》第一首。有關該詩的寫作背景，是蘇軾被貶至黃州的第二年，苦於生計無依，幸得朋友馬正卿為他向官府求得荒田數十畝，作為東坡先生一家的生活所資。[89]朱氏引蘇詩，想必有感遠在山西，候官無期，又未能為家人解決生活上的困乏而發。當然，朱次琦生活的困乏之由，也與他的「抗塵走俗，準於道素」不無關係。[90]而那種不攀附權貴，堅守名節的行為，既讓朱次琦不流於俗，同時使他難以在候補行列中有「突圍而出」的希望。當朱氏明白到，補缺無期，困匱難改，早日南歸，另圖生計，就成為了解決現實生活需要的一種必然選擇。據《年譜》載，朱次琦西行以後，一切自身和家庭的生活開支全賴借債，故此回鄉重執教鞭，既可解決家人生活所需和債務問題，又能圓隱居山川、「重理故業」的夢，可以說是一舉多得。[91]

誠如王汎森所言，生活是孕育思想的溫床。譬如商業社會形成之後生活形態的轉變，造成氣質、人生的態度、思想的巨變。思想不一定是來自

---

89 蘇軾《東坡八首之其一》：「廢壘無人顧，頹垣滿蓬蒿。誰能捐筋力，歲晚不償勞。獨有孤旅人，天窮無所逃。端來拾瓦礫，歲旱土不膏。崎嶇草棘中，欲刮一寸毛。喟然釋耒歎，我廩何時高？」至於該詩寫作背景，可見其〈敘〉：「余至黃州二年，日以困匱。故人馬正卿哀予乏食，為於郡中請故營地數十畝，使得躬耕其中。地既久荒為茨棘瓦礫之場，而歲又大旱，墾辟之勞，筋力殆盡。釋耒而歎，乃作是詩，自湣其勤。庶幾來歲之入，以忘其勞焉！」見（清）王文誥，馮應榴輯註：《蘇軾詩集（下冊）》（臺北：學海出版社，1983），頁1079。

90 在這裡我們必須注意，在哲學思想的層次而言，朱次琦的「抗塵走俗」是「儒道」實踐的體現，是一種有意識的「履跡」行為。

91 據《年譜》「咸豐七年條」載：「（朱次琦）先生幼年家少有，贈公鬻四子，終乏。先生宿用脯脩，則從學者之禮也。謝從學者西行七年，行者一身，居者一家，皆籌金於人而贍，南歸不載晉一錢。又用脯脩償金……既歸二十有七年，越先生卒前一年，償金迺畢。」見簡朝亮：《朱九江先生集》，卷首，頁14。

抽象、拔高、好整以暇的沉思，它也可以是從實際的生活經驗出發。「道」不總是影響或支配「器」，從「器」中也可能得出新的「道」。[92]又如余英時撰寫《朱熹的歷史世界：宋代士大夫政治文化研究》就是企圖對思想史、學術史、哲學史在宋代理學的「抽離式研究」上作補充一樣。余氏從「生活世界」的角度切入，審視儒學理想與觀念落在政治領域中究竟產生了哪些正面或負面的效應；又或者是士大夫的政治經歷對宋代儒學的構成與演變有沒有影響。[93]筆者也認同「思想」與「生活世界」的關係是密不可分的。職是之故，我們便嘗試以朱次琦的由「仕」入「隱」的經歷作考察，試圖勾勒出一位儒家學者的行止如何受生活世界所影響；同時，他的思想又如何影響他在生活世界的行止。經過了摘要式的描述，我們發現若把一些「生活元素」，如家族壓力、生計考慮、建制限囿、時局變化等等，加入考慮之列，便可以更「微觀」，更「體貼」地明白儒家知識人在世行道時的「困境」：既無意功名，卻要勉強科場；雖有心經世，卻難違制度限制。有言人非草木，就是身負上天「使命」的朱次琦也不能例外。在道光二十九年（1849），當他抵達山西，得知其弟宗琦在科場失利後致函勸勉。在信中，朱氏直抒胸臆：

> 嚮者次琦髭毦廿年，曾無一日之戚，吾弟所親見也。匪曰沖襟獨遠，亦見夫天下事，苟非我所能自主，憂焉無益，即亦任之而已。[94]

如信中所言，朱次琦在科場中「髭毦廿年」卻能無「無一日之戚」，究其原因並不是「沖襟獨遠」，而是「見夫天下事，苟非我所能自主，憂焉無

92 王汎森：〈思想是生活的一種方式──兼論思想史的層次〉，見氏著：《思想是生活的一種方式：中國近代思想史的再思考》（臺北：聯經出版公司，2017），頁46-47。

93 余英時：〈緒說〉，《朱熹的歷史世界：宋代士大夫政治文化的研究（上冊）》（臺北：允晨文化公司，2003），頁32。

94 朱次琦：〈抵山西寄兄弟書〉，見簡朝亮：《朱九江先生集》，卷七，頁2。

益，即亦任之而已」。

天下事不能自主是事實，而個人在時代的巨輪下的微末無助也是事實。誠然，若我們稍稍回顧大儒朱次琦的一生，便不難發現一種「天命不可違」的「命定論式」思想深深地銘刻在九江先生的內心。但既是朱次琦認定「天命不可違」，那樣儒家之「道」對個人、社會或甚是國家又有何意義？關於這一個問題，筆者將會在本章的最後一節再作討論。但在此以前，我們必須先對九江學術精神有準確的掌握。而若對九江學術精神掌握得準確，又必須先從晚清學術中「漢宋調和」論切入而觀之。

第三節　「漢宋調和」與「實學」

凡涉足清代學術思想史者，不能不討論「漢學」與「宋學」的種種糾纏；凡論及「漢學」與「宋學」的瓜葛，不能不談「漢宋之爭」與「漢宋調和」的問題。若考究其淵源，學者以「漢學」與「宋學」對稱，實始於明代中葉，流行於清代乾隆（1735-1796）年間。[95]自乾、嘉以後，尊漢詆宋之風甚盛，從道、咸以下，漢、宋兼采之說日倡，尊朱貶漢之風漸興。[96]所謂「漢宋兼采」或「漢宋調和」，其內容形態是多樣的。近年以來，就「漢宋調和」的內涵、形態，甚至其應用的有效性，學術界已有不少討

95 據桑兵，關曉紅所言，「漢學」一詞，最早似見於宋人趙紫芝（1170-1220）詩：「輔嗣易行無漢學，元暉詩變有唐風。」「宋學」一詞早似見於《明史・李攀龍傳》，李氏「謂文自西京，詩自天寶而下，俱無足觀。王元美、宗子相諸子，翕然和之，非是則詆為宋學」。明人林承芳《重刊十三經注疏序》云：「自漢儒傳訓詁，宋儒因而釋其義……」清人勞乃宣言：「至乾隆間，再開鴻博科，又編輯《四庫全書》，當時風氣漸趨於博雅，訓詁辭章之學極盛，乃漸有輕視義理之學之風，因有漢學、宋學之目。以訓詁考據本於漢儒，名曰漢學，以義理性道闡自宋儒，名曰宋學。」見桑兵，關曉紅：《先因後創與不破不立：近代中國學術流派研究》（北京：三聯書店，2007），頁120-121。

96 錢穆：《中國近三百年學術史》（臺北：臺灣商務印書館，1995），頁1及頁355。

論。[97]簡而言之，不少論者對「漢宋調和」或「漢宋兼采」的有效性已經起疑，或對被指稱者如何就「漢學」、「宋學」進行「調和」和「兼采」要求進一步的釐清。眾所周知，在晚清嶺南學術的體系中，朱次琦與陳澧（1810-1882）常被視為「漢宋調和」或「漢宋兼采」的代表人物。但可惜的是，「漢宋調和者」的指稱不僅未能有助於了解九江學術性格；相反地，有關的指稱讓九江學術的面貌變得模糊。因為不論是「漢宋調和」或是「漢宋兼采」，同樣泯滅了朱次琦立志「超越漢宋」的雄心。王國維（1877-1927）曾謂清代學術有「三變」：一是「國初」，一是乾嘉，一是道咸以降。「國初」之時，學者「離喪亂之後，志在經世，故多為致用之學」；「雍乾以後」，「天下大定」故學者「肆意稽古，不復視為經世之具」；到「道咸以降」：

> 塗轍稍變，言經者及今文；考史者兼遼、金、元；治地理者逮四裔，務為前人所不為，雖承乾嘉專門之學，然亦逆睹世變，有國初諸老經世之志。故國初之學大，乾嘉之學精，道咸以降其學新。[98]

97 如張昭軍指出：「主漢宋調和者人數眾多，根據他們的學術立場的不同，大體可分為三種類型，即宗宋學而不廢漢學，宗漢學而兼采宋學，以漢、宋立場不明顯的會通者。」見氏著：〈晚清漢宋調和論析〉，《清史研究》，2006年第4期（2006年11月），頁36。又如曹秀美更謂：「今人多謂漢、宋調和，為晚清普遍的風氣，但所謂漢、宋調和，乃後人回顧晚清學術時，對其不立漢學或宋學門戶的學術特色，所給予的形容，當我們用這個形容詞時，其實已在心中先有漢學及宋學的成見」。見氏著：《論朱一新與晚清學術》（臺北：大安出版社，2007），頁189-190。又如田富美指出，被視為「漢宋調和」者，大抵主張乾嘉義理之學與宋明理學可相容不悖，並試圖尋繹清代漢學家與宋代程朱治經上的共同點以泯除門戶之別。但清代的「漢宋調和」者似乎未有在「義理」上有新的發現。見氏著：〈黃式三漢、宋學之商兑〉，《乾嘉經學史論：以漢宋之爭為核心之研究》（臺北：文史哲出版社，2013），頁128。

98 王國維：〈沈乙庵先生七十壽序〉，《觀堂集林》（石家莊：河北教育出版社，2001），頁720。

於此靜安先生指出了兩點：一是因應時代的變化，道咸以後，學風由「稽古」轉向「經世」——這一點早已成學界之共識；二是道咸以降，中國之學「新」——靜安先生所謂「新」是指經、史治學範疇之擴張。在這裡，筆者想借靜安之言加以發揮，以點明九江學術的兩大重點：其一、朱次琦之學不僅著重「經世致用」，更重要的是以清初大儒顧炎武（1613-1682）為典範；其二、談九江學術，雖離不開以反「漢學」為重心。但朱次琦所反的「漢學」，不僅是乾嘉的考據學風，他所反對的重中之重是當時「分科教授」的制度。若謂上承亭林為「立」，反「分科教授」為「破」，則朱次琦已將孔學的精神盡括於破立之間，而九江學術又遠非「漢學」或「宋學」所能限囿。

（一）朱次琦眼中的「漢學」及其問題

朱次琦是中國近代的嶺南大儒，但因為朱氏在晚年自焚其書，故所留下有關論學的文字甚少。然而不少學者，如梁啟超、錢穆（1895-1990）、朱維錚（1936-2012）等，都判定朱次琦是「漢宋調和」類型的學者。如梁任公曾言：「廣東幾位大師，都主張調和漢宋，可以陳蘭甫、朱九江為代表。」[99]在討論陳澧和朱次琦學術的異同時，錢穆亦指出二人同是「主融漢、宋」，所不同的是「東塾之旨，在融朱子於康成；九江之論，則在納康成於朱子。」[100]錢穆對陳蘭甫與朱九江的判定，可以說是一錘定音，後來不少講陳、朱二氏之學的，都有與錢老相似的見解。如朱維錚在討論近代嶺南學風時，便明言嶺南學術稍成氣候，是在鴉片戰爭之後。當中有「會通」特色的代表人物，一是朱次琦，一是陳澧。朱維錚認為他們都是主張調和漢宋，都是提倡「古之實學」的。但是朱次琦傾向理學，重視修

99 梁啟超：《儒家哲學》（北京：中華書局，2015），頁80。

100 錢穆：《中國近三百年學術史》，頁710。

身，更深惡清代「漢學」，遠比明代「王學」為甚。[101]當然，陳、朱二人是否如此相近，固然可以討論。[102]但更重要的，是當我們判定誰是「漢宋調和」論者時，究竟所依的判準是什麼？在解決上述問題以先，我們必須釐清「漢學」和「宋學」的內涵。

凡談及清代學術，今人習慣稱訓詁、考據之學為「漢學」，又以程朱的「義理」之學為「宋學」，而以上說法，亦屢見諸清人之文字。[103]惟若細察之，所謂「漢學」和「宋學」所指涉的對象有四：就「漢學」而言，

---

101 朱維錚：〈漢宋調和論〉，《近代學術導論》（上海：中西書局，2013），頁110。

102 有論者已指出，將陳蘭甫、朱九江二人同歸入「漢宋融和」陣營是值得商榷的。如曹秀美曾透過對陳、朱二人心目中朱子形象的分析，發現他們在看待朱子學術重心、精神、治學方法，及評價朱子學術史上的地位、解釋朱子與乾嘉學術的關係等，都存在極大差異。筆者對此並無異議，惟曹秀美認為陳、朱二人皆無「門戶之見」，卻是有所保留的。見曹秀美：〈晚清漢、宋學視野中的朱子——以陳澧與朱次琦為例〉，《成大中文學報》，第31期（2010年12月），頁159-188。

103 就「漢學」與「宋學」的問題，周予同（1898-1981）曾謂：「『漢學』一派學術的存在，固遠在兩漢時代；但『漢學』這名詞的採用，卻在於清代『漢學派』復興的時候。『漢學』這名詞乃由於與『宋學』對峙而成立。所謂『漢學』，因為它產生於漢代；所謂『宋學』，因為它產生於宋代，也就是指上說第六時期宋、元、明時代的學術思想的主潮而言。中國從兩漢一直到清末以前，這二千餘年的長時期中，所謂學術思想就以『漢學』與『宋學』為兩大主潮。」見氏著：〈『漢學』與『宋學』〉，《中國經學史論著選編》（上海：復旦大學出版社，2015），頁404。如余英時又言：「漢學是一批用自己方法研究儒家經典的清代學者的稱呼，也是漢代注釋的一種方法，也稱為『考證』或『考據』，字面意思就是「證據調查」。另一方面，宋學不只是對宋學新儒家們發起的玄思的附注。在清代宋學又稱為『義理』，可理解為『道德規範』。因而，大致來說，漢學（考證）和宋學（義理）是西方『語言學』和『哲學』在中國的代名詞。」氏著：〈清代儒家智識主義的興起初論〉，見氏著，程嫩生，羅群等譯：《人文與理性的中國》（臺北：聯經出版公司，2008），頁164。此外，有關清代「漢學」所指，是訓詁、考據之學，確為學者共識。如伍崇曜在《國朝宋學淵源記》〈跋〉記言：「百餘年來，學者以訓詁，小學相尚，許、鄭之說尊於周、孔。雋材秀民，欲以是別異，矯枉通直，集矢於宋儒。影響附和，冥行擿埴，捫籥揣燭，皆自以為漢學」。又方東樹：「近世有為漢學考證者，著書以闢宋儒、攻朱子為本」見江藩，方東樹：《漢學師承記（外二種）》（香港：三聯書店，1998），頁231及頁235。

「漢學」既可指漢儒經學，又可指乾嘉考據。就「宋學」而言，「宋學」既可指兩宋儒學，又可指程朱義理。上述的有關「漢學」與「宋學」的指稱，既涵蓋了學術史領域的劃分——如漢儒經學及兩宋儒學，亦蘊含了方法學進路的分野——如義理與考據。但由於形同義異，所以在解讀漢學和宋學的相關文本時，我們必須先了解作者所用的「漢學」和「宋學」是何所指。如余英時曾經指出澄清「宋學」的定義，在了解清代考據學上是具有關鍵作用的。余氏曾說：

> 我們要理解漢學與宋學關係，前提就是要自覺地區分宋學這兩個不同的概念。至少可以說，漢宋之爭中不同層次爭論的不必要的困惑可以避免。……清楚認識到宋代有兩個概念層面，對於解釋清代思想性質，特別是清代思想發展與宋代的關係同樣是重要的。在狹義的形而上學意義上比較清代考據學和宋代新儒學是一回事，但在廣義的新儒學傳統背景下解釋清代考據學的興起則是完全不同的事。[104]

參照余氏之言，讓我們明白到進行學術研究的時候，對相關關鍵詞的清晰認知是必要的。職是之故，我們在判斷朱次琦是否「漢宋調和」論者以前，先弄清楚朱氏眼中的「漢學」和「宋學」的內涵是十分重要的。依現存文獻資料所見，朱次琦口中的漢學，時指「兩漢經學」，時指「訓詁考據」。如朱氏在論天下學術之變時曾謂：

> 天下之學術之變久矣，今日之變，則變之變者也。秦人滅學，幸猶未墜，漢之學，鄭康成集之，宋之學，朱子集之。朱子又即漢學而

104 余英時：〈清代儒家智識主義的興起初論〉，見氏著，程嫩生，羅群等譯：《人文與理性的中國》，頁118-119。

稽之者也，會同六經，權衡四書，使孔子之道有著於天下。[105]

在上文中，朱氏所謂的「漢學」即是鄭玄（127-200）兼融今、古文經而成的兩漢經學，這也是朱子所稽的，用以詮釋六經和四書的典籍根據。而「宋學」即是朱子之學。

然而，當論及乾隆中葉以後天下學術「尊漢退宋」之發展大勢時，朱次琦又嘗言道：

> 乾隆中葉至於今日，天下之學，多尊漢而退宋，以攷據為宗……彼攷據者，不宋學而漢學矣，而獵瑣文，蠡大義，叢脞無用，漢學之長，有如是哉？[106]

自乾隆中葉以後，天下學術主流「多尊漢而退宋」，並以「攷據為宗」。惟朱氏認為從事考據學者，只務瑣碎文字，卻昧於微言大義，致使所學細碎無用，實非原來「漢學之長」。在朱次琦眼中，乾嘉「漢學」，實非有益於世，反之只會遺害天下：

> 紀文達（紀昀，1724-1805），漢學之前茅也。阮文達（阮元，1764-1849），漢學之後勁也。百年以來，聰明魁異之士，所錮於斯矣。烏乎！此所以天下罕人才也。[107]

---

105 簡朝亮：〈朱九江先生講學記〉，見氏著：《讀書堂集》，載於《清代詩文集彙編》，第774冊（上海：上海古籍出版社，2010），頁197。

106 《清代詩文集彙編》，頁197。

107 《清代詩文集彙編》，頁199。

錢穆認為「以阮元、紀昀同等律之，尤見稚圭之特識」。[108]實言之，朱次琦以阮氏與紀氏「同等律之」，全因為二人都是「漢學」陣形中的中堅分子。乾隆朝紀昀奉命總攬《四庫全書》，其崇漢詆宋已為人所熟知。[109]至於阮元，崛起於乾嘉，迄於道光初葉，以封疆大吏而獎掖學術，振興文教，不論以漢學之護法神，還是漢宋兼采者視之，阮氏對清代經學的貢獻是無可置疑的。[110]然而在朱次琦心中，作為「漢學之後勁」，阮元乃是「禁錮」聰明之士，使天下無才的幫兇。九江先生在這裡所謂的「漢學後勁」的「漢學」，自非「兩漢經學」而是「訓詁考據」之學。從對紀昀與阮元的評價，則朱次琦對「乾嘉漢學」的厭惡之情可見一斑。

經過上述的討論，我們可以明白：其一、在朱次琦論述之「漢學」有兩種意義：一是指「兩漢經學」；二是指「乾嘉漢學」。其二、在朱氏僅存的論學文字中，我們發現「兩漢經學」是上接聖人之道的路徑；反之，「乾嘉漢學」則是通往聖人之道的障礙。就晚清的「漢宋兼采」或是「漢宋調和」而論，不論偏重「漢學」還是「宋學」者，都應該有其共通之

---

108 錢穆：〈朱九江學述〉，見氏著：《中國學術思想史論叢（八）》（臺北：東大圖書公司，2006），頁362。

109 紀昀奉旨辦理《四庫全書》，始終其事，十有餘年。而《四庫全書》抑宋揚漢，是反程朱的主將。余嘉錫謂紀昀「自名漢學，深惡性理，遂峻詞醜詆，攻擊宋儒，而不肯細讀其書。」見氏著：《四庫提要辯證》（香港，中華書局，1974），頁54。有關紀昀反宋學的討論可見張麗珠：〈紀昀反宋學的思想意義——以《四庫提要》與《閱微草堂筆記》為觀察線索〉，載《漢學研究》，第20卷第1期（2002年6月），頁253-276。

110 梁啟超曾言：「嘉慶間，畢沅、阮元之流，本以經師致身通顯，任填封疆，有力養士，所至提倡，隱然茲學（筆者按：指漢學）之護法神。」見氏著：《清代學術概論》（上海：上海古籍出版社，2011），頁66。龔自珍曾謂：「（阮元）匯漢、宋之全，拓天人之韜，泯華實之辨，總才學之歸」。見氏著：《阮尚書年譜第一序》，《龔自珍全集》，第三輯（上海：上海古籍出版社，1999），頁227。錢穆則言：「其所編刻諸書，如《經籍纂詁》、《十三經注疏》、《學海堂經解》，皆有大惠於學者。其在浙立詁經精舍，在粵立學海堂，興起尤多。以芸臺頗主求義理，故漸成漢宋兼采之風。」見氏著：《中國近三百年學術史（下冊）》，頁540-541。

處，如無可「通」之處必談不上「調和」。關於漢、宋之學的共通點，錢穆曾經指出，「漢學派的精神在通經致用，宋學派的精神在明體達用，兩派學者均注重在『用』字。由經學去求實用，去研究修齊治平的學問」，這就是漢、宋兩派學者的共同精神。[111]錢氏所言，說明不管漢、宋，必是富有「經世致用」的精神，惟筆者以為「經世致用」僅是表現了「漢宋調和」者的積極一面。若從消極一面而言，採取漢、宋調和論者，必須對晚清的「漢學」和「宋學」持兼容並蓄的態度。或進一步而言，即必須承認「漢學」和「宋學」所開出的進路，不會在追求孔孟之道上構成障礙。

顯然易見，朱次琦並不認為是時士子所崇尚的「漢學」（即考據學）是可以兼容並蓄，亦並非能有益於上接聖人之學的。關於這一點，我們可以從《朱九江先生講學記》中找到佐證：

> 嗚乎！古之言異學者，畔之於外道，而孔子之道隱。今之言漢學、宋學者，咻之於道中，而孔子道岐。何天下之不幸也！彼攷據者，不宋學而漢學矣，而獵瑣文，蠹大義，叢脞無用，漢學之長，有如是哉？孔子曰：「道之不修，學之不講，是吾憂也。」吾今為二三子者告，蘄至於古之實學而已矣。學孔子之學，無漢學、無宋學也。[112]

據《朱九江先生年譜》所載，咸豐八年（1858），時朱次琦五十二歲，居於九江，並開館講學於禮山草堂。是時，朱氏有感於天下之學術大變，故有感而發：

---

111 錢穆講，劉大洲記：〈漢學與宋學〉，轉引自張昭軍著：《晚清漢宋調和論析》，《清史研究》，2006年第4期（2006年11月），頁38。

112 簡朝亮：〈朱九江先生講學記〉，見氏著：《讀書堂集》，刊於《清代詩文集彙編》，第774冊，頁197。錢穆認為朱次琦曰：「治孔之學，無漢學、無宋學」，乃是大見解，「非深識儒學大統者，不易語也。」見氏著：〈朱九江學述〉，《中國學術思想史論叢（八）》，頁358。

> 烏呼！孔子歿而微言絕，七十子終而大誼乖，豈不然哉！天下學術之變久矣，今日之變則變之變者也。[113]

朱次琦所謂學術「變之變者」，是指乾嘉以後，不僅考據學獨踞學界，還出現尊漢退宋，貶抑朱子之學的現象：

> 乾隆中葉至於今日，天下之學，多尊漢退宋，以攷據為宗，則攻朱子為空疏。[114]

有關「尊漢退宋」之弊，朱氏曾以《皇清經解》為例說明之：

> 《皇清經解》，阮文達之所給也，殆裨於經矣。雖然，何偏之甚也。顧亭林之學，不分於漢宋也，今采其說，尊宋者芟焉。（如《日知錄》於《易》謂「不有《程傳》，大誼何由明乎」之類，今不采。）書以國朝為目，當時之儒，非盡漢學也。若方露皋者流，乃一言之不錄也。[115]

眾所周知，嘉慶二十二年（1817），冬，阮元抵廣州，任兩廣總督。至道光五年（1824）八月，命弟子嚴傑（1763-1843）及學海堂諸生輯刻《皇清經解》。綜觀《皇清經解》，彙聚清代前期經學著述，既有保存經學文獻之

113 簡朝亮：〈朱九江先生講學記〉，見氏著：《讀書堂集》，刊於《清代詩文集彙編》，第774冊，頁197。

114 簡朝亮：〈朱九江先生講學記〉，見氏著：《讀書堂集》，刊於《清代詩文集彙編》，第774冊，頁197。

115 簡朝亮：〈朱九江先生講學記〉，見氏著：《讀書堂集》，刊於《清代詩文集彙編》，第774冊，頁199。

功，又能樹立實事求是之模範，為晚清經學界解經的圭臬。[116]但在九江先生眼中，阮元立意《皇清經解》之編纂，所呈現的正是崇「漢學」者的偏見。總而言之，不論是考據學的「獵瑣文，蠹大義」，還是「漢學」獨領風騷下，出現「尊漢退宋」、「貶抑程朱」之風。在朱次琦眼中這一切現象，都是「孔子之道岐」的表徵。換而言之，乾、嘉以降，「漢學」和「宋學」的衝突和分野，絕對不是一個單純的學術問題，而是一個涉及認識論的問題，問題的核心如下：若「漢學」獨興，「宋學」式微，讀書人還能透過「學」而上接聖人之道嗎？無獨有偶，想清代考據的出現，又何嘗不是儒學先輩深感經學不濟，未能通往聖人之道，而用考證的方式去考訂經書的原義，冀望能開通上接聖學之門嗎？[117]

實言之，九江先生心之所繫的問題，與清初諸儒所關心的問題無異，即是經學的不振致使孔道受挫。而究其經學不振之因，綜合朱次琦之言，源於以下數端：一是清代的「漢學」獨盛，流弊所及是使孔子之學陷於支離破碎；二是學分漢宋，使經學發展偏離了孔子所倡導的「實學」方向；三是尊漢抑宋之風，不僅於當世無益，更重要的是貽誤了整體的經學發展；四是當時「學之分科」之弊，朱氏曾言：「經誼，所以治事也，分齋者歧矣」，其弟子簡朝亮亦嘗言：「今之西學其風介漢學之亂而成，且學之分科先窒也」。[118]「學之分科」其弊在於把孔學——六經——教育弄得分崩析離，失去了「全人教育」的功能。簡而言之，一切源於乾嘉以後獨樹一幟的「漢學」之弊。

116 有關阮元輯《皇清經解》的緣由、經過和價值的概括敘述，可參考陳祖武：《清代學術源流（下冊）》（桃園：昌明文化，2016），頁338-345。

117 如戴震晚年時寫信給段玉裁時曾說：「僕自十七歲時，有志聞道；謂非求之六經孔孟不得；非從事於字義、制度、名物，無由以通其語言。宋儒譏訓詁之學，輕語言文字；是猶渡江河而棄舟楫，欲登高而無階梯也。為之三十餘年，灼然知古今治亂之源在是。」見戴震：〈與段懋茂堂等十一札之九〉《戴震全書》，第6冊第9卷，頁370。

118 簡朝亮：〈朱九江先生講學記〉及〈朱九江先生講學記書後〉，見氏著：《讀書堂集》，刊於《清代詩文集彙編》，第774冊，頁199及203。

我們讀畢朱次琦之言，不禁令人想起方東樹（1772-1851）在《漢學商兌》中的說話：

> 近有為漢學考證者，著書以闢宋漢儒、攻朱子為本，首以言心、言性、言理為厲禁……自是以來，漢學大盛，新編林立，聲氣扇和，專以宋為水火。[119]

方氏所言，指的是江藩（1761-1831）和他的《漢學師承記》。眾所周知，自《漢學師承記》出，「漢宋門戶」涇渭始分。自「漢宋門戶」分立，尊漢學者不僅力排宋儒之書，更以攻訐朱子為尚。曾國藩（1811-1872）嘗言：

> 自乾隆中葉以來，世有所謂漢學云者，起自一二博聞之士，稽核名物，頗拾先賢之遺而補其闕。久之，風氣日敝，學者漸以非毀宋儒為能，至取孔、孟書中心、性、仁，義之字，一切變為舊訓，以與朱子相攻難。[120]

「漢宋門戶」既分，流弊所及，是經學偏考據，而失義理。與朱次琦同時的陳澧曾言：

> 蓋百年以來講經學者，訓釋其精，考據其博，而絕不發明義理，以警覺世人；其所訓釋考據，又皆世人所不能解。故經學之書汗牛充棟，而世人絕不聞經書義理，此世道所以衰亂也。[121]

---

119 方東樹：〈漢學商兌序例〉，《漢學商兌》，見江藩，方東樹著，徐洪興編校：《漢學師承記（外二種）》，頁235。

120 曾國藩：〈漢陽劉君家傳〉，《曾國藩全集．詩文》（湖南：岳麓書社，1986），頁212。

121 陳澧：《東塾遺稿鈔本》，轉引自錢穆：《中國近三百年學術史（下冊）》，頁668。

誠然，考當時學術之流弊實非限於尊考據、失義理、攻朱子數端，陳澧就嘗總其時學術之弊說：

> 今時學術之弊，說經不求義理，而不知經。好求新義，與先儒異，且與近儒異。著書太繁，誇多門靡。墨守。好詆宋儒，不讀宋儒書。說文字太繁碎。信古而迂，穿鑿牽強。不讀史。以駢體加於古文之上。無詩人。門戶之見太深。輯古書太零碎。[122]

觀陳氏所言，我們便可以明白「尊漢退宋」的學風最大的弊處，並不在於宋學式微，而是出現了經學詮釋和認知的危機。

如前所述，乾嘉以後，考據學獨盛，世稱「漢學」。考「漢學」之興，原意在於明六經之義，通聖人之道。惟讓人感到諷刺的，是當清代「漢學」獨領風騷後，卻又成為了孔道危機之源。關於清代「漢學」與「經學」的關係問題，陸寶千（1864-1995）曾提到：

> 故考據者，術也，非學也。以此治經，求其典章制度名物訓詁，清儒之成績甚偉。求其通作之原，則亭林、梨洲而後，甚尠措意之者。求作聖之道，尤非其力之所及矣。[123]

陸老言「故考據者，術也，非學也」，正指出了清代「漢學」的限制，同時亦與九江先生心中所想暗合。朱次琦直言：

> 六書小學，治經者所時資也，必謂先盡讀小學諸書，而後可通聖人之道也，將徒蔽之也。為其書不能無鑿也。[124]

---

122 陳澧：《東塾遺稿鈔本》，轉引自錢穆：《中國近三百年學術史（下冊）》，頁674。

123 陸寶千：《清代思想史》（上海：華東師範大學出版社，2009），頁191。

124 陸寶千：《清代思想史》，頁200。

六書小學向為考據之資，治漢學者的進路，由字詞的音義切入，再知其句，曉其文，最後明其道。但明顯地，如同陸老所言，九江先生認為以此實不能「通聖人之道」的，究其原因是進入「聖人之道」並不能以「聞見之知」得之。

原來下逮乾嘉之世，儒學進入「道問學」的時代，「德性之知」必須建築在「聞見之知」的廣大基礎之上既已成為學者間一種共同接受的假定。[125]但如陸千寶所言，在道咸以降，蔚然成風的「漢學」儼然已被視為「術」而非「學」，漢學家原以為「訓詁明則義理明」，「聖賢義理存乎典章制度」，如戴震、阮元，他們希望學者和仕者通過六書九數的學習和各方禮儀的實踐，樹立仁民之心和節己之性，以便養成良好的社會風氣。但煩瑣的考據，看似言言有據，字字有考，卻於己身、民人、家國全無半點益處。[126]誠然，清代「漢學」衍生的最大問題是學者不能循訓詁考據而成德。傳統的儒家堅信德性可以學到，德性的最高範例——聖人——可以獲致，日常生活的一事一物都是倫理說教的基礎，這樣使儒家之學本質上成為一種道德活動，其核心是致力於發展對自身的確切認知。[127]但清代「漢學」卻先天存在著一種「工具理性」與「道德理性」的緊張關係。大體而言，漢學家都冀望其「學」，始於「聞見之知」而終於「心知之明」，這與朱子「格物致知」的階程大抵相似。但漢學家，如戴震者，多不取朱子「理得於天而具於心」之說，故沒有「一旦豁然貫通」的境界。這是清代儒學與宋、明理學在知識論上的根本分歧。[128]同時，上述分歧，亦使清代

125 余英時：〈清代學術思想重要觀念通釋〉，氏著：《中國知識人之史的考察》（桂林：廣西師範大學出版社，2004），頁465。

126 對考據學之批評，可見於方東樹：《漢學商兌》，見江藩，方東樹著，徐洪興編校：《漢學師承記（外二種）》，頁235。又有關方東樹反漢學的系統性討論，可見田富美：〈方東樹反乾嘉漢學之探析〉，見氏著：《乾嘉經學史論——以漢宋之爭為核心研究》，頁17-60。

127 杜維明：〈儒家聖人：為己之學的典範〉，見氏著：《道・學・政：儒家公共知識分子的三個面向》（北京：三聯書店，2013），頁37及頁40。

128 余英時：〈清代學術思想重要觀念通釋〉，氏著：《中國知識人之史的考察》，頁466。

「漢學」在「知」與「行」上出現難以修補的縫隙。故有清一代，不少漢學家心中也有「六經尊服鄭，百行法程朱」的矛盾。[129]其實，透過考據訓詁而達「義理」和「天道」是否行得通的問題，反漢學之大旗手方東樹早已提出疑問：

> 然訓詁不得義理之真，致誤解古經，實多有之。若不以義理為主，則彼所謂訓詁者，安可恃而無差謬也……總而言之，主義理者，斷無有舍經廢訓詁之事；主訓詁者，實不能皆當於義理，何以明之？蓋義理有時實在語言文字之外者。[130]

方氏謂「義理有時在語言文字之外者」，正正指出了考據學對「體認」儒家經典義理的限制，而九江學術的核心與清代「漢學」衍生的儒學危機——義理的體認——有著莫大關係。簡言之，面對這時代的「危機」，朱氏既不抑漢揚宋，也不走簡單的「回歸經典」之路，他選擇的進路是超越「漢學」和「宋學」重建「孔學」之「實」——「修身」和「讀書」，從而解決「知行合一」如何達致的問題。

（二）讀書與修身的互動——解救「漢學」引發的危機

王汎森曾指出乾嘉考證有一種類似「詮釋學循環」的方法，要先知字之詁，而後治字之義，然後通全篇之義，進而窺全書之旨。復須通全篇之義或全書旨，庶得以定某句之意，解全句之意，庶得以定某字之詁。方東

129 據江藩的《國朝漢學師承記》記載，「六經尊服、鄭，百行法程、朱」是惠士奇手書紅豆山房的楹帖，在晚清之時，漢學家陳慶鏞、莫與儔分別使用與此十分相似的對聯。有關上述楹帖的出處，可參考何冠彪：〈「六經尊服、鄭，百行法程、朱」——惠士奇紅豆山房楹帖問題考釋〉，《臺灣師大歷史學報》，第38期（2007年12月），頁29-68。

130 方東樹：《漢學商兌》，見江藩，方東樹著，徐洪興編校：《漢學師承記（外二種）》，頁235。

樹則要求超出由部分到整體，再由整體到部分的詮釋風格，要求學者先把「理」存於心中。[131]明顯地，當朱次琦面對「漢學」引發的儒學危機——義理的體認之缺失——的時候，他慨然重申孔子之語「德之不修，學之不講，是吾憂也」[132]。朱氏所憂不是朱子被詆毀，宋學被冷落，而是孔門的「實學」的失墮，以及士子「知行」未能「合一」，即知性認知與道德實踐分離的問題。朱次琦曾以行孝弟為例指出了「知行分離」的問題：

> 今之學者，其聞古之孝弟，則曰『吾心固如此也，其事則不能矣。』及其有失也，則曰：『事如此，吾心不如此也』然則汝心則是，汝事則非。孰使汝心不能達於事邪？抑汝心未誠耳。誠以行之，如古之孝弟也。[133]

要解決「吾心固如此也，其事則不能」的問題，九江先生所用的方法便是「修身讀書」。或直截了斷地說，朱次琦欲以儒家之「學」的重建，以濟清代「漢學」之弊。於是朱氏按「修身」和「讀書」提出了「四行五學」——所謂「修身之實」有四：「曰惇行孝弟、崇尚名節、變化氣質、檢攝威儀」；所謂「讀書之實」有五：「曰經學、史學、掌故之學、性理之學、辭章之學」。[134]驟然視之，朱次琦把孔學統攝於「修身」與「讀書」並不出奇，因為在朱子理學的傳統中，「修身」與「讀書」是合一的。對

---

131 王汎森：〈方東樹與漢學的衰退〉，氏著：《中國近代思想與學術的系譜》，頁17。

132 上引句見簡朝亮：〈朱九江先生講學記〉，見氏著：《讀書堂集》，刊於《清代詩文集彙編》，第774冊，頁197。原句見《論語．述而篇》：「子曰：『德之不修，學之不講，聞並不能徙，不善不能改，是吾憂也。』」

133 簡朝亮：〈朱九江先生講學記〉，見氏著：《讀書堂集》，刊於《清代詩文集彙編》，第774冊，頁198。

134 簡朝亮：〈朱九江先生講學記〉，見氏著：《讀書堂集》，刊於《清代詩文集彙編》，第774冊，頁197、198。

朱子而言，「讀書」就是「道德實踐」，「身心修煉」的工夫。有關「讀書」的工夫，朱子曾言：

> 或問讀書工夫。曰：「這事如今似難說。如世上一等人說道不須就書冊上理會，此固是不得。然一向只就書冊上理會，不曾體認著自家身己，也不濟事。……如世上一等說話，謂不消讀書，不消理會，別自有個覺處，有個悟處，這個是不得。」[135]
>
> 學須做自家底看，便見切己。今人讀書，只要科舉用；已及第，則為雜文用；其高者，則為古人用，皆做外面看。[136]

就如王雪卿所言，朱子不接受禪學、心學認為不須讀書也可頓悟，別有個覺處、悟覺之說；但他同樣也不能認受不把讀書視為道德實踐、身心修煉的工夫，而只出於功利實用的企圖（如科舉考試）、娛樂消遣（如寫雜文）、文字訓詁（「為古人用」），這是「皆做外面看」、無益於身心性命的「外學」。[137]對於時人讀書「今人讀書，只要科舉用」，生活在十九世紀的朱次琦也同樣恨之切齒：

> 今之子弟所志者，科名而已；所力者，八股八韻八法而已。故今之所謂佳子弟，皆古之所自暴自棄之尤者也。[138]

---

135 朱熹：《朱子語類》，卷11，載朱熹著，鄭明等校點《朱子全書》，第14冊（上海：上海古籍出版社，2002），頁338。

136 朱熹：《朱子語類》，卷11，載朱熹著，鄭明等校點《朱子全書》，第14冊，頁338。

137 王雪卿：〈讀書如何成為一種工夫——朱子讀書法的工夫論研究〉，氏著：《靜坐、讀書與身體——理學工夫論之研究》（臺北：萬卷樓圖書公司，2015），頁57。

138 簡朝亮：〈朱九江先生講學記〉，見氏著：《讀書堂集》，刊於《清代詩文集彙編》，第774冊，頁199。

實言之，自科舉面世，對此作出批評者不少，而明、清科舉行八股文之法，其弊尤為深遠，如陳蘭甫指出科舉中時文之弊謂：

> 文章之弊，至時文而極；時文之弊，至今日而極。士之應試者，又或不自為文，而剿襲舊文；試官患之，乃割裂經書以出題。於是題不成題，文不成文。故朱子謂「時文為經學之賊，文字之妖」。其割裂出題，則經學賊中之賊，文字妖中之妖也。[139]

陳氏從應考與出題兩方面，指出科舉對經學之弊，確實比九江先生來得具體。但值得我們注意的，是陳澧針對的是制度問題，朱次琦所針對的是人心問題。在此筆者不欲判其高下，只想指出朱次琦的關注點，是從學者對「學」的認知問題。而把「孔學」的內涵簡括為「修身」與「讀書」兩項，不僅是上承朱學傳統，或是九江先生認識到「修身」和「讀書」是改變「人心」的法門。最重要的，是九江先生企圖重振「學」中「知」、「行」互涉的儒家傳統。或謂以「學」統攝「知」與「行」，從而解決清代「漢學」的「知行分離」之危機。為何「學」可統攝「知」和「行」呢？要解答這個問題，我們可以參考嶺南大儒陳澧對「學」的理解來尋找答案。在解釋什麼是「學」的時候，陳澧本朱子的詮釋傳統，給出了兩個答案：一是「讀書」，二是「效」。[140]由是可知，不管是修身還是讀書，其實都是「學」的一體兩面，都是「知」與「行」的無間結合。以九江學術為例，講「惇行孝弟」、「崇尚名節」、「檢攝威儀」當然是「行」，而「變化氣質」卻是「讀書自克」的結果。在這裡，筆者就以「讀書自克」與「變化氣質」切入，進一步討論「知」與「行」的合一問題。

有關「讀書自克」與「變化氣質」的關係，朱次琦舉了呂伯恭「讀

---

139 陳澧：〈科場議〉，《東塾讀書記（外一種）》，頁277。

140 陳澧：〈科場議〉，《東塾讀書記（外一種）》，頁7-8。

《論語》自克」一事說明之：

> 朱子稱呂伯恭變化氣質，何哉？伯恭之少也，性暴怒。及讀《論語》曰：「躬自厚而薄責於人」遂自克也。朱子稱之，將以告吾學者也。讀書自克，吾學者之事也。[141]

考呂伯恭「讀《論語》自克」一事，見諸《朱子語類・呂伯恭卷》。九江先生引其事是想說明讀書對學者而言，不僅是知識的追求，而是一種「自我完善」的實踐。人為何能透過「讀書」而「自克」？這個問題涉及兩個問題：一「讀書」究竟是一種什麼性質的活動？二是「自克」究竟又應當如何去理解？

在此，因應討論的方便，筆者擬先解答「自克」的問題。又在解答「自克」的問題以先，我們又必須略提朱次琦談及的「變化氣質」說。如楊儒賓所言，「變化氣質」所以變得這麼重要，正因此工夫和成聖的目標息息相關。簡單的說，張載（1020-1077）所說的「氣質」，即是「氣質之性」，氣質之性是經驗性的人性，它近於經驗科學的生理學或心理學所界定的人性，傳統的用語則為「氣性」、「才性」這類的意思，它涵蓋的範圍遠從構成存在物質底層的氣，以至高等生物的感官知覺，無不可歸屬於「氣質之性」。[142]如上所言，朱次琦採用張載的「變化氣質」說，其實已涉及「經驗義」與「存在義」，這是在九江學術中既關鍵，但有不多見的論述。談到「變化氣質」，朱次琦直接援引張載之言說：

141 簡朝亮：〈朱九江先生講學記〉，見氏著：《讀書堂集》，刊於《清代詩文集彙編》，第774冊，頁202。

142 楊儒賓：〈變化氣質、養氣與觀聖賢氣象〉，《漢學研究》，第19卷第1期（2001年6月），頁109。

> 張子曰：「形而後有氣質之性，善反之，則天地之性存焉。」[143]

接著，他又借用《尚書·洪範》對「變化氧質」加以闡釋：

> 沈潛剛克，高明柔克，變化之道也。能自克而勝氣質，則剛柔濟事，是攸好德也，攸好德則宜在五福。不能自克而氣質勝，則剛柔害事，是弱也。弱則宜在六極。此學者之元龜也。[144]

朱氏循北宋關學的「化氣成性」的傳統，指出人的氣質之性各有所偏，或偏於剛，或偏於柔。氣質之偏是先驗的，個人自然沒有辦法控制，但我們卻可以透過後天的努力——「自克」——戰勝這先天的限制，從而逆向回歸「天地之性」。[145]朱次琦提出的「讀書自克」的意義，是彰顯個人有一種「自我完善」的原動力。簡而言之，朱次琦以「變化氣質」置於「四行」的「修身」系統中，作為一切「修身」活動的前提，是想說明在現實世界中，賢愚不肖有別，惟就是因為「氣質之性」可以「變化」，人才有「自我完善」的可能，有重返「天地之性」的可能。誠言，因為九江學術致力於「實學」的性格，所以朱氏言「變化氣質」的落實處仍以經驗世界的「事」為終。這是一種不向上走，而向下講的套路；也可以說是捨「超

---

143 簡朝亮：〈朱九江先生講學記〉，見氏著：《讀書堂集》，刊於《清代詩文集彙編》，第774冊，頁202。

144 簡朝亮：〈朱九江先生講學記〉，見氏著：《讀書堂集》，刊於《清代詩文集彙編》，第774冊，頁198。

145 張載在《正蒙·誠明篇第六》曾指出：「性於人無不善，繫其善反不善反而已」；又謂：「人之剛柔、緩急、有才與不才，氣之偏也。天本參和不偏，養其氣，反之本而不偏，則盡性而天矣」。當個人不夠努力「德不勝氣，性命在氣」，反之，則能「德勝其氣，性命在德」見章錫琛點校：《張載集》（北京：中華書局，1985），頁22-23。張紋華已談及朱次琦的「變化氣質」說已明指其說受朱熹影響，並與明儒孫慎行相近，但卻鮮有指出「變化氣質」與「讀書自克」的關係。有關張說，見氏著：《朱次琦研究》，頁99。

越」，而就「經驗」的學理路向。然而，我們也知道「氣質之性」的「可變」，只是「自我完善」的一個前提，要真正做到「變化氣質」，便必須要透過既定的工夫，而「讀書自克」便是其工夫所在。

接著，我們要解答「讀書」是一種什麼活動的問題。有關讀書的問題，朱次琦說：

> 讀書者，格物之事也。王姚江講學，譏朱子讀書曰：「致良知可也。」學者行之，流弊三百餘年。夫良知良能皆原孟子，今舉所知而遺其所能乎？既不讀書，何以致良知……昔者姚江謫龍場驛，憶其所讀書而皆有得。姚江之學由讀書始也，故其知且知兵，其能且能禦亂。[146]

又言：

> 陳文恭之學，非不宗朱子也。文恭自謂：「於古聖賢之書，無所不讀也。」其詩曰：「吾學有宗主，千秋朱紫陽。」此其所以由入德也。……文恭之教，使學者端坐澄心。未讀書而靜養，則所養者未必端倪之正也。非朱子所法乎孔子者也。[147]

再言：

> 讀書者何也？讀書以明理，明理以處事。先以自治其心，隨而應天

---

146 簡朝亮：〈朱九江先生講學記〉，見氏著：《讀書堂集》，刊於《清代詩文集彙編》，第774冊，頁198。

147 簡朝亮：〈朱九江先生講學記〉，見氏著：《讀書堂集》，刊於《清代詩文集彙編》，第774冊，頁198-199。

下國家之用。[148]

在上述引文中，我們可以見到九江先生從以下幾方面去理解「讀書」。其一、從宋代朱子理學的「道問學」的傳統來說，讀書就是「格物」。朱子嘗言：

> 問求仁。曰：「看來『仁』字只是箇渾淪底道理、如《大學》致知、格物，所以求仁也；《中庸》博學、審問、慎思、明辨、力行，亦所以求仁也。」[149]

至於何謂「格物」？朱子又言：

> 格物須是到處求。「博學之，審問之，慎思之，明辨之」，皆格物之謂也。[150]

在朱子學的傳統裡，「格物」涵蓋了「學問思辨」，「學問思辨」又是「求仁」的工夫論核心。[151]在朱九江心裡讀書是「入德之門」，學者「成德」必須要通過經驗的累積，而非從心之「悟」可得。朱氏列舉對嶺南學術甚具影響力之陳白沙（1428-1500）與心學宗師王陽明（1472-1529）為例，把二人「從心悟道」的「由上而下」的求道法門，一改而成為「下學而上達」式的求道之方。

---

148 簡朝亮：〈朱九江先生講學記〉，見氏著：《讀書堂集》，刊於《清代詩文集彙編》，第774冊，頁197。

149 朱熹著，黎靖德編：《朱子語類》，卷六，頁113。

150 朱熹著，黎靖德編：《朱子語類》，卷十八，頁421。

151 有關「格物」與「求仁」關係的討論，可見吳啟超：《朱子的窮理工夫論》（臺北：臺灣大學出版中心，2017），頁34-35。

其二、「讀書」是「入德」的下手處，藉著讀書的活動，學者可「養」的「端倪」方可得其正，依此言之，讀書的目的就是「治心」。本來陳白沙主張以靜坐體驗心體是使為學工夫的外向轉為內向。陳白沙強調要靜中見心體呈露，又主張靜中養出端倪，這個端倪除了神秘體驗的一面，也是具有倫理意義。[152]但朱次琦一改白沙「靜坐觀心」之法，擺脫個人神秘體驗式的「治心」進路，重建客觀開放的「讀書以治心」之「入德」路。[153]職是之故，朱次琦才會說「雖然修身者，不讀書不可也」。

其三、「讀書」既為「明理」，「明理」的最終目的是「應天下國家之用」。對於朱次琦來說，讀書是「內聖」（治心）的工夫，也是「外王」（應天下國家之用）之必備。若以體用觀視之，「明理」、「治心」是「明體」，「應天下國家之用」就是「達用」。[154]「明體達用」是道咸時期理學思想的普遍特點，固非朱次琦所獨有。方東樹之族弟方宗誠（1818-1888）曾指出嘉道時期京師之學風：

> 嘉道間，海內重熙累洽，文教昌明，而闇然為己之學，兢兢焉謹守程朱之正軌，體之於心，修之於身，用則著之為事功，變則見之於節義，窮則發之為著述，踐之於內行，純一不雜……[155]

方氏之言雖指京師之學風，但與九江之學可謂不謀而合。朱次琦論「五

152 陳來：《宋明理學》（臺北；允晨文化公司，2010），頁285。

153 這裡所謂「開放的」是採納吳啟超對朱子「讀書窮理之教」的理解。吳氏說：「『開放』意謂：（1）『非獨斷』——尋索『天理』是一門集體事業，沒有人可單憑一己之力去掌握『天理』；（2）『可修正』——尋索『天理』是一項不止息的工作，在過程裡，我們隨時準備修正自己的見解。」，見吳啟超：《朱子的窮理工夫論》，頁281。

154 「明體達用」一語，見於方宗誠的思想體系之中。見王雪卿：〈道咸時期理學的嬗蛻：方宗誠理學思想〉，氏著：《靜坐、讀書與身體——理學工夫論之研究》，頁59-69。

155 方宗誠：〈校勘何文貞公遺言書敘〉，《柏堂集．餘編》，見《清代詩文集彙編》卷三（上海：上海古籍出版社，2010），頁582。

學」云：

> 夫經明其理，史證其事。以經通經則經解正，以史通經則經術明。行掌故者，古今之成法也。本經史之用以參成法，則用法而得法外意矣。性理非空言也，《易》曰：「翰音登于天，何可長也。」性理者，所以明吾學之大，皆吾分也。用之無所驕，不用無所歉。古來才大而器小，或矜自用。若管仲、姚崇、李德裕、張居正者猶識焉。吾以為性理之書，義如《懿戒》，足以自箴矣。[156]

由上觀之，不論經、史、性理、掌故之學，朱氏皆從實踐（「用」）的角度出發而驗證（「得」）箇中「意義」（「法外之意」）之所在。就是宋儒所重的「性理之書」，朱次琦也不從「天理」、「性命」下手去讀，而是把它們比之如《詩經．大雅》的〈懿戒〉篇，作為自儆。

至於「讀書」和「窮理」的關係，吳啟超指出「讀書」在二程而言只是窮理的其中一端，但到了朱子，「讀書」在窮理活動中的地位則被突顯起來。吳引朱熹〈甲寅行宮便殿奏劄〉說明朱子的「讀書窮理之教」。朱子云：

> 為學之道，莫先於窮理，窮理之要，必在於讀書。……天下之事莫不有理，有以窮之，則自君臣之大，以至事物之微，莫不知其所以然，與其所當然……至論天下之理，則要妙精微，各有攸當，亙古亙今，不可移易。唯古之聖人，為能盡之，而其所行所言，無不可為天下後世法。順之者為君子而吉，背之者為小人而凶。其粲然之跡，必然之效，蓋莫不具於經訓史冊之中。欲窮天下之理而不即是

---

156 簡朝亮：〈朱九江先生講學記〉，見氏著：《讀書堂集》，刊於《清代詩文集彙編》，第774冊，頁198。

而求之，則是正牆面而立爾。此窮理之所以必在乎讀書也。[157]

吳指出朱熹的「讀書窮理之教」包含三點：一、天理寄寓在經書裡，準確理解經書方可準確認識天理。二、讀書窮理是一門集古今眾人、群策群力的集體事業，沒有人可憑一己之力而求得天理。三、在讀書窮理之教下，我們永遠不能聲稱已抵達終點。[158]在這裡，筆者只想借用吳在上所言的第一點，作引申說明的補充。「天下之理」既藏於書籍之中，讀書便可知事物之「所以然」和「所當然」。惟朱次琦所注意到的是「其（聖人）粲然之跡，必然之效，蓋莫不具於經訓史冊之中」。故在談論到「六經」之時，朱氏直言：

古之學者，六藝而已矣。於《易》驗消長之機；於《書》察治亂之跡；於《詩》辨邪正之介；於《禮》見聖人行事之大經；於《春秋》見聖人斷事之大權。[159]

從上引述可知，九江先生謂「經明其理」，是可以從孔門六經裡窺見「天下之理」，但朱次琦不僅滿足於見「理」，還強調要「踐跡」：

六經者，古人已然之跡也。六經之學，所以踐跡也，踐跡而入於室，善人之道也。所謂深造以道，欲其自得也。[160]

---

157 朱熹：〈甲寅行宮便殿奏劄〉，原載於《晦庵先生朱文公文集》，轉引自吳啟超：《朱子的窮理工夫論》，頁283。

158 吳啟超：《朱子的窮理工夫論》，頁283-304。

159 簡朝亮：〈朱九江先生講學記〉，見氏著：《讀書堂集》，刊於《清代詩文集彙編》，第774冊，頁199。

160 簡朝亮：〈朱九江先生講學記〉，見氏著：《讀書堂集》，刊於《清代詩文集彙編》，第774冊，頁199。

由上可知，朱氏認為六經不是知識文本，而是「古人已然之跡」，讀經就是「踐跡」。所謂「踐跡」，即是說我們閱讀六經之時，不是純粹知性上對儒家經典的認知，不是一種知識的追求，而是一種高度的「仿效」。後學必須要「仿效」前賢的言行，才可以登堂入室，才有成聖的可能。[161]若從讀書的角度而言，「踐跡」亦即是經學的實踐，朱次琦曾以不同的例子說明之：

> 荀爽九十五日而登台司，視鄭君如何哉。比牒併名，早為宰相，鄭君之素風無失也。此行經學也，漢學之真也。[162]

在上述例子中，朱次琦引用荀爽與鄭玄作對比，突顯真正的學者是要「行經學」，即是實踐經學的「義理」。又如九江先生大讚陳白沙不赴景帝禮闈之事，及至「憲宗即位復赴焉」是「其知出處之大誼」：

> 昔者定公元年，孔子不仕，而仕於定公九年。當是時賊臣意如既卒，終使昭公合墓，二子無猜，道成孝友。《春秋》之變而得其正也，文恭足知之矣。[163]

對於上引之事，錢穆曾說：

161 有關「踐跡入室」注解，《經學卮言》：「言問善人之道，則非問何如可以為善人，乃問善人當何道以自處也。故子告以當效前言往行以成其德。譬諸入室，必踐陳除堂戶之跡，而後可循循然而至也」，見程樹德撰：《論語集釋（三）》，頁785。又陳澧云：「翟晴江云：『善人生質雖美，不由實踐，則亦不能造乎深奧。』……陳厚甫先生云：『此言善人之道，當踐跡，乃能入聖人之室。如不踐跡，亦不能入室，言質美未可恃也』」見陳澧：《東塾讀書記（外一種）》，頁25-26。

162 簡朝亮：〈朱九江先生講學記〉，見氏著：《讀書堂集》，刊於《清代詩文集彙編》，第774冊，頁199。

163 簡朝亮：〈朱九江先生講學記〉，見氏著：《讀書堂集》，刊於《清代詩文集彙編》，第774冊，頁198。

> 稚圭以白沙不赴景帝時之禮闈，許其知出處之大誼。知修身，即知讀書矣。[164]

錢老謂「知修身，即知讀書矣」，可謂深諳朱次琦「讀書之旨」，而朱氏把「讀書」與「修身」合而為一，又可從上述例子見之。

其四、按序通經，不可執一。在「五學」裡，朱九江以孔門經學為核心，其餘如性理之學為經學之佐；史學猶醫案為事之證；掌故之學與政治、經濟、軍事、水利、文物、制度相涉；辭章之學亦有傳道達義之功。[165]在朱次琦的讀經不僅按先秦傳統，[166]而且更要求學者「通經」：

> 王制，樂正崇四術，立四教，順先王詩書禮樂以造士，此古者大學之教也。……史記，孔子以詩、書、禮、樂教弟子，蓋三千焉，身通，六藝有七十有二人。孔子曰：「皆異能之士也。」，是故六藝之學不可無序。[167]
>
> 韓子（韓愈，768-824）云：「士不通經，果不足用。」然則可通經將以致用也，不可以執一也，不可以嗜瑣也，學之而無用者，非通經也。董子云：「《詩》無達詁，《易》無達占，《春秋》無達辭」，此董子之能通經也。[168]

---

164 錢穆：《中國學術思想史論叢（八）》，頁361。

165 關於「五學」之系統的討論，可參考張紋華：《朱次琦研究》，頁104-105。

166 有關孔門六藝的排序，不同時期有不同的意見，而「《詩》、《書》、《禮》、樂」的排序，則在戰國中期到漢成帝時期受到重視。有關六藝排序之討論，可見王葆玄：《西漢經學源流》（臺北：東大圖書公司，2008），頁98-102。

167 簡朝亮：〈朱九江先生講學記〉，見氏著：《讀書堂集》，刊於《清代詩文集彙編》，第774冊，頁200。

168 簡朝亮：〈朱九江先生講學記〉，見氏著：《讀書堂集》，刊於《清代詩文集彙編》，第774冊，頁200。

眾所周知，「通經致用」是明末清初的「實學」思潮的核心。在這裡，朱氏所指的「通經」有兩重意義：一是「全」，是指清代「漢學」中人只求訓詁，好小而棄大，所謂「嗜瑣」是也；二是「變」，是指學者如「通經」則能融匯貫通以應天下之事。

要言之，朱次琦為了針對清代「漢學」中「知行分離」的危機，把孔學的內涵以「讀書」和「修身」總括之。在九江學術裡「讀書」和「修身」是互涉的，特別是「踐跡」之說，更突顯學者履行和仿效聖人之跡在個人成德的重要性。若扼要而言，「讀書」與「修身」的結合，既是就「孔學」的「內部」危機——儒學的理解和實踐——而發的一種「反動」，而了解「讀書」和「修身」的旨意和作用，更可以對清代學術思想之變作「內緣性」反思的起點。

（三）效法亭林，歸宗實學[169]

在討論朱次琦的學術精神時，張紋華曾經指出，形成於咸豐、同治年間的「九江學術」，遙宗孔學，近承程朱理學，使其不可避免地烙下孔學、宋學和清學的學術印記。並重申九江學術「兼重尊德性與道問學」，又包含「厚德載物、以和為貴、愛國主義與平實敦大、通經治學、經世致用、革新政令」等特徵。[170]若如張氏所言，朱次琦之學可以說是圓融兼備。張氏的說法或許可以概括九江之學的複雜性，但亦有可能會把九江學術之獨特之處模糊化，讓人在尋求九江之「道」時失去焦點。職是之故，筆者認為要認識九江學術的特點，必須從清代「實學」的發展脈絡切入，再以咸、同年間的「經世派」的「實學」思想與九江學術的「實學」思想

169 這裡所指的「實學」，是一種「實體達用之學」，是中國文化實用理性的學術體現。又「實學」沒有具體所指，所強調只是切實有用的學術特徵。相關討論，可見周積明，雷平：〈清代經世思潮研究述評〉，《漢學研究通訊》，第25卷第1期（2006年2月），頁5。

170 張紋華：《朱次琦研究》，頁105-106。

作比較，方可突顯朱次琦思想中「躬行實踐」的特徵。

眾所周知，明清易代之際，一批明朝遺民如顧炎武（1613-1682）、王夫之（1619-1692）、黃宗羲（1610-1695）、顏元（1635-1704）等人提倡「實學」，劉師培說他們：

> 各抱治平之略，修身踐行，詞無迂遠，民生利病了若指掌，求道德之統紀，識治亂之條貫，雖各尊所聞，要皆以自植。[171]

有論者認為此時「實學」一詞只是一種泛稱而非學術之專有名稱。而明清之際的虛實之辨即是一欲把形上世界往下拉落的時代傾向。蓋王門後學的蕩越造成士人一種廣泛的誤解：以為宋明儒的心性本體思想只是好聽話頭、空虛道理，遂多轉而講求日用倫常的生活世界，並視之為踏實可行之途。[172]其後，到乾嘉之時，由於時代不同，政治和社會環境亦異於清初。雖然近年的研究已指出，乾嘉時期的「考據學」仍注重將古學研究與社會實際問題相聯繫，即是說「經世」精神並沒有完全消失於當時的學術界。[173]但不能否認，中國學術的「實學」精神的主要關注點由「日用倫常」轉入「文獻考據」為依歸。

到了嘉道以後，外侮內患日亟，「經世思潮」迭興，如龔自珍（1792-1841）、魏源（1794-1857）等學者，借助今文經公羊學說，以經術作政論，力主「通經」、「明經」，經世救民，但又承認單純依靠傳統的「內聖」的道德修養，已經不足以實現經世救民的目的，尚需外在的事功（政

---

171 劉師培：〈清儒得失論〉，《劉申叔先生遺書》（南京：江蘇古籍出版社，1997），頁1535。

172 鄭宗義：《明清儒學轉型探析：從劉蕺山到戴東原》（香港：香港中文大學出版社，2009），頁184。

173 周積明，雷平：〈清代經世思潮研究述評〉，《漢學研究通訊》，第25卷第1期（2006年2月），頁5-6。

策措施）和專業知識作為補充。[174]與此同時，一度被傳統倫理所抑制的個體私欲與個人情欲，也在這一肯定事功之下被賦予了正面意義。[175]後來，曾國藩上承龔、魏的思想脈絡，一方面強調守舊，即以理學精神改造社會；另一方面，力主革新，即以堅船利炮的實用技術來提升戰鬥實力。由此可見，晚清理學以捍衛綱常名教為本位，而今文經學則聚焦於經術為治術的「變通之法」。[176]簡言之，嘉道以降流行的「經世之學」，也強調學術在生活世界的「實用」，如講究如何由制度的安排，政府諸多政策之運用，以及法令規範的約束以求政治社會秩序的確立。即是希望以宋明儒講的「治法」實現「治體」，即是以外在的政治和文化力量以求達到儒家所謂的「治平」理想。[177]

如上所述，九江之學既是一種「躬行實踐」之學，其內涵自然是富有一種「實學」精神。然而，朱次琦眼中的「孔門實學」，既與晚清今文學派不同，亦與曾國藩的理學派有別。與晚清今文經學派的不同處，是朱九江既不認同個人私欲的正面意義：

> 宋儒言去欲，漢學者以為非，曰：所欲與之，聚之，孟子之誼也。

---

174 李澤厚：〈經濟觀念隨筆〉，《中國古代思想史論》（安徽：安徽文藝出版社，1999），頁283。

175 黃克武，段煉：〈「過渡時代」的動脈：晚清思想發展的軌跡〉，王建朗、黃克武主編：《兩岸新編中國近代史．晚清卷（下）》（北京：社會科學文獻出版社，2016），頁873。

176 黃克武，段煉：〈「過渡時代」的動脈：晚清思想發展的軌跡〉，王建朗、黃克武主編：《兩岸新編中國近代史．晚清卷（下）》，頁874。

177 若依張灝所言，嘉道之時的「經世之學」，所強調的正是宋明儒所謂的「治法」。這裡的「治法」是相對於「治體」而言的概念。張灝曾引程伊川之語，解釋「治法」與「治體」的關係：「他（指程伊川）說：『修身齊家以至平天與下者，治之道也。建立治綱，分正百職，順天時以制事、正於創制立度，盡天下之事者，治法也。聖人治天下之道，惟此二端而已。』這裡所謂的「治法」就是用以實現治體的客觀制度規章。」見張灝：〈宋明以來儒家經世思想試釋〉，見氏著：《張灝自選集》，頁74。

> 彼漢學者，東視不見西牆矣。人欲有公而有私也，〈樂記〉所謂滅天理而窮人欲者也。[178]

同時，他也不認同曾國藩「師夷制夷」的方針：

> 門人問曰：「今之用兵，如機械何？」先生曰：「兵莫患於不堅。上是軍民聯為一體，我之堅也。《管子》曰：『攻堅則瑕者堅，攻瑕則堅者瑕。』敵雖機器不有瑕者在乎？彼諜諜者何為也？」[179]

在此，筆者無意論討朱次琦的西學思想，而且就現存文獻資料而言，也沒有可能就上述問題展開討論。我們只想指出，若從學術理路上而言，九江先生面對世變的方針與龔、魏、曾等人不同，他選擇的「救世」之法迴異於當時的「經世」派。朱次琦心儀的是清初大儒顧亭林與其《日知錄》，他曾直言：

> 顧亭林讀書亡明之際，抗節西山，《日知錄》遺書，由體及用，簡其大法，當可行於天下，而先王之道必不衰。[180]

如錢穆所言，顧氏論學宗旨可盡於「博學於文」和「行己有恥」兩語，錢老引顧亭林的〈與友人論學書〉：

178　簡朝亮：〈朱九江先生講學記〉，見氏著：《讀書堂集》，刊於《清代詩文集彙編》，第774冊，頁200。

179　簡朝亮：〈朱九江先生講學記〉，見氏著：《讀書堂集》，刊於《清代詩文集彙編》，第774冊，頁202。

180　簡朝亮：〈朱九江先生講學記〉，見氏著：《讀書堂集》，刊於《清代詩文集彙編》，第774冊，頁200。

> 愚所謂聖人之道者如之何？曰「博學於文」，曰「行己有恥」。自一身以至於天下國家，皆學之事也。自子臣弟友以至出入往來、辭受取與之間，皆有恥之事也。……士不先言恥，則為無本之人；非好古而多聞，則為空虛之學。以無本之人，而講無本之學，吾見其日從事於聖人，而去之彌遠也。[181]

由上可知，「博學於文」涉及知性經驗，自個人至國家之事，皆囊括其中；「行己有恥」涉及道德實踐，從出入往來至辭受取與，皆包含在內。「有恥」是「修身」之果，為「體」;「博學」是「讀書」之成，為「用」。在朱次琦眼中，能「由體及用」，使之「行於天下」，方可體現「先王之道」。究竟怎樣才算是「由體及用」呢？且看顧氏引羅仲素談及「廉恥」（體）與「風俗」（用）關係的說話：

> 羅仲素曰：「教化者，朝廷之先務；廉恥者，士人之美節；風俗者，天下之大事。朝廷有教化，則士人有廉恥；士人有廉恥，則天下有風俗。」[182]

對於朱次琦來說，「名節」對學者而言十分重要：

> 《孝經》曰：「立身行道，揚名後世，以顯父母」立身也者，名節之謂也。今天下之士，其風好利而鮮名節，二百年於茲矣。學者不自立非君子。人也，昔者，伊尹辨義，武侯謹慎。辭受、取與、出

181 錢穆：《中國近三百年學術史（上冊）》，頁136-137。

182 顧炎武著，黃汝成集釋，欒保群，呂宗力校點：《日知錄集釋（全校本）（中）》（上海：上海古籍出版社，2006），頁773。

處、去就之間，昭昭大節，至今照人如日月在天也。[183]

又言：

士之於名節也，終身之力，豈一日之幸乎？[184]

在朱次琦眼中，對學者來說，「名節」不是一時一地之事，也不是個人毀譽之事。一個人視名節的輕重，不僅會影響家族之聲譽，更會影響時代之風氣。若我們參考顧炎武有關「名節」與「風俗」的關係的說法，便會明白學者能否立「名節」，實與學者能否「由體及用」，使「內聖」推向「外王」的關鍵。

就「博學於文」言，顧亭林認為儒學之宗為經學。朱次琦曾指出：

古無所謂理學，經學即理學也，顧氏之言是矣。雖然性理諸書，剪其繁枝，固經學之佐也。[185]

嚴格來說，顧炎武認為古代並沒有理學只有經學。如果有理學，即是宋代以後才出現的事。鑑於宋代以後，理學出現的既定事實。顧氏只好把理學有分古今，古的經學有理學的成分，但今之理學只是「禪學」。[186]朱次琦採「經學即理學」之說，又謂「性理諸書」是「經學之佐」，其中「淡化理

183 簡朝亮：〈朱九江先生講學記〉見氏著：《讀書堂集》，刊於《清代詩文集彙編》，第774冊，頁198。

184 簡朝亮：〈朱九江先生講學記〉，見氏著：《讀書堂集》，刊於《清代詩文集彙編》，第774冊，202。

185 簡朝亮：〈朱九江先生講學記〉，見氏著：《讀書堂集》，刊於《清代詩文集彙編》，第774冊，201。

186 汪學群：《中國儒學史（清代卷）》（北京：北京大學出版社，2011），頁220-221。

學」，崇尚「經學」的意圖固然明顯不過。然而，更重要的，是朱氏上接清初「去形上化」的儒學傳統，把目光放在人生實踐和日用行常之上。[187]由是之故，在九江之學中，我們可以體味到先秦儒學樸實無華的風采。如九江先生言「仁」之時，並不愛言「仁」之「理」，而是喜談「仁」之「術」，即是明顯不過的例子。[188]

第四節　小結

光緒七年（1881），六月，廣東總督張裕上奏朝廷，以朱次琦「講明正學，身體力行，比閭族黨，薰德善良」奏聞。七月，上諭詔賜朱氏五品卿銜。[189]同年，十二月十九日，朱次琦離世「行省兩院而下皆祭，國史館立傳，遠近聞者哀念，皆動君子云亡之感焉。」[190]作為一位傳統的讀書人，朱氏半生輾轉於科場，雖幸得晉身仕途，惟礙於時世人事，只能短署襄陵，未克盡濟世之能。後終托身山林，寄情讀書講學，致力化俗為務。若從學術思想史角度觀之，九江學術思想突破漢學與宋學之藩籬，並以恢

187 關於儒學「去形上化」問題，王汎森指出：「清初思想中去形上化的傾向表現了幾種特色。首先，他們不再靜坐冥想、不再求本體，同時他們也發現靜中培養出的本體常常會在行動時出差錯。接著，他們關照現實的社會人生，不再以形上玄遠的追求為最高目標。他們並非不再談理，但卻不好談形上的天理。正因為眼光是從超越形上的世界重新放在現實的社會人生，……直面正視人生的實踐，著重日用常行。」見王汎森著：〈清初思想中形上玄遠之學的沒落〉，氏著：《權力的毛細管作用：清代的思想、學術與心態》（臺北：聯經出版公司，2014），頁39。

188 朱次琦曾不止一次提到「仁術」，第一次是在闡明「惇行孝弟」時，指明家庭之內不宜相爭。只要是「爭」，不管是理爭，還是氣爭也是罪，若家中「有變則以仁術全之可也」。另一次，是以廣東南海陳氏賓館的主人掃地北，不愛其金而愛其弟，又使家人和睦相處一事為例，說明何謂「仁術」。見簡朝亮：〈朱九江先生講學記〉見氏著：《讀書堂集》，刊於《清代詩文集彙編》，第774冊，頁198及頁201。

189 見《申報》〈恭錄‧諭旨〉（1881年8月5日），頁1。

190 簡朝亮纂：〈朱九江先生年譜〉，朱次琦著，簡朝亮編：《朱九江先生集》，卷首，頁21。

復孔門實學裨補清代漢學繁衍，漸漸出現的「知行分離」之流弊。

誠然，在朱次琦心中的孔門實學，不僅是一種「學術」而一種生活指引。如在平常生活之中，朱次琦極為節儉，食的「鹽菜錢二十有五枚，日餐脫粟，舉碗斑然」；穿的「麻衣當暑，三十霜而一布袍」；但當「鄉人來言救喪，知與不知，量而皆賻」。此外，九江先生家雖貧困，但「非從學者脯脩，皆不用」。[191]由是觀之，張裕說朱次琦「身體力行」，可謂實至名。但「身體力行」的九江先生背後，隱約可見的卻一個「行道者」面對「天命不可違」的強大，而表現出無可奈何的一面。同時，若說朱氏心中這種「無奈」，讓我們體味晚清舊式讀書人的無力感，毋寧說這種「無奈」更能襯托出儒者「知其不可為而為之」的一種「擇善固執」的精神。

朱次琦一生執著持守淑世的儒家之「道」，和懷著不屈於權勢的傲骨，但面對高高的「天命」時，仍抱有一種「天命不可違」的心態。咸豐六年，朱先生辭官南歸，英法聯軍之患日深：

> 於後粵中鄉屯數十萬人，主者請先生襄其事，先生不赴，謂鄉人曰：「吾人微言輕，非所濟也。且當路之常，今日言兵，明日言款，若天使之然者，人豈能與天爭乎？」[192]

科大衛曾指出，一向以來，團練與盜賊，界線模糊，也正因此之故，搞團練的人——都很明白，要得到官府的支持，方法是請擁有科舉功名的士紳組織所謂「團練局」，領導團練。但當團練成立以後，團練不再是保鄉衛民的鄉親子弟兵，是可以武斷鄉曲，橫行無忌的雇傭兵。[193]故朱氏才說「今日

191 朱次琦著，簡朝亮編：《朱九江先生集》，卷首，頁20-21。

192 朱次琦著，簡朝亮編：《朱九江先生集》，卷首，頁14。

193 Faure, David, *Emperor and ancestor: state and lineage in South China* (Calif.: Stanford University Press, 2007) pp.291-298.

言兵，明日言款」，並婉拒參與組織團練的事務。惟值得注意的，是朱次琦說「若天使之然者，人豈能與天爭乎？」，似乎一種「命定論」思想灼然可見。其實，植根於朱九江心中的，不僅是「命定論」，還有一種「安命」思想。如在山西需次期間，朱次琦面對不確定的「未來」時曾言：

> 雖然，晉國亦仕國也，君子之難仕，伊古已然，何況今日。莊生謂知其無可奈何而安之若命。況其實有命者耶？安之而已。[194]

當面對無可奈何的「既定境遇」時，朱次琦會選擇以「安命」的態度處之。但若綜合前段引文視之，我們可以發現朱氏講的「命」，不是莊子思想的「命」，而是來自儒家的「天命」。如有論者謂，孔子與莊子雖都講「命」，也講「命」之不可改變性，但儒家還講「知其不可而為之」的精神。[195]若以就九江先生一生行誼言之，其「知其不可而為之」的精神的體現，就是他致力對其心中「孔道」的追尋。

綜而言之，朱次琦追尋的「孔道」是什麼呢？或他追尋的孔道又以什麼為焦點呢？明顯地，朱氏費一生之力消弭「漢學」的遺禍，化解知識與道德實踐分離的危機，重振儒家「知行合一」，樹立君子理想人格的楷模。朱氏追尋孔道的方式是歸隱禮山，讀書講學；追尋孔道的內容是「四行五學」。在學術史的角度而言，九江之學的奠立沒有走出「漢宋之爭」的範疇，是傳統知識分子對古典儒學回歸訴求的體現，是欲重振士風以解決時代流弊的體現。但在回應時代需要的角度而言，朱氏僅企圖以傳統儒學解決晚清時代面對的種種問題，他並沒有對傳統儒學有多少的揚棄，更沒有直接面對西學東漸的挑戰。

---

194 朱次琦：〈答明同年書〉，朱次琦著，簡朝亮編：《朱九江先生集》，卷七，頁3。

195 劉笑敢：〈兩種逍遙與兩種自由：從莊子到郭象〉，氏著：《詮釋與定向——中國哲學研究方法之探究》（北京：商務印書館，2009），頁177-178。

第三章
九江傳人簡朝亮的「求道」、「弘道」與「傳道」

第一節　引論

傳統的中國社會，是一個以士大夫為中心的「四民社會」，由「士」、「農」、「工」、「商」四個階層組成。除了小部分的士人能進入政治階層，居四民之首的「士」就成為了社會的「重心」。關於這一點，梁漱溟（1893-1988）說得好：

> 中國舊社會秩序之維持，不假強制而寧依自力……自來中國政府是消極於政治而積極於教化的，強制所以少用，蓋在缺乏階級以為操用武力之主體；教化所以必要，則在於啟發理性，培植禮俗，而引自生力。這就是士人之事了。士人居四民之首，特見敬重於社會者，正為他「讀書明理」主持風教，給眾人作表率。有了他，社會秩序才是活的而生效。若農、若工、若商始得安其居樂其業。[1]

據梁氏所言，讀書人身負「教化」之責，功在「啟發理性，培植禮俗」，所以一直以來受社會所敬重。但明代以後，這以士大夫為中心的四民社會慢慢發生了變化，隨著江南地區經濟的繁榮和發展，商人的地位開始上升，漸漸已壓在農工之上。到了晚清，由於鎮壓太平天國和抵抗外國列強

1　梁漱溟：《中國文化要義》（臺北：臺灣商務印書館，2013年），頁245。

的需要，出現了地方士紳領導的私家軍隊，本來一直被壓抑的軍人集團在亂世中脫穎而出，漸漸成為左右中國政局的重要力量。隨著商人和軍人力量的上升，士農的位置急劇下滑，「四民社會」逐漸陷於解體。羅志田指出，以士農工商四大社會群體為基要素的傳統中國社會，在自身演變出現危機時，恰遇西潮衝擊而解體，拉開了近代社會結構的序幕。在西潮衝擊下的中國士人，由於文化競爭的認識不足，沿著西學為用的方向走上了中學不能為體的不歸路，失去了文化立足點、文化立足點的失落，造成中國人心劇變，從自認為世界文化的中心，到承認中國文化野蠻，退居世界文化的邊緣，近代中國可以說已失去重心。[2]

誠如許紀霖曾所言，晚清以來所發生的「三千年來未有之變局」，對士大夫而言，無疑是自春秋戰國以來的第二次禮崩樂壞時代，其所賴以生存、發展的社會文化秩序處於不斷解體之中。[3]在傳統的「四民社會」裡，士大夫身兼「道統」和「政統」的重心，讀書人透過科舉制度得來的功名，成為了「官」（政府）和「民」（農、工、商）溝通的關鍵渠道；儒家經典既是讀書人進入仕途及賴以維生的生活憑藉。但更重要的，儒家經典更是一切「秩序」：如政治、社會、經濟，甚或宇宙秩序的根源。但在1895至1920年代的「轉型時代」，西方文化藉著新的傳播媒介，如報報雜志、新式學校、學會；和新的社會群體，如現代知識階層，對中國文化的震蕩和侵蝕，逐漸由「用」的範圍擴大到「體」的層次，即進入中國文化的核心，使之出現價值取向、認同取向、精神取向的危機。[4]在「文化取向危機」不斷深化的年代，「讀書人」的社會作用、自我定位為何已經是耳

2 羅志田：〈失去重心的近代中國〉，氏著：《中國的近代大國的歷史轉身》（香港：三聯書店，2019），頁108。

3 許紀霖：〈重建社會重心——現代中國的「知識人社會」〉，王汎森等著：《中國近代思想史的轉型時代》，頁138-139。

4 張灝：〈轉型時代在中國近代思想史與文化史上的重要性〉，氏著：《張灝自選集》，頁114-120。

熟知能詳的研究課題。如余英時指出近代以來中國知識分子的社會地位不斷下降：一方面在政治社會領域趨向邊緣化；另一方面出現自我邊緣化。而其後有不少論者接續余英時的講法，對「知識分子邊緣化」的提法作出更深入的發揮。[5]當然，有不少學者並不認同「知識分子邊緣化」的說法，如張灝認為，一方面社會巨變讓時人更迫切地需要思想指引；另一方面現代傳播媒介的引進使思想傳播更為廣泛迅速，因此中國知識分子的影響力較諸傳統更大。許紀霖則認為借助現代學術體制和傳媒力量，知識分子鼓動社會風潮的能力比以前更大。但在1930年以後，知識分子的獨立能力漸失，不得不依附政治力量，以尋求更廣闊的生存空間。[6]

不論「讀書人」(或「知識人」) 在近代中國的「角色」和「地位」是否出現所謂「邊緣化」，筆者認為他們大部分都秉承了中國傳統士大夫「以天下為己任」的經世濟民意識。雖然有識之士都是各師各法，但總的來說都是殊途同歸的。在本章裡，筆者希望藉著對簡朝亮行誼和思想的回顧，了解傳統知識分子如何面對到西學思潮的挑戰；同時，又了解傳統知識分子如何在「失去重心」的時代，依靠固有的「知識系統」對當時的「衝擊」作出回應。更重要的是，藉著對簡朝亮行誼與思想的檢視，了解在十九與二十世紀之交，傳統知識分子如何對傳統儒學作出選擇和揚棄。

5　有關「知識分子邊緣化」的討論，可分別見於余英時：〈中國知識分子的邊緣化〉，《中國文化與現代變遷》，頁33-50。王汎森：〈從新民到新人——近代思想中的「自我」與「政治」〉，王汎森等著：《中國近代思想史的轉型時代》，頁171-200。羅志田：〈失去重心的近代中國：清末民初思想權勢與社會權勢的轉移及其互動關係〉，氏著：《民族主義與近代中國思想》，頁153-198。

6　有關對「知識分子邊緣化」持不同看法者，可參考張灝：〈轉型時代在中國近代思想史與文化史上的重要性〉，氏著：《張灝自選集》，頁109-125。許紀霖：〈重建社會重心——現代中國的「知識人社會」〉，見王汎森等著：《中國近代思想史的轉型時代》，頁137-170。

第二節　「士大夫」意識與「自我認同」

簡朝亮，字季紀，號竹居，廣東順德縣簡岸鄉人。咸豐元年十一月二十一日（1852年1月11日），生於廣東佛山鎮忠義鄉。後於咸豐三年（1854），因避紅巾軍之亂，舉家遷回簡岸。簡朝亮之父，名金勝，字孫揚，號建康，為家中長子。他稍通文墨，在族中祠堂任事，後與老氏結婚，育有四子二女，簡朝亮排行最尾。咸豐八年（1858）春二月，朝亮入讀私塾。到同治八年（1869），自佛山書院後肆業後，簡氏為應付生活，成為了一位私塾先生。[7]原來作為一為讀書人，教私塾，食束脩，是理所當然的事。但簡朝亮卻「終歲不樂」，因為他「以為救貧而教，不如食貧而學」[8]，由此事之中，我們可見簡朝亮對「學」的堅持和期待。在接下來的三年，簡朝亮閉門自學苦讀「借書居竹林，篳門一席，晝則手抄經義繹之，避竹林市聲，既夜乃諷讀。」[9]同治十二年（1873），離開竹林後，簡朝亮執教順德北滘莘村曾氏賓館，其後更得到賓館主人曾壽南之助，得以在同治十三年（1874），投到朱九江先生的門下，並與九江學術結下不解緣。自同治十二年（1873），參加第一次鄉試始，到光緒十五年（1889），簡氏決意絕意科場止。蹭蹬科場十五年後，在光緒十六年（1890），十二月，簡氏籌資在簡岸建讀書草堂。翌年，春，草堂落成，簡氏終於步其師朱次琦之舊跡，履行讀書、著書和教書之旅。[10]

7　簡朝亮年十九為佛山書院外課肄業生，見簡朝亮著，梁應揚注：《讀書堂集》，卷十三，《清代詩文集彙編》，第774冊，頁403。

8　簡氏門人編纂：《簡朝亮年譜》，1934年刻本，頁2。

9　簡氏門人編纂：《簡朝亮年譜》，頁2-3。

10　據簡朝亮寫的〈動土祝文〉記云：「維光緒十有六年，歲在上章攝提格冬十有二月，丙申，朔，越二十日，乙卯，簡岸鄉人簡朝亮敢昭告于鄉土之神……」，又據〈讀書草堂上梁文〉記云：「光緒十有七年，庚寅之月，丙子之辰，築我草堂，舉我梁木，胥宇于時，讀書其下」。見簡朝亮著，梁應揚注：《讀書堂集》，卷六，《清代詩文集彙編》，第774冊，頁298及299。

雖然身無功名，然而簡朝亮仍抱有強烈的「士大夫」意識，又常懷「讀書報國」之志。如光緒十四年（1888），簡氏參加鄉試不第，但他心中所想的不是一己功名的得失，而是國家的憂患興亡。當時，他寫信給友人梁鼎芬說：「五嶺以南，中原之事，僕可聞也。……僕讀書之餘，未嘗不嘆息私憂也。」[11]在數年後，簡竹居再致書梁氏說：

> 僕鄉居築草堂，今四年矣。僕讀書其中，二三君子有不棄者，自遠而至。僕維不才，無以報國。庶幾讀書，申明大義，斯亦下士之責也。[12]

如前所述，「讀書」既是簡朝亮的素志，而「申明大義」則並非出於個人好惡，而是「士大夫」對國家「盡忠」的表現：

> 天子以四海會同，勤勞無逸，凡食毛踐土之倫，苟有可自盡其忠誠者，當黽勉圖之。……僕不揣己陋，蒐而攷之，欲成一書，擬曰《尚書集注述疏》。……此書儻成，庶幾自盡其忠誠。[13]

以上引文，寫於光緒二十八年（1902）。是時，簡朝亮正在撰寫《尚書集注述疏》一書，故致函汪辛白推卻學堂教習一職。當時，有關《尚書》的研究不少，簡氏再著力於此，乃是見「漢宋名家皆有所長，然不能無失」，又「國朝諸儒其辯偽古文者頗詳」，但釋經多「守一家之說」。因為

11 簡朝亮：〈揭曉後復梁星海書〉，見簡朝亮著，梁應揚注：《讀書堂集》，卷二，《清代詩文集彙編》，第774冊，頁219-220。

12 簡朝亮：〈寄梁星海言兵書〉，見簡朝亮：〈揭曉後復梁星海書〉，見簡朝亮著，梁應揚注：《讀書堂集》，卷二，《清代詩文集彙編》，第774冊，頁221。

13 簡朝亮：〈復汪辛白孝廉請就郡學堂教習書〉，見簡朝亮著，梁應揚注：《讀書堂集》，卷六，《清代詩文集彙編》，第774冊，頁230。

以上的種種原因，簡竹居「懼經義之不能通於治事」，故此便奮力著述「自至山中，白雲等閒，無一日不以此書為汲汲……」[14]在這裡，值得我們注意的，不是簡朝亮推卻教職，也不是他撰寫《尚書集注述疏》，值得討論的，在「舊學」或「舊式讀書人」被「邊緣化下」，簡氏的「士大夫」意識，及以「申明大義」為己任的「自我意識」，仍絲毫未減的現象揭示了什麼？

在上一章裡，我們曾指出朱九江有強烈的「士大夫」意識。所謂「士大夫」意識的指向，就如余英時所言，是強調士的價值取向必須以「道」為最後的依據。而且知識分子（士）都能超越他自己個體和群體的利害得失，而發展對整個社會的深厚關懷。而所謂「道」，則有兩個特點：一是把關注點從「天道」轉向「人道」，二是強調人間秩序的安排。[15]故朱次琦一生都是努力不懈地重建「人間」秩序。但在1882年離世的九江先生，他的「生活世界」既沒有甲午戰敗、辛丑之辱，更沒有經過廢科舉、停經學，甚至辛亥革命的翻天覆地的劇變，所以朱次琦在他的「舊世界」中仍可竭力發揚「孔道」。但他的弟子，九江學派的承傳人——簡朝亮——卻經歷其師未見的「世界」，更重要的是在一個「轉型時代」，簡朝亮在中國傳統的「意義世界」被「西學」衝擊的前提下，他要守的是「道」，是一個正受衝擊的「意義世界」。光緒十六年（1890），七月十五日，順德簡岸發生地震，簡朝亮記下了此事：

> 迺思之光緒十有一年，予館郡中六榕寺。十月二十有一日，夜中星隕如雨。門人以告予，方讀書起而觀之，為之大驚。公羊家所謂如

14 簡朝亮：〈揭曉後復梁星海書〉，見簡朝亮著，梁應揚注：《讀書堂集》，卷二，《清代詩文集彙編》，第774冊，頁230-231。

15 余英時：〈古代知識階層的興起與發展〉，《中國知識階層史論（古代篇）》（臺北：聯經出版公司，2014），頁39-40及56。。

雨非雨者，信哉！此天之異也。今無幾何而地之異又若斯也。譚西學者曰此天地適然，然爾奚足怪？夫烏虖如其言也！《周易》之象將象其非所象歟？《春秋》之書將書其非所書歟？[16]

在簡氏眼中，今人一些自然不過的「自然現象」，如上引文的「流星雨」和「地震」，卻是不尋常的「異象」，董仲舒《春秋繁露・必仁且智》云：

天地之物，有不常之變者謂之異，小者謂之災。災常先至，而異乃隨之。災者，天之譴也；異者，天之威也。譴之而不知，乃畏之以威。[17]

當流星雨和地震發生的時候，簡氏寫〈紀異〉一文，其真正目的似乎並非僅紀錄「天之威」，而是要捍衛他所熟悉的「意義世界」，是一種中國舊式讀書人面對「西學」挑戰的「反應」。不管在時代的巨輪下，中國的舊式讀書人如何被「邊緣化」，然而有一部分的「守道」者，仍然會努力不懈堅守「意義世界」的「秩序」。就以簡氏的「釋經」活動為例，他第一本開始寫的《尚書集注述疏》始於光緒十九年（1893），其後分別寫了《論語集注補正述疏》（1908-1917）、《孝經集注述疏》（1918）、《禮記思子言鄭注補正》（1919），並在1931年編纂《朱子〈大學章句〉釋疑》，和作《毛詩說習傳序》。竹居先生的「釋經」活動又代表什麼？透過對儒家經典的解釋，簡朝亮可以「申明大義」。所謂「申明大義」就是恢復傳統中國的「秩序」：不管是「宇宙秩序」或是「人間秩序」，也是必須靠重建「西學」入侵前的「意義世界」而成其事。故「釋經」絕對不是一種純學術的

16 簡朝亮：〈紀異〉，見簡朝亮著，梁應揚注：《讀書堂集》，卷一，《清代詩文集彙編》，第774冊，頁217。

17 董仲舒：《春秋繁露・必仁且智》（上海：上海古籍出版社，1989），頁54

活動，而是一種重構「意義世界」的活動。而重構「意義世界」既是「士志於道」的表現，也是「士」之所以為「士」的一種「自我認同」。[18]

誠如前文所述，若我們認同羅志田對近代中國社會的論述，或許我們在討論「失去重心」的中國之時，還應該注意一群立志守道的讀書人，如何嘗試力挽狂瀾。畢竟在「守道」的意義上，他們面對的不是一種從「舊」到「新」的轉變，而是一種「道」從「不變」到「劇變」的挑戰。

第三節　「道出於二」的世界

雖然今日重提費正清（John King Fairbank）的「挑戰」與「回應」模式或許會予人不合時宜的感覺。但無可否認，上述理論對解釋近代西學傳入下中國讀書人的「反應」仍然是有效的。如上所言，對接受傳統中國儒家教育的讀書人而來說，西學的傳入動搖了他們的「意義世界」，亦即是衝擊著其行事、為人，甚至存在之「所以然」。簡言之，西學所衝擊的是中國人所謂「道」的「有效性」。關於這一點，我們可以借用王靜安的說法以明之：

> 自三代至於近世，道出於一而已。泰西通商以後，西學西政之書輸入中國，於是修身齊家治國平天下之道乃出於二。光緒中葉新說漸勝，逮辛亥之變，而中國之政治學術幾全為新說所統一矣。然中國之老成，民之多數尚篤守舊說，新舊之爭，更數十年而未有已。[19]

---

18 據林志宏的研究，清朝遺民藉著不同的書寫，如編修《清史稿》、遺民錄、地方志、歌詠國朝文獻和互通聲氣不易示人的文字，作為傳達自我認同的表現方式。可見林志宏：《民國乃敵國也：政治文化轉型下的清代遺民》（臺北：聯經出版公司，2010），頁131-177。其實，在簡朝亮的書寫裡也不難發現對「自我認同」的表達。關於這一點，筆者將會在下文中繼續討論。

19 王國維：《論政學疏稿》，《王國維全集》，第14卷（廣州：廣東教育出版社，2009），頁212。又有關近代中國「道」的變化，羅志田認為可分為三個階段：一是以前讀書人相信

從上引王靜安的說話，我們可以明顯感受到，中國社會由原本的「道出於一」到「道出於二」所出現的「轉化」，並其「轉化」帶來的「道」的「不確定性」。在清代中後期的經世思想家仍大體認為，西方的物質文明和先進的典章制度（「器」），需要回歸到維護中國文明的本體（「道」）之上。到了1890年代，張之洞在《勸學篇》裡以「中體西用」一詞，歇力融通中學與西學，以西方的「器」求變通，以中國之「道」來固本。張南皮企圖以「中體西用」守衛中國的「道」，但實際上弱化了中國「道」的有效性。這意味著，德性的價值只在「體」的意義上發揮作用，卻必須從「用」的層面悄然引退。難怪列文森（Joseph Levenson, 1920-1969）認為，十九世紀的「體用」模式，不僅體現了外來因素所造成的儒教衰落，而且也是儒教本身衰落的象徵。[20]在甲午戰爭以後，人們對於儒學的意識形態和帝國統治的信心產生了更加嚴重動搖。在1895年以後，康有為、梁啟超、譚嗣同等人不僅相信中國的精神層面可變，而且深信必須以「西學」為變化的指導。如戊戌變法時，變法者引人從達爾文、斯賓塞到赫胥黎的進化論，為自己的政治行為尋找新的正當性依據，也為解釋「時勢」、順應「時勢」、提供了一個歷史目的論的參照體系即為一例。[21]有論者指出，1890年代以來，進化論在中國知識界備受推崇，關鍵並不在於其科學內涵，而在於它與中國的社會政治變革緊密相連，具備了「宇宙觀」、「世界觀」、「歷史觀」、「倫理觀」，政治發展規劃等方面的功能，是

「道出於一」。二是近代西學輸入，使部分讀書人認為「道出於二」。既承認中西方各有其「道」；又質疑古代的「道」在近代是否仍然可行。三是中西之「道」的融通，所謂「道通於一」。見羅志田：〈近代中國「道」的轉化〉，《近代史研究》，2014年第6期（2014年11月），頁4-20。

20 Joseph R. Levenson, *Confucian China and Its Modern Fates: A Trilogy* (Berkeley: University of California Press, 1965), pp.77-78.

21 黃克武，段煉：〈「過渡時代」的脈動：晚清思想發展之軌跡〉，見王建明、黃克武主編：《兩岸新編中國近代史（晚清卷）（下）》，頁876-878。

一個整體的思想體系。[22]換言之，在「轉型時代」的「西學」為中國人的生活世界提供新的「意義」，但這些「意義」又是大部分中國人未能理解的。若以摻雜「西學」的學問為「新學」，則作為中國傳統「舊學」的擁護者，簡朝亮又如何去面對西來之「道」的衝擊？在這裡，筆者嘗試以簡氏的〈朱九江先生講學記書後〉和〈病言〉為討論焦點，探討簡朝亮面對西學「挑戰」和「回應」的深層意義。

（一）「意義世界」動搖下的回應——從簡朝亮的「道器合一」論說起

眾所周知，十九世紀中後期，中國進入一個劇變的時代，承受著接二連三的衝擊，不僅政治秩序面臨崩解，文化秩序亦漸趨瓦解。在鴉片戰爭初敗，有人已認識到時代之轉換，夷人之來勢洶洶，意識到「變」已經是無可避免。[23]在甲午戰爭之前，縱然國人已不得不承認洋人之「器」比中國高明，但中國之「道」仍然是洋人不能企及的。故有「師夷長技以制夷」、「中體西用」、「西學中源」，甚至「中華一統」說的出現，以上諸說皆隱含中國文化優於西方之文化的預設。可是這種中國文化的優越性，隨著甲午戰敗的殘酷現實而動搖。[24]簡氏同門康有為「道尊於器，然器亦足

22 黃克武，段煉：〈「過渡時代」的脈動：晚清思想發展之軌跡〉，見王建明、黃克武主編：《兩岸新編中國近代史（晚清卷）（下）》，頁878。

23 如魏源曾言：「紅夷東駛之舶，遇岸爭岸，遇州據州，立城埠，設兵防，凡南洋之要津，已盡為西洋之都會。地氣天時變，則史例亦隨世而變。」見氏著：《海國圖志》（百卷本），第五卷（上海：上海古籍出版社，1995），頁15。

24 王爾敏曾言：「十九世紀西學源出於中國說，亦僅止盛行於十九世紀，至二十世紀初即已成為過時落伍之物，並進入另一思想時代。其他勿論，即是原先倡說者之一的梁啟超亦加以非斥與厭惡。……嗣後再有學者注意此說，並加深入探索者，則純為學術性研究，惟在詳考前代思想內容，而予以客觀之分析評估，自己全然不能反映當代潮流任何意義。」見王爾敏：〈中西為源流說所反映之文化心理趨向〉，載氏著：《中國近代思想史論續集》（北京：社會科學文獻出版社，2004），頁59-60。雖然，王氏之言是針對「西學中源」說而發，但所述也點出了一個思想轉向的現象，即是時人對中國文化優越性的信念有所動搖。

以變道矣」一語可謂是說明箇中轉變的好例子。康有為在1898年寫的《日本書目志》中明言：

> 孔子曰：欲善其事，先利其器。功楛之異，懸絕天壤。器之為用大矣！顯微、千里之鏡，皆粗器耳。而遠窺土、木之月，知諸星之別為地；近窺精微之物，見身中微絲之管，見肺中植物之生，見水中小蟲若龍象，而大道出焉。道尊於器，然器亦足以變道矣。[25]

觀康氏之言，可見其欲突破「中道西器」的壁壘。他主張西學由器入道，當然是想避免道器二元之對立，讓長期存在的「矛盾」能走向和諧統一。[26]但南海先生的設想，也揭示了一個重要的預設，便是承認「道」可以為「器」所變。關於康有為以上的言論，羅志田曾指出：

> 那時西學實已大量入華，科技對人的認知能力之擴展顯然給康有為很大的衝擊。他雖仍堅持「道尊於器」，實際強調的是「器亦足以變道」。後來康氏長期提倡物質救國，從道器關係看，相當意味深長——首先是基本否定了精神面相的作用（即梁啟超指出的教不能保人，反要人來保教，則中國教之所長安在）；進而從「器亦足以變道」的角度思考，物質取向本是外來的，若真能救國，也不排除「變教」的可能。在這樣具有多向可能的語境中，又有器可變道的思路，還要立孔教，想做教主，實深具詭論意義。[27]

---

25 康有為：《日本書目志（卷7）》（1898年），《康有為全集》，第3卷（上海：上海古籍出版社，1987）頁366。

26 朱憶天：《邁向近代文明國家的探索——康有為後期思想研究》（上海：上海人民出版社，2016），頁53。

27 羅志田：〈由器變道：補論近代中國的「天變」〉，《探索與爭鳴》，2018年第8期（2018年8月），頁123。

羅氏從精神與物質的角度切入，指出康有為受西方實學輸入的影響，不僅以「物質救國」為主調，漸漸否定「精神」（道）的作用，更開出了「器可變道」的思路。「器可變道」觀念的出現，正是簡朝亮所關注的核心問題，亦即是「道」的超然地位被動搖的問題。在傳統中國的文化系統裡，「道」的功能貫穿了物理世界和人事社會，其超越地位既是無庸置疑，也是不證自明的。「器可變道」不僅顛覆了「道」與「器」的主從地位，動搖了「道」的超然地位，更重要的是證明了中國人已俯首於西方文化之下，對自身傳統文化失去信心。面對「西器」日漸倡，簡朝亮提出了「道器合一」說，並以此作為抗衡「西學」知識的理論基礎。

有關簡朝亮「道器觀」的討論，早已見於前人。如張紋華曾將相關討論置於簡氏兵學思想的語境裡進行探討。張氏發現簡氏的兵學思想有「重道輕器」的特點，更指出簡氏倡言中國之「器」是「道」之器，並遠勝西人之器的「謬誤」。[28]誠然，若我們匆匆一瞥，不難發現在簡氏言詞之間，會充斥有很多不合時宜，甚至是愚昧無知的想法。但我們有理由相信，簡朝亮的「保守」言論，絕非因為他對西方之「器」茫昧無知所致。在一封寫於光緒十四年（1888）致梁星海的書函裡，我們可以肯定簡氏不僅一直關心時事，而且能透過官方的新聞報紙，來認識西方之「器」。[29]既然如此，簡氏為何仍認為中國之「器」可勝西人之「器」？若要解答上述問題，我們便必須要從簡氏的「道器觀」進行探討。有關「道」與「器」的問題，竹居先生曾說：

---

28 關於張氏對簡朝亮兵學思想及其「道」與「器」的討論，可見張紋華：《簡朝亮研究》，頁61-72。

29 光緒十四年，簡朝亮曾致函梁星海謂：「明年二月，天子親政，四海觀治，郵傳邸報，恭讀詔章。遐邇故人，辱書來告，五嶺以南，中原之事，僕可聞也。今海軍之師，數十百萬，鐵甲兵輪，決壹戰於礁波颶霧之中。我得風利而前，寇得風利而逸。電線布地球五大州，壹狂夫可斷之，斷而可續……」載於簡朝亮：〈揭曉後復梁星海書〉，見簡朝亮著，梁應揚注：《讀書堂集》，卷一，《清代詩文集彙編》，第774冊，頁219。

> 《易》曰：「形而上者謂之道，形而下者謂之器。」道者何？五常之則也。《文言》所稱四德是也。器者何？五倫五事之物也。《說卦》所稱諸為是也。故天之生人，道與器合。有物必有則，天下莫能破焉。[30]

由上可見，簡氏依中國的儒家傳統習說，以《易》的「道器觀」切入，解釋「道」和「器」的關係。據《易》而言，「道」是「形而上」的「原則」;「器」是「形而下」的「物」。而「道」與「器」之間又存在著一種必然關係，故簡氏謂：「有物必有則，天下莫能破焉」。若竹居先生僅以此釋「道」，實屬平常不過之事，惟他以「五常」、「四德」來定義「道」的內涵則可堪玩味。[31]實言之，將「五常」、「四德」結合是宋儒之事，而朱熹又為其中表表者。且看朱子有關「四德」的表述：

> 元者、生物之始。天地之德、莫先於此。故於時為春、於人則為仁。而眾善之長也。亨者、生物之通。物至於此、莫不嘉美。故於時為夏、於人則為禮。而眾美之會也。利者、生物之遂。物各得宜、不相妨害。故於時為秋、於人則為義。而得其分之和。貞者、生物之成。實理具備、隨在各足。故於時為冬、於人則為智。而為眾事之幹。[32]

---

30 簡朝亮：〈病言〉，見簡朝亮著，梁應揚注：《讀書堂集》，卷一，《清代詩文集彙編》，第774冊，頁211。

31 所謂「五常之則」，就是仁、義、禮、智、信。至於「君子四德」，《易經．乾卦．文言》曰：「元者，善之長也；亨者，嘉之會也；利者，義之和也；貞者，事之幹也。君子體仁足以長人，嘉會足以合禮，利物足以和義，貞固足以幹事，君子行此四德者，故曰元亨利貞。」見黃壽祺，張善文：《周易譯注》（上海：上海古籍出版社，2000），頁10。

32 朱熹：《周易本義》（北京：中國書店，1994），頁17。

如陳來所言，自漢以來的思想中，元亨利貞屬天道，仁義禮智屬人道。後來，天道和仁道之四德的關係，在道學系統的形成中漸漸變成重要的論題。到了朱子之時，強調把元亨利貞看成「物」的發生成長的不同階段過程來理解。元亨利貞四德既是論生物過程與階段，又是論天地之德，於是既體現為四時春夏秋冬，又體現為仁義禮智。[33]從天道到人道，由自然法則到人倫法則，簡氏上承程朱，以「五常」、「四德」來闡釋「道」，箇中蘊含濃厚的「天人合一」思想。「道」是宇宙生成之「源」和人類社會倫理之「則」。簡朝亮對「道」的描述既突顯了「道」的超越性，亦為「天」和「人」的合一提供了理論的支點。這個「天人合一」的支點，讓「道」與「器」可以理所當然的結合在一起。在「天人合一」的思維下，「器」即是「物」，「物」即是《易經．說卦》所言的「諸為」，即是天下萬物，[34]所有的「物」都是來自「天」的「器」，而「人」更是「道與器合」的代表。

在了解簡朝亮的「道器觀」後，我們接下來要討論的第二個問題，是簡氏如何要利用「道器合一」來抗衡西方的「器」。在簡朝亮眼裡，中、西之「器」本身是有分別的，中國的器是「道之器」，西人之器是「非道之器」：

> 西人之器，機變之巧也，非道之器也。中國聖人之道行，親其上，死其長，無人不欲戰焉，無地不為兵焉，中國皆道之器也。[35]

---

33 陳來：《仁學本體論》，頁44-45。

34 如《說卦》云：「乾為天，為圜，為君，為父，為玉，為金，為寒，為冰，為大赤，為良馬，為老馬，為瘠馬，為駮馬，為木果。」，又如「坤為地，為母，為布，為釜，為吝嗇，為均，為子母牛，為大輿，為文，為眾，為柄，其於地也為黑。」見黃壽祺，張善文：《周易譯注》，頁631。

35 簡朝亮：〈病言〉，見簡朝亮著，梁應揚注：《讀書堂集》，卷一，《清代詩文集彙編》，第774冊，頁211。

由上述引文中，我們可以得知，簡氏承認西人之器具「機變之巧」，但「道之器」不是取決於「器」的「巧」與「不巧」，而是在於人民能否「親其上，死其長」。能否收到「無人不欲戰焉，無地不為兵焉」的效果。[36]為了論證人民「視死如歸」的重要性。簡氏再引《說苑》作說明：

> 一人必死，十人弗能待也；十人必死，百人弗能待也；百人必死，千人弗能待也；千人必死，萬人弗能待也。萬人必死，衡行天下，王者之師也。如是則道之器，利器也。豈不足破非道之器哉？[37]

只要人民有「必死之心」便可以一擋十，以十擋百，以百擋千，以千擋萬，最後便能成為「衡行天下」的「王者之師」，成為「道之器」。竹居先生相信，只要人民有視死如歸的心，便可以戰勝西人「機變之巧」。以上的論述與他重視「將才」、「死士」和「民氣」的兵學思想是一致的。[38]

張紋華認為簡氏重視「將才」、「死士」和「民氣」，體現了一種濃厚的復古思想，這種「復古」思想既過於重視人的因素，忽視近代武器在近代戰爭中的重要性，又對西器全面責備，將中西矛盾擴大到中西文明的截然對立，並試圖以中國古代傳統文明對抗西方文明。[39]但筆者想指出，縱觀簡氏的兵學論述，我們確可以發現明顯的「復古」思想。這種「復古」

---

36 簡朝亮說「聖人之道行」是指「行仁政」，其出處見於《孟子・梁惠王下》，孟子答穆公問為何人民見其長官陷於死難而不救，孟子回答說：「凶年饑歲，君之民老弱轉乎溝壑，壯者散而之四方者，幾千人矣；而君之倉廩實，府庫充，有司莫以告，是上慢而殘下也。曾子曰：『戒之戒之！出乎爾者，反乎爾者也。』夫民今而後得反之也。君無尤焉。君行仁政，斯民親其上、死其長矣。」見焦循撰，沈文倬點校：《孟子正義》（北京：中華書局，1998），頁158。

37 簡朝亮：〈病言〉，見簡朝亮著，梁應揚注：《讀書堂集》，卷一，《清代詩文集彙編》，第774冊，頁211。

38 有關簡朝亮重「死士」、「民氣」之說，可見張紋華：《簡朝亮研究》，頁66-67。

39 張紋華：《簡朝亮研究》，頁71-72。

思想的出現，自然是源於西學衝擊下，儒家之「道」瀕臨失守的「回應」。然而我們必須注意的，是責備這種「盲目復古」思想的時候，要明白像簡朝亮一類的讀書人，如何在「道」之既倒的情況下，奮力挽其頹勢之決心。就如簡氏所言：

> 今曰：「秦火以後，道與器分，道在中國，器在西人。今必中學為體，西學為用也。」烏虖！是道之無用也。猶謂之道乎？是不知道之大用也。是不知道之器為何器也！[40]

在簡朝亮心中「中體西用」的危險處，就在「道與器分」的想法，而「道與器分」的弊端則在於「道之無用」。所謂「道之無用」，即表示讀書人對「道」——「意義世界」的「秩序」——之作用失去信心。當人們對「道」出現信心危機，也意味著讀書人一切價值取向的依據陷於險境。由此可見，簡朝亮重申「道器合一」論實在是因應「道器二分」思潮的一種抗衡手段。再進一步而言，簡朝亮明知國家的軍備不如西人，但他仍然強調以「人心」作「利器」以勝「西器」，若說其愚昧「復古」，毋寧說他欲以此作重建「道」的可信性：

> 所以戰者，氣也。鼓十人之氣，為百人之氣；鼓百人之氣，為千人之氣。明其地勢，料敵而進，土堡易成，陸戰易誘。用我所可為之器，利器，進也；利器不如敵，亦進也……《尉繚子》曰：「善用於兵者，能奪人而不奪於人。」奪者，心也。蓋我之利器也。如是則敵人不可乘我器之乏也。[41]

---

40 見簡朝亮著，梁應揚注：《讀書堂集》，卷張紋華：《簡朝亮研究》，《清代詩文集彙編》，第774冊，頁211。

41 簡朝亮：〈寄梁星海言兵書〉，見簡朝亮著，梁應揚注：《讀書堂集》，卷一，《清代詩文集彙編》，第774冊，頁222。

從上文觀之，西人之「器」遠勝於我的事實，簡氏並非一無所知，故文中才有「利器不如敵」和「如是則敵人不可乘我器之乏也」等語。在思想史的層面來說，簡朝亮的「道器觀」強調「人」，又稱「人」是「道與器合」的典範，是一種「天下莫能破之」的「道之器」，一方面是抗衡西潮衝擊，另一方面是要重建「秩序」。故簡氏謂「有物有則」，特別強調「道」是物之「則」。根據《爾雅》的解釋，「則」有「法則」和「恆常」的意思。竹居先生特別點出「道」的「法則」和「恆常」義，用意在於突顯「道」在空間和時間上的「不可變性」，藉此對抗「道器二分」或「道出於二」的思潮，欲挽救中國傳統「意義世界」失落的危機。

（二）「意義世界」動搖之源——清代「漢學」的遺禍

如前篇所述，九江先生指出「漢學」之弊端並不在其做學問的方法，而是做學問的方法衍生「由學入聖」的可行性問題。此外，書院的「分科」教學不僅破壞經學學習的完整性，同時成為「進學成德」的障礙。簡朝亮上承師說，並進一步將九江先生的說法加以發揮，他指出「漢學」弊端與「分科」教學的問題，不僅成為「進學成德」的障礙，而也是「西學」流行得以蠱惑人心的關鍵。

首先，在「分科教學」之弊與「西學」流行的關係上。在中外文化交涉的討論上，眾所周知，中國整體受到外來文化的影響，主要有三次，即西漢到兩宋受佛教影響、明末清初耶穌會教士帶來西學的影響、晚清以後隨船堅炮利而來的西學新知的影響。與第一、二次中外文化交涉相比較，晚清以來中國受到的第三次域外文化影響不僅層面擴大，程度加深，更為關鍵的是，態勢完全改變。中學與西學的衝擊融合在經過夷夏之防、中體西用的階段之後，乾坤顛倒，中西越來越與新舊相對應，而「西」與「新」又被視為具有放之四海而皆準的普遍性，取珠還櫝逐漸演變成標榜華洋兼備，進而大張旗鼓地輸入新知。[42]如上所言，簡朝亮身處的時代，是一個西學新知漸成知識界寵兒的時代。在近代中國歷史的發展上，中、西學消長的因由複雜，實難以盡於寥寥數語，惟簡朝亮將中、西學此消彼長的原因，約化成「漢學之亂」和「學之分科」兩大問題之延續：

> 今之西學，其風介漢學之亂而成，且學之分科先窒也。[43]

究竟「西學」之盛與「學之分科」有什麼關係？要了解上述三者之關係，我們必須先認識簡朝亮對「孔門之學」的理解，簡氏言：

> 今之西學，其蠱人也，中於微其禍天下也，趨於大夫。孔門之學，繇四教焉，曰文，曰行，曰忠，曰信，皆一人而四教也。四教既成，於是乎名之以四科，曰德行，曰言語，曰政事，曰文學。非先四分之，而以一科教一人也。合教成之人而名其尤長者之科，其餘非不能也。[44]

從上述引文中可見，簡氏認為「孔門之學」是一個有機的組合，其中又有「四教」和「四科」兩組概念。「四教」者，文、行、忠、信；「四科」者，德行、言語、政事、文學。「四教」是孔門之學的內容，其中涵蓋了文獻知識、行為和道德規範，每一個讀書人也必須學的，所以簡氏特別強調「皆一人而四教」。其後待一個人的「四教既成」，才因應學者表現最突出

42 桑兵：〈教會學校與西體中用〉，氏著：《學術江湖：晚清民國的學人與學風》（桂林：廣西師範大學出版社，2017），頁32。

43 簡朝亮：〈朱九江先生講學記書後〉，見簡朝亮著，梁應揚注：《讀書堂集》，卷一，《清代詩文集彙編》，第774冊，頁203。

44 簡朝亮：〈朱九江先生講學記書後〉，見簡朝亮著，梁應揚注：《讀書堂集》，卷一，《清代詩文集彙編》，第774冊，頁203。

以名之。竹居先生以孔門顏淵為例說明「一人而四教」的重要：

> 顏淵稱孔子之教曰：「博我以文，約我以禮」此見顏子與於斯文，而善言德行也。周子曰：「發聖人之蘊，教萬世無窮者，顏子也。」而為邦則又稱王佐才，則諸賢之兼能可推也。[45]

眾所周知，孔子曾以「四科」稱諸弟子，顏淵、閔子騫、冉伯牛、仲弓皆以德行聞名，顏淵更為「德行」科之首。[46]然而，簡朝亮以顏淵為例，所強調的並不在於顏子的德行，而是藉著突顯顏淵的「通才」形象，以作為孔門四教缺一不可的證明。更重要的，如濂溪先生所言，顏淵集四教於一身，既可以「發聖人之蘊」，又能夠「教萬世無窮」，如此顏子便成為「聖人之可學」的楷模。有關如何能「發聖人之蘊，教萬世無窮」，朱熹曾指出：

> 蘊，中所畜之名也。仲尼無跡，顏子微有跡。故孔子之教，既不輕發，又未嘗自言其道之蘊，而學者惟顏子為得其全。故因其進修之跡，而後孔子之蘊可見。[47]

如朱子所言，顏子之所以重要，皆因「仲尼無跡」，惟「顏子微有跡」且「得其全」，故後學可「因其進修之跡」，使「孔子之蘊可見」。此外，顏子之可貴在於能「得其全」。所謂「得其全」，若以竹居先生之說話解之，即是顏淵集「孔門四教」，最後成為了一位「兼能」之士。進一步來說，要深窺孔門之學的全貌，不透過「孔門四教」則無以為之。至於孔門四教

---

45 簡朝亮：〈朱九江先生講學記書後〉，見簡朝亮著，梁應揚注：《讀書堂集》，卷一，《清代詩文集彙編》，第774冊，頁203。

46 程樹德撰，程俊英，蔣見元點校：《論語集釋（三）》（北京：中華書局，1996），頁742。

47 周敦頤著，陳克明點校：《周敦頤集》卷二《通書．聖蘊二十九》（北京：中華書局，2009），頁37。

的有機性組合何密不可分，簡氏也曾作出了討論：

> 文者，六藝之文。《漢書・藝文志》所謂詩、書、禮、樂、易、春秋也。文者，行之則也。教必先文以導行。格物致知，《大學》所先也。行者，學文而力行也。先學文而後力行，既行而復學，故又曰：「行有餘力則以學文」。忠信者，忠體而信用，行之實也。忠以藏恕，信以行恕。曾子所謂：「忠恕之道也。」故四教明，而四科出焉。德行者行也，言語者行人之才，徵其文而辨其行，而達其忠信也。若行己有恥者，不辱君命也。政事者行也。文學者文也。文章莫大於六經，百世文章必宗經也。七十子皆四科之才，曾子何以不與於斯乎？[48]

由上述引文所知，孔門四教各司其職，「文」是行為的準則，肩負行為指導之責；「行」是經文的實踐，擔當義理彰顯之任；「忠」是行之所本；「信」為行之所成。其實，不僅「孔門四教」的關係互相緊扣，就連「孔門四科」的關係也是分不開的，就以「德行」和「言語」兩科的關係為例，「德行」是「行為」，「言語」為「外交辭令」，但在簡氏眼裡，兩者是「徵其文而辨其行，而達其忠信」的表現。由此可見，「孔門四教」是有機的組合，而「孔門四科」也是不可分割的。從「孔門四教」及「孔門四科」的不可分割，竹居先生再推論到「六經之不可分」的問題上：

> 是故文不可無行，行不可無忠信。教之無分固也，而文之教亦無分焉。六藝之文，經學也；書與春秋，經之史學也。六經之瀘，掌故之學也。六經之義，性理之學也。六經之言為文言辭章之學也。五

48 簡朝亮：〈朱九江先生講學記書後〉，見簡朝亮著，梁應揚注：《讀書堂集》，卷一，《清代詩文集彙編》，第774冊，頁203。

> 學皆文之教，而備於七十子一人之身。《史記》所謂：「身通六藝，異能之士也」……夫合教之則所學者備，而有所長必無所蔽；分教之則學者不備，而有所長必有所蔽。四教之合，皆從其序，而後人才興也。[49]

從上文可見，簡朝亮以「六經」統攝九江學派「五學」裡的史學、掌故、性理、辭章四學，突顯九江學派重視「六經」的特點。此外，簡朝亮還特別強調兩點：一是學之能「通」，即講究所學的全備；二是教從其「序」，即講求學習「五學」正確步驟的重要。然而，「四教不分」和「教從其序」與中、西學之消長有何關係呢？關於這一點，簡氏曾指出：

> 采之以文，選之以行，用之以忠信，皆先王之教，孔子所尊。儒先累世明之，而詒為今瀘者也，皆教之無分也。有備五學而通時務之君子以行今瀘，則其教興而得士，無則衰而失之。非瀘之過，而行瀘者之過也。自縉紳先生之教士者，不知立瀘之意，而徒言分科，曰四科教士，此孔門遺瀘也。於是乎承學之士，目分而綱不合，失序而進得偏而止。[50]

九江學術既講求讀書明理，同時也著重應國家之用。從簡氏的言語之間，讓人相信，講者強調「所學者備」、「學從其序」，並不是一種純粹的學術要求，而是與國家人才培訓成敗攸關的教育方略。竹居先生點出「采之以文，選之以行，用之以忠信，皆先王之教」的原則，不是一種教育策略。明顯地，「采」、「選」與「用」三詞都是與國家選士有關，而「文」、

49 簡朝亮：〈朱九江先生講學記書後〉，見簡朝亮著，梁應揚注：《讀書堂集》，卷一，《清代詩文集彙編》，第774冊，頁203。

50 簡朝亮：〈朱九江先生講學記書後〉，見簡朝亮著，梁應揚注：《讀書堂集》，卷一，《清代詩文集彙編》，第774冊，頁204。

「行」和「忠」、「信」的「孔門四教」，既是孔門教學內容，也是選士的客觀標準一即是「瀍」。在人才培養的工作上，若能由具備「五學」和通曉「時務」又有道德素養的人來主持教育，則「孔門之教」能夠興盛，國家亦有人才可用。反之，則對國家人才的培養工作有所損害，最終會使讀書人出現「目分而綱不合，失序而進得偏」的情況。簡氏續言之曰：

> 將治經而先《易》與《春秋》，則傷於虛而誕焉。將棄經而治史，則傷於駁而淺焉。將棄史而治經，則傷於固而迂焉。將未治經史而斷斷於掌故之瀍也，將汎涉百家，而藐藐於性理之箴，逐逐於辭章之靡也。五學不備則先窒矣。今之西學所以遂入聰明者之耳目，而錮之深也。其苟營無行而相從者又不知幾何也？[51]

九江學術反專經而重通經，又堅持以《詩》、《書》、《禮》、《易》、《春秋》為習經之序。據簡朝亮的理解，治經不按其序的害處，是使經典作用出現偏差。譬如不學《詩》、《書》、《禮》而先學《易》和《春秋》，則會使二者流於「虛而誕」。惟就西學之消長而言，學之不備較之學之失序的問題更為逼切。因為「五學不備」的原故，致使西學「入聰明者之耳目，而錮之深也」，由此可見，簡朝亮精英階層的思想受到西學的影響，與「分科而教」和「教之失序」有密切的關係。

其次，在清代「漢學」獨步學界和西學風行的關係上。如上一章所言，九江朱次琦對清代「漢學」深痛惡絕，是因為它使孔子所傳的大義不明。儒家大義不明主要原因有二：其一、「漢學」專注考據、訓詁的學風，既使學者見木而不見林，也使經學陷於支離破碎，致使大義不彰。其二、朱九江認為朱子是儒家之道的承傳者，惟「漢學」佔據杏壇以後，學

51 簡朝亮：〈朱九江先生講學記書後〉，見簡朝亮著，梁應揚注：《讀書堂集》，卷一，《清代詩文集彙編》，第774冊，頁204。

界出現對宋學，特別是朱子學的排斥現象。如此一來，儒家之道便陷於晦暗不明之地。在此我們要討論的是簡朝亮如何將上述二弊與西學盛行的現象掛鉤。有關清代「漢學」獨步流弊方面，簡氏指出清代「漢學」的發展雖已漸走下坡，但是「漢學」在學界上的影響仍然存在，兼且其弊成為西學可乘之機：

> 邇年漢學之燄頗衰，然天下經學猶皆其家瀌。夫漢學者，張皇補苴，豈乏一得？然故訓嘵嘵多薶大義，遂使古人經術，俟之百世而天下莫彊者，乃自今而晦之。此孟子所謂害事也。今之西學所以遂承乘其弊也。[52]

簡言之，竹居先生認為清代漢學雖非一文不值，但是「故訓嘵嘵多薶大義」，最終使「古人經術」不明。誠然，簡氏之言並非己見，有關漢學之弊，方東樹早已明言：

> 漢學諸人，言言有據，字字有考，只向紙上與古人爭訓詁形聲，傳注駁雜，援據群籍，證佐數千百條，反之身己心行，推之民人家國，了無益處，徒使人狂惑失守，不得所用，然則雖實事求是，而乃虛之至者也。[53]

如王汎森所言，考證學有一個共喻的前提：當儒家經典的原義以及制度器數的原貌被重構後，聖人的理想便可以付諸實行。至少在清代初期，名物度數研究底最終目的是要治國平天下。即使到了清代中期，考證大師們如

52　簡朝亮：〈朱九江先生講學記書後〉，見簡朝亮著，梁應揚注：《讀書堂集》，卷一，《清代詩文集彙編》，第774冊，頁204。

53　方東樹：《漢學商兌》，頁39。

戴震、錢大昕等仍然奉行這個主張。但諷刺的是考證學者發現，即使車制、明堂、冠冕之制皆能一一恢復三代之舊，而且沒有內在的矛盾與爭論，它們也未必能在當代社會中實行。故方東樹說：清儒誇稱他們所治的學問是言之有據，證必多端。相對於理學而言，他們引證豐繁，也確是至「實」之學，但到頭來卻在現實致用上成了至「虛」之學。[54]對於簡朝亮而言，相對於九江學派提倡的孔門之學，清代漢代也是「虛」的。如前所述，朱次琦倡導「四行」和「五學」，乃強調讀書和修身並重。以讀書為修身之資，又以修身為讀書之實踐，此為孔學之「內聖」義。而讀書和修身兼行，最後隨心應天下國家之用，此為孔學之「外王」義。如此這般，藉讀書而修身，緣修身而齊家，從齊家而治國，由治國而平天下，此乃儒家傳統裡讀書人履行內聖外王之道的不二法門，亦是朱九江、簡朝亮眼下的「實」學。簡氏認為清代「漢學」之所以出問題，不僅是訓詁、考據能否能應用於現實社會，而是清代「漢學」做學問的方法論埋沒了儒家經典的「大義」，使儒家經典所載負的「道」陷於晦暗不明之境。對簡朝亮而言，很明顯地，儒學的「道」之不明，絕對不是一個純學術上的問題，而是一個關乎個人能否建立正確價值觀、道德觀和人生觀的問題。更重要的，是個人於以上種種觀念的正確與否，又直接影響國人對西學接納或抗拒的取向。為了說明自己的觀點，簡氏將「民心」、「忘仇」、「春秋大義」、「不讀朱子之學」幾個問題連在一起作討論，以論證清代「漢學」遺害與中、西學消長的關係。

為了更有效理解簡朝亮的論述，我們應該對近代中國排外思潮出現的時代背景和其特點作扼要的回顧。有學者相信近代中國排外思潮的出現，早有其深刻的歷史淵源，但是直到西方壓力加強的1860年以後，排外思潮才成為一種重視的重要力量。[55]實言之，自五口通商以來，進入中國的外

54 王汎森：〈方東樹與漢學的衰退〉，氏著：《中國近代思想與學術的系譜》，頁14。

55 郝延平，王爾敏：〈中國對西方關係看法的變化，1840-1895年〉，費正清編，中國社會科學院歷史研究所編譯室譯：《劍橋中國晚清史，1800-1911年（下卷）》，頁204。

國商品和傳教士與日俱增，無論在經濟上還是生活上，中國人民所承受的壓力愈來愈大。至甲午戰敗，中國士民承受巨大的賠款壓力，於是國人仇外之心更熾。若論當時近代中國的排外思潮的特徵約可包括如下幾點：其一、對西方技術的抵制。排外人士認為西方的技藝華而不實，對中國沒有必要，因為要成為一個強國，民心比武器更重要。此外，排外的士大夫強調儒家的道德原則，堅持反對功利主義。因為國民的愛國之心是要靠禮、美、廉、恥來維繫的，而並非靠精通西法可以為之。更重要的，就是排外的士大夫普遍認為外國人奸詐狡猾，中國不可能從他們手上得到最先進的技術。其二、對帝國主義的畏懼。中國排外思潮隱含著對西方帝國主義的恐懼。不少人都認為西方國家在榨取中國經濟利益，和向中國人民進行思想灌輸工作以後，最終會利用崇拜夷人的中國人推翻中國政府，把中國一口吞掉。其三、排外思潮的另一種形式是主戰。不少人認為中國地廣民眾，在人數上遠勝夷人。而且外國軍艦只可以侵擾沿海地區，就是沿海城市失利，也可以引敵深入憑著地利擊潰敵人。最重要的是中國人痛恨夷人，故民心可恃。故用精神力量把人民武裝起來，可以輕而易舉地打敗夷人。[56]以上各點雖不能盡括晚清排外思潮的複雜面貌，但已勾勒出十九世紀末排外的中國士人的思想圖像。而與上述排外思想相似的思想足跡，在簡朝亮留下的文獻中可謂俯拾皆是。由於竹居先生的排外思想已為前人所述，更非本文要討論的問題，故我們在此不再贅言。[57]在這裡我們要注意的是：近代中國的讀書人如何訴說晚清漢學使儒家之「道」的傳播受損，兼讓西學有機可乘從而迷惑人心。

如上所言，在十九世紀末，中國民眾的排外情緒，因國家對外戰爭連年失利而高漲。但與此同時，亦有一部分中國人把國家的失敗，歸咎於

---

56 郝延平，王爾敏：〈中國對西方關係看法的變化，1840-1895年〉，費正清編，中國社會科學院歷史研究所編譯室譯：《劍橋中國晚清史，1800-1911年（下卷）》，頁204-213。

57 有關簡朝亮排外思想的討論，可見張紋華：《朱次琦研究》，頁115-117。另見張紋華：《簡朝亮研究》，頁62-72。

1860年以來改革未夠徹底之過，康有為就是激進改革運動的領航人。根據記載，康有為離開九江門下之後，先遇上了張鼎華（1877，進士）為他打開西學之門，後再於光緒五年（1879）歲暮到香港遊歷。親身經歷英國殖民地的宮室之美，道路之整潔，巡捕之嚴密。自此以後，康氏認識到西方制度之優越性，更堅定了他向西方尋求改革中國之道的決心，於是他重讀《海國圖志》、《瀛寰志略》等書，也開始搜求地圖，購買西方書籍，為向西方學習奠定基礎。[58]無獨有偶，光緒十三年（1887），竹居先生亦曾到香港一遊，霧靄繚繞的太平山、來往不絕的馬車、電燈浮影的青樓、吹笳嚴令的警察，都讓他感到耳目一新。[59]但對簡朝亮而言，如康氏這一類視西學為救國靈藥的讀書人，根本不明白儒家經典裡的「大義」。究竟讀書人明白大義與否跟西學的傳入有什麼關係？現在讓我們回到簡朝亮的「民心」、「忘仇」、「春秋大義」、「不讀朱子之學」論證以資討論。

首先，從「直道之民」到「復仇之心」方面。如前所述，像許多排外主義者一樣，簡朝亮在對抗西方入侵的策略上特別重視「民心」。這與廣州的排外傳統不無關係。咸豐八年（1858）四月，上諭云：

> 前據駱秉章奏。紳士團練，非經官司諭令，不敢舉行。必俟新總督到粵，為之主持。現在夷人，不敢陵虐百姓，實畏粵民強悍。又據羅惇衍等奏，已招募東莞等縣，及三元里等鄉，並佛山九十六鄉練勇，密為防備。而聲勢尚孤，未舉動等語。是粵東民情可恃，現在雖不舉兵，尚足以自衛。[60]

58 有關康有為走上西學之路的略述，可參考汪榮祖：〈康有為研究〉，見氏著：《從傳統中求變——晚清思想史研究》（南昌：百花州文藝出版社，2002），頁191-192。

59 簡朝亮：《香港四首》〈升旂山〉、〈大馬路〉、〈番妓樓〉、〈綠衣兵〉，見簡朝亮著，梁應揚注：《讀書堂集》，卷八，《清代詩文集彙編》，第774冊，頁341。

60 見《文宗實錄（四）》（《清實錄》〔北京：中華書局，1986年〕，共36冊）卷二百五十，咸豐八年四月上，頁872。

如上文所言，「粵東民情可恃」似是朝野共識，觀竹居先生之言論，也不時提及「三元里事件」作為「民情可恃」的佐證。但在講「民情」、「民心」之前，簡氏先講中國之民的特質：

> 孔子曰：「斯民也，三代之所以直道而行也。」中國之民，三代直道之遺也。[61]

據上文所言，簡朝亮引用孔子語突顯了中國人民的兩種個特點：其一、中國之民是依「直道而行」的。其二、中國之民是「三代直道」的遺留。為什麼簡氏講「民心」可恃之先，要指出中國之民的「三代」特質呢？在討論這個問題之前，我們必須要從探索「直道」二字的理解開始。何謂「直道」？朱熹曾曰：

> 直道，無私曲也。言吾之所以無所毀譽者，蓋以此民，即三代之時所以善其善、惡其惡而無所私曲之民。[62]

按朱熹的解釋「直道」就是「無私曲」也。在《論語》裡「直」出現了二十二次，在不同的語境裡「直」的解釋都有不同。[63]若依朱子的理解，行「直道」之民是指能「以善其善、惡其惡而無所私曲」的民眾。簡氏在談「民心可恃」的時候提到「中國之民」是「三代直道之遺」主要是受儒家的「以直報怨」的思想所影響。

61　簡朝亮：〈朱九江先生講學記書後〉，見簡朝亮著，梁應揚注：《讀書堂集》，卷一，《清代詩文集彙編》，第774冊，頁204。

62　朱熹：《四書章句集注》，頁166。

63　據研究所示，近當代的譯者，對《論語》中「直」字的理解都在「直爽」與「正直」之間游走。見馬永康：〈直爽：《論語中的「直」》〉，《現代哲學》，2007年第5期（2007年9月），頁62-69。

素來儒家的「復仇觀」有「以直報怨」和「以德報怨」之分。「以直報怨」的命題源出《論語》，而其提出緣由則是因孔子被人問及「以德報怨」之說是否成立所致。《論語‧憲問》載：

> 或曰：「以德報怨，何如？」子曰：「何以報德？以直報怨，以德報德」[64]

而「以德報怨」則見於《禮記‧表記》：

> 子曰：「以德報德，則民有所勸。以怨報怨，則民有所懲。《詩》曰：「無言不仇，無德不報。」《大甲》曰：「民非後，無能胥以寧。後非民，無以辟四方。」子曰：「以德報怨，則寬身之仁也；以怨報德，則刑戮之民也。」[65]

有論者指出：對於《論語》與《禮記正義》兩處文獻所記載，關於孔子「以直報怨」和「以德報怨」的矛盾態度，歷代學者都是採用了「經」與「權」的詮釋路徑，認為「以直報怨」是禮之「常」，而「以德報怨」則為「非禮之正」，即禮之「權」，從而化解了緣於文本記錄所造成的矛盾。而且這種「以直報怨」為「常」的思想又普遍為宋、明儒所接受。如朱熹就有：「『以直報怨』，則無怨矣。『以德報怨』，亦是私。」的看法。[66]職是之故，簡朝亮謂中國之民是「三代直道之遺」的用心，是上接孔子「以直報怨」的儒家傳統，為中國人民對西人有「復仇之心」的論述重尋其正當性。

---

64 程樹德撰，程俊英，蔣見元點校：《論語集釋（三）》，頁1017。

65 楊天宇：《禮記譯注（下）》（上海：上海古籍出版社，2011），頁716。

66 屈行甫：〈復仇觀念與儒家仁愛思想的衝突與調和——由《禮記》「父之仇弗與共戴天」談起〉，《道德與文明》，2016年第3期，（2016年5月），頁146。

在奠定「民」是「三代直道之遺」後，簡朝亮進一步說明「民心」即「復仇之心」。此「復仇之心」是「中國可恃」而「外國所畏」的：

> 中國大可恃者，民心也，外國所大畏於中國者，民心之復仇也。故外國必挾中國，屢挫其復仇之民，使民心忘仇。又鬻中國之黠者，以忘仇為之因閒也。

如早前所述，在簡氏的兵學思想裡，「民」是「道之器」，也是「天人合一」的具體實現。這「道之器」若能上下一心，便可以「衡行天下」。「民」之所以能上下一心，全賴「民心」有共同信念──「復仇」──有關。在儒家傳統裡，「復仇」不是私人怨恨的發洩，而是孝與忠之義的表現。從先秦到秦漢，當時的人們尤其敬服敢於復仇者的勇氣和道德擔當，並將此視為「天理」和「人情」的重要體現，是理想中為人臣，為人子所應盡的本分。[67]如胡寅謂：

> 復仇因人之至情，以立臣子之大義也。仇而不復則人道滅絕，天理淪亡，故曰父之仇不與共戴天，君之仇視父。[68]

由是觀之，「復仇」既是「人之至情」，也「臣子之義」，仇之復與不復不僅是個人之「私」的問題，而是與「人道」和「天理」之存亡相關涉。「復仇」既是個人主觀感性的表現，也是客觀理性的體認。

其次，關於「忘仇之論」與「漢宋之爭」的關係。簡朝亮認為西方人

67 王思杰：〈從先秦到兩漢中國復仇倫理的轉變〉，《黑龍江省政法管理幹部學院學報》，2014年第3期，（2014年5月），頁136。

68 馬端臨：《文獻通考》卷一百六十六，《欽定四庫全書．史部．政書類》（臺北：臺灣商務印書館，1984），頁19。

要消滅侵略中國的阻力，必然會打擊中國人的「復仇之心」。為了達成上述目的，西方人用了兩種方法：一是「挾中國，屢挫其復仇之民，使民心忘仇」；二是收賣中國的奸狡之徒散布「忘仇之論」。簡朝亮認為人民的「復仇之心」可用，惟最讓他感到失望的，是當時社會上出現「忘仇」之論。「忘仇」之論的宣傳者倡言：

> 中國亦人也，外國亦人也，皆天之所生何仇也？以中國仇外國，而詒誤至今者，自宋人始也。《春秋》不言仇，言仇者，其《傳》云爾。宋人仇外國而終亡，何仇之能復也？惜夫其徒殺生靈也。[69]

當是時，以上的「忘仇之論」還「鏤之為書，布於中國」，更讓聽者陷入「啞然無以自解」的困境。對於以上言論，簡氏反駁：

> 凡通仇者，《春秋》必書。《春秋》有仇之實，無仇之文，《春秋》微而顯者也。《傳》明其仇，《春秋》之志也。[70]

竹居先生認同《春秋》雖沒有「復仇」的言論，但其中卻有「復仇」的意圖。他引朱熹詮釋《詩經》時說：「西戎者秦之臣子，不共戴天之仇也」及「以義興師則雖婦人亦知，勇於赴敵而無所怨矣」的言論。[71]誠然，「復仇之論」屢見於《公羊傳》及《穀梁傳》，簡氏獨引朱子語既想突顯朱子上接聖人之道的地位，亦想藉此呼應「忘仇之論」與「漢宋之爭」之間的

---

69 簡朝亮：〈朱九江先生講學記書後〉，見簡朝亮著，梁應揚注：《讀書堂集》，卷一，《清代詩文集彙編》，第774冊，頁204。

70 簡朝亮：〈朱九江先生講學記書後〉，見簡朝亮著，梁應揚注：《讀書堂集》，卷一，《清代詩文集彙編》，第774冊，頁204。

71 簡朝亮：〈朱九江先生講學記書後〉，見簡朝亮著，梁應揚注：《讀書堂集》，卷一，《清代詩文集彙編》，第774冊，頁205。

關係。如簡氏之論述，「忘仇之論」之所以能布於天下，是奸狡之徒「竊漢學之術攻宋人」之故。最後，簡氏更補充說：

> 烏虖！中國之學既窒而亂，所以受西學之蠱者，其禍將奚究哉？[72]

從以上之言論，可見簡氏將西學流行歸咎於「學」的「既窒而亂」所致。「窒」是指「五學不全」和「分科而教」，「亂」是指「漢學」盤踞學界所引發的「漢宋之爭」。無論是「窒」還是「亂」，中國之學的失落使聖人的大義不明，令西學有機可乘。為了進一步說明「學」如何使「大義不明」，最終使西學有可乘之機。竹居先生決定以「格物致知」為例說明之。眾所周知，「格物致知」歷代解釋不同，[73]簡朝亮則取朱熹之說：

> 朱子以窮至事理釋之。據《釋詁》：「格，至之訓也」，此不可易者也。其以格為窮至者，《書》曰：「其有能格知天命。」《易》曰：「窮理盡性以至於命」其所繇也。其以物為事理者，吾身、家、國、天下之物也。故曰：「物有本末，事有終始」明德、新民皆物之事也。《詩》曰：「天生烝民，有物有則，民之秉彝，好是懿德」其義然也。朱子之義，百世之功也。執一草、一木、一言、一器者，皆失其義也。[74]

---

72 簡朝亮：〈朱九江先生講學記書後〉，見簡朝亮著，梁應揚注：《讀書堂集》，卷一，《清代詩文集彙編》，第774冊，頁205。

73 關於歷代「格物」說的主要詮釋，主要有鄭玄「來物說」、程朱「窮理說」、陸象山「窮理說」、王陽明「正物說」，至明末清初，新解屢見，詳細情況，可見何澤恆：〈大學格物別解〉，《漢學研究》，第18卷第2期（2000年12月），頁1-34。

74 簡朝亮：〈朱九江先生講學記書後〉，見簡朝亮著，梁應揚注：《讀書堂集》，卷一，《清代詩文集彙編》，第774冊，頁205。

簡氏認為朱子以「窮至事理」解「格物致知」至為恰當，並且有「百世之功」。但漢學的支持者阮元對「格物致知」明顯有不同的解釋：

> 阮文達為漢學，其釋格物既立異，以為至止於事也。而仍采鄭說以厲詁經之士，非失之一言乎？今之西學，凡百之藝，皆曰此格物致知也，非失之一器乎？[75]

有論者指出：阮元亦不脫乾嘉學者不喜宋儒窮理說之意態，自認所說異於宋儒之所在，即虛實之辨，謂己說為實踐，而宋儒為虛義。要之，明清儒解格物，幾莫不挽而歸諸人事範疇內作解；此誠較合《大學》本文文理，亦似更近先秦古義。[76]但先不說阮元對「格物」的詮釋是否吻合先秦古義，簡朝亮不滿阮元將「格」釋為「至」，又將「至」止於「事」的說法。更甚者，後來凡言西學技藝都以「格物致知」稱之。在簡氏眼裡，這就是因為漢學重訓詁考據帶來的負面影響，亦是漢學之亂導致西學有機可乘的鐵證。

總括而言，在面對中、西學消長之頹勢，儒家傳統的「意義世界」動搖之際，作為一位守舊的讀書人，簡朝亮把「西學東漸」的現象歸因於「孔學」之失墮，而「孔學」失墮又是「漢學」獨斷學界之惡果。由於「漢學」遺禍使聖人之大義晦而不明；聖人大義不明讓人失去辨別是非的客觀標準；客觀標準既失，則國人容易受邪說──如「忘仇之論」──所

---

75 簡朝亮：〈朱九江先生講學記書後〉，見簡朝亮著，梁應揚注：《讀書堂集》，卷一，《清代詩文集彙編》，第774冊，頁205。又阮元解「格物」謂：「物者，事也。格者，至也。事者，家國天下之事，即止于五倫之至善，明德、新民，皆事也。格有至義，即有止意，履而至，止於其地，聖賢實踐之道也。……格物者，至止于事物之謂也。凡家國天下五倫之事，無不當以身親至其處而履之，以止于至善也。格物與止至善、知止、止于仁敬等事皆是一義，非有二解也。必變其文曰格物者，以格字兼包至止，以物字兼包諸事，聖賢之道，無非實踐。」原文見阮元：〈大學格物說〉，《揅經室一集》卷2，《揅經室集（上冊）》（北京：中華書局，1993），頁54-55。

76 何澤恆：〈大學格物別解〉，《漢學研究》，第18卷第2期（2000年12月），頁16。

蠱惑；國人受蠱惑則西學有可乘之機，如此儒家的「意義世界」便會陷入惡性循環，聖人之「道」將會絕而不繼。故居竹先生在餘生步其師舊跡，致力講學和為儒家經典做注疏工作，就是為了重振「孔學」，並力挽日漸失墮的「意義世界」。

第四節　「道」的肯定與重建

有學者曾比較古希臘羅馬與中國儒家的精神修煉特徵後指出：前者的精神修煉學習如何使靈魂脫離肉體，學習如何使自我擺脫日常的社會生活。反之，對儒家經觀點來說，日常生活不僅不是需要擺脫的障礙，反而是極力保存的必要條件。[77]承上文所述，在十九世紀末，像簡朝亮一樣中國的讀書人，面對的是一個「道出於二」的世界。在甲午戰爭後，舉國上下要求變法圖強的呼聲日高，中西學之消長的形勢更趨嚴峻。作為一介寒士，簡朝亮以讀書、注書和教書作為畢生之志業，並堅守傳統儒家政治與倫理價值的正當性。綜觀簡氏一生行止，故然可視其為儒家「行道者」實踐儒道的典型範例。然而，筆者認為與其對簡朝亮的一生行誼作概括的陳述，不如選擇具代表性的人生片段，窺探儒道信仰對簡氏生活所起的作用。談到對儒家之道的「信仰」，我們必須先指出儒學「宗教性」的特質。誠然，儒學的「宗教性」素來是一個聚訟不已的問題，筆者在此沒有再涉爭議的企圖。[78]在這裡，筆者重提儒學的「宗教性」，是想展示儒學之

---

77 彭國翔：〈儒家傳統的身心修煉及其治療意義──以古希臘羅馬哲學傳統為參照〉，見氏著：《儒家傳統：宗教與人文主義之間》（北京：北京大學出版社，2007），頁248-249。

78 有關儒家宗教性問題的討論多不勝數，相關討論可見彭國翔著：《儒家傳統：宗教與人文主義之間》；劉述先：〈由當代西方宗教思想如何面對現代化問題的角度論儒家傳統的宗教意涵〉、〈超越與內在問題之再省思〉，見劉述先著，東方朔編：《儒家哲學研究：問題、方法及未來開展》（上海：上海古籍出版社，2010）。直至近年，儒學的宗教面向思考也為儒學研究發展開拓了新的領域，如臺灣的呂妙芬便先後發掘晚明儒學中《孝經》的宗教意

「道」與「行道者」生活的互涉與關聯，並突顯儒學的「信仰意義」對「行道者」的重要性。如有論者所言，所謂儒學的「宗教性」，並不是指具有嚴密組織的制度化宗教，而是指儒家價值的信仰者對於宇宙的超越的（transcendental）本體所興起的一種嚮往與敬畏之心，認為人與這種宇宙的超越本體之間存有一種共生共感而且交互滲透的關係。這信仰是一種博厚高明的宗教情操。[79]儒學「宗教情操」（或可稱之為「宗教感」）之所以重要，緣於它不僅是「行道者」面對人生逆境的力量來源，也是構成儒道追隨者「意義世界」的底蘊。在這一節裡，筆者道會以1891年為起點，以簡朝亮從簡岸避難陽山為例，說明儒家之「道」如何成為「行道者」的信仰和意義所在，並展示行道者如何透過著述來進行儒道的實踐，以抗衡時代潮流的衝擊。

（一）救民與獨善——弘道的必備條件

光緒十七年（1891），春，簡氏借金而建的讀書草堂正式啟用。是年，十月，學政樊恭煦以簡朝亮學行俱優，特旨訓導選用，可見他已經薄有名聲。對簡氏而言，獲得肯定實不失為人生快事，他曾因此事賦詩云：

> 一介經生何以報，九重聖主得知名。鱣堂都講皆相賀，馬市非才敢自鳴。國事江湖無斷夢，文章天地有中聲。不忘養士千秋氣，嚮日心期與共傾。[80]

涵，和明清之際儒學實踐中，讀書人追求個人「成聖」與家庭責任之間的衝突問題，即可以證明儒家的宗教面向在學界中仍為人所重視。見呂妙芬著：《孝治天下：《孝經》與近世中國的政治與文化》（臺北：聯經出版公司，2011）；呂妙芬著：《成聖與家庭人倫：宗教對話脈絡下的明清際儒學》（臺北：聯經出版公司，2017）。

79 黃俊傑：〈試論儒學的宗教性內涵〉，《東亞儒學史的新野（修訂一版）》（臺北：國立臺灣大學出版中心，2015），頁109-110。

80 簡朝亮：〈寄訓梁星海五首〉，見簡朝亮著，梁應揚注：《讀書堂集》，卷四，《清代詩文集

從上引簡詩，我們可見簡氏雖然只是「一介經生」，惟從詩中「國事江湖無斷夢」、「不忘養士千秋氣」二句，可見他身在江湖，心懷報國之志。對簡朝亮而言，下士與上士「報國」的責任分明，他曾引顧炎武的《日知錄》〈直言〉、《詩經・小雅・小宛》及朱熹的《答陳同甫書》來說明箇中道理：

> 張子有云：「民吾同胞。今日之民，吾與達而在上位者之所共也。救民以事，此達而在上位者之責也；救民以言，此亦窮而在下位者之責也。」《詩》曰：「中原有菽，庶民采之」亭林其采於斯矣。予雖不才，同在中原，柰何而自棄其菽也。朱子答陳同甫之書曰：「就其不遇，獨善其身，以明大義於天下。使天下之人皆知道義之正而守之，以待上之使令，是亦所以報不報之恩，亦豈必進為而撫世哉。」[81]

首先，簡氏引顧炎武之說，肯定不論在上位者，還是在下位者，對「民」都是有一種責任，即所謂「救民」。兩者所不同的，只在於在上位者救民以「事」，在下位者救民以「言」。由此可見，在簡氏眼中，「士」並無「質」的分別，只有「權位」的不同。一旦成幸為「士」，就是不能在朝為官，也要負上「救民以言」之責──即從事著書或教學──以收教化下民，移風易俗之效。[82]此外，簡氏引《詩經・小雅・小宛》詩句，反映作者堅負以善道教誨萬民之意。最後，再引用朱熹《答陳同甫書》，重申自

彙編》，第774冊，頁246。又：「以學行兼優。予廣東韶州府學教授潘履端五品銜。順德縣學廪生簡朝亮訓導選用。」《德宗實錄（四）》（《清實錄》〔北京：中華書局，1987年〕，共36冊），卷三百二，光緒十七年十月二十五日，頁1002。

81 簡朝亮：〈三寄草堂諸學子書〉，見簡朝亮著，梁應揚注：《讀書堂集》，卷二，《清代詩文集彙編》，第774冊，頁229。

82 可見顧炎武著，黃汝成集釋，樂保群，呂宗力點校：《日知錄集釋（中）》，卷十九，頁1085。

己雖未能中舉，仍堅持「獨善其身」，秉承「明大義於天下」的任務，最終達成「使天下之人皆知道義之正而守之，以待上之使令」的使命。此使命即是九江先生所謂「讀書以明理，明理以處事。先以自治身心，隨而應天下國家之用」要旨。

從簡氏「下士之責」的論述，我們可以了解一位下士的「行道」原則，但士之行道，必須要具備一個先決條件，這就是「獨善其身」。從個人遭際，到社會責任，再到國家層面，簡朝亮的一生的歷程就是下士行道的旅程的展現。如論者所言，儒家自古以來即有一種「明道救世」的目標。固然，天下能否走在應走的「道」上，有很多不由一己控制的因素；但我既為天下一員，則只要我仍在「道」上，此「道」即不致荒廢於天下。此所以孔子對顏回說：「用之則行，舍之則藏。」（《論語・述而》）及後孟子說：「古之人，得志，澤加於民；不得志，修身見於世。窮則獨善其身，達則兼濟天下。」（《孟子・盡心上》）作為聖王還是居於陋巷，乃時命使然，惟行道則一。[83]在簡朝亮所引用顧炎武的說話裡，我們不僅可以清楚看到儒士「明道救世」的意識，還可以從他引朱子《答陳同甫》中提及「獨善其身，以明大義於天下」，了解簡氏一生隱而不出的因由。[84]有關「獨善其身」，簡氏曾有以下闡述：

> 〈否〉曰：「初六，拔茅茹以其彙。貞吉，亨。」此朱子之所以為書者也。夫否之時而在下，此君子潔白如茅之茹也……今予與諸

83 吳啟超：《朱子的窮理工夫論》，頁19-20。

84 有關簡朝亮隱而不出的事蹟包括：1891年，學政樊恭煦以他學行突出，推薦他特旨訓導選用，簡氏因疾未赴。1902年，汪辛白致書，請簡朝亮就郡學教習，簡氏卻之。1908年，禮部奏聘簡朝亮為禮學館顧問官，簡氏以疾辭。1915年，袁世凱命人致書簡朝亮，書至陽山，朝亮戲之。1916年，趙爾巽聘簡朝亮為《清史稿》編纂，簡氏卻之。1921年，順德鄉人請簡朝亮任邑志總纂，簡氏固辭。其事見於張紋華：〈大事年表〉，《簡朝亮研究》，頁336-342。

子，志可知矣。敢不潔白以明其志。[85]

〈否〉卦爻辭謂：「否之匪人，不利，君子貞，大往小來。」其大意謂大道閉塞之時，君子獨能守正不苟合於「否」道。[86]但在簡氏的解讀裡，我們發現他特別強調的，是以「茅之茹」比喻「君子之潔白」。「潔白」的茹為茅之根，簡朝亮以此比之「獨善其身」的純潔無瑕。由是觀之，君子要「明其志」必須先能「獨善其身」。綜觀竹居先生一生貧寒，不僅建草堂時要借金，就是後來由順德避盜，遠走陽山，也是靠其妻從事刺繡所蓄得的三百金作旅費。[87]縱然如是，簡氏屢次受詔，或獲聘仍然深居不出，明顯是履行「獨善其身」信念的表現。簡朝亮深信「獨善其身」才能「明志」，「明志」後，儒者才能成為「道義之正而守之」的楷模。故簡氏「身在江湖」既是尋覓功名路上失意的結果，但同時也是有意識的「行道」之必然選擇。

當然，所謂「獨善其身」並不代表與世隔絕。面對國家之危亡，民族的苦難，簡朝亮雖深居山林仍心懷國事，此乃是「國事江湖無斷夢」的明證。筆者現在試舉幾首簡氏寫於不同時期的詩歌為例以證之。光緒二十年（1894），夏，中日戰事起，清廷接連失利。至9月12日，黃海一戰，北洋艦隊重創，損失五艦，傷亡890人。[88]國難當前，與其他讀書人一樣，中日戰事仍他最關注的課題。是時，簡氏曾寄詩友人梁鼎芬：

草堂百事不吾知，松竹當門水綠漪。

---

85 簡朝亮：〈三寄草堂諸學子書〉，見簡朝亮著，梁應揚注：《讀書堂集》，卷二，《清代詩文集彙編》，第774冊，頁229。

86 黃壽祺，張善文：《周易譯注》，頁114。

87 簡朝亮：〈亡妻楊旅墳志〉，見簡朝亮著，梁應揚注：《讀書堂集》，卷二，《清代詩文集彙編》，第774冊，頁318。

88 黃家儉：《李鴻章與北洋艦隊》（北京：三聯書店，2008），頁459。

猶笑點塵飛欲到，誰歌〈防有鵲巢〉詩。

又詩云：

寒鐙驟止讀書聲，簷外星芒徹夜明。
聞道東征鄉信至，邊風吹入鳳凰城。[89]

在上引詩中，我們可見簡朝亮身居草堂，以松竹綠水，朗朗書聲為伴。作為儒者，身在江湖固然是個人遭際的結果，但選擇深居草堂卻是為了成就「獨善其其身」的選擇。如前所言，「獨善其身」是「明大義於天下」的必須，「獨善」或可讓簡氏「遺世獨立」，卻沒有叫他切斷與國事的關連。甲午戰爭以後，簡氏屢致書友人大談禦敵之道，足可見他身在江湖，心繫國事。但國事日非，朝廷無能，自己的生活也不穩定，作為一介下士，簡朝亮繼續履行「明大義」之責，實有賴對儒家之道的信仰使然。

(二) 道器合一，德兼百姓——簡朝亮眼中的將軍山

簡朝亮雖然矢志「獨善其身」，並設帳授徒以「明大義」。但清末中國社會的動盪，波及了簡岸的儒者，也展開了簡氏旅居陽山的序幕。在甲午戰爭前，民間秘密結社反洋教的衝突時有發生，但那時候「教案」只是零星出現沒有構成大規模的衝突。甲午戰爭後，外國對中國的資本和利益也大量增加。隨之而來的，是不斷升級的中外衝突，其中又以山東為最。中外衝突，加上經濟轉型——鐵路開通使大批傳統運輸業者失業，和自然災害——1899年，黃河流域乾旱，許多地方顆粒無收，不少流民和災民驟之成群，使十九世紀末的山東成為義和團滋長的溫床。後來，統治者對形勢

89 簡朝亮：〈寄訓梁星海五首〉，見簡朝亮著，梁應揚注：《讀書堂集》，卷一，《清代詩文集彙編》，第774冊，頁346-347。

錯判及政治失誤，更引發了八國聯軍入侵。就在八國聯軍入侵之前一年，光緒二十五年（1899），十二月，順德簡岸草堂遭劫，簡氏事後與友人書云：

> 十二月朔夜，盜入草堂，時學友留十餘人。盜二三十人，奪衣物，直數十金。《易》曰：「剝床以膚切，近災也。」今之象矣。[90]

翌年，簡朝亮舉家入清遠陽山避亂。在往陽山途中，曾寫〈庚子歲六月溯北江入陽山道過虞夫人廟以家人謁之遂為詩示同舟學子南海黃聘三陽山黃贊襄成壽軒〉：

> 風日青山笑色開，緣江迎我不相猜。攜家禱祀時多難，同學論兵志可哀。天下宜無巾幗氣，女中猶有丈夫才。傷心國事頻揮淚，關路雞鳴野客來。[91]

從詩題可見，簡朝亮攜家眷與學生由順德北上清遠，在入陽山途中曾謁虞夫人廟。相傳虞夫人在唐代生活於廣東英德境內。唐末之時，她與兄長領鄉民力抗黃巢（835-884）而亡，後來鄉民在麻寨崗立廟而祀。隨在南宋政府發展嶺南所需，虞夫人信仰漸為朝廷重視。明末至清前期，隨著商品經濟發展，南北交流日益頻繁，北江航運業逐漸興起，虞夫人信仰沿著北江支流連江區域擴散，傳播到陽山、連州等瑤漢雜居地。尤其在廣州一口通商時期，北江與連江的航運更加繁忙，虞夫人信仰在北江香爐峽之大廟香火旺盛，虞夫人信仰中心遂由寨將夫人廟轉移到大廟並向北江下游的清遠、廣州等地傳播。鴉片戰爭以後，廣東社會陷人動蕩，北江航運逐漸削

---

90 簡朝亮：〈遭盜後與友人書〉，見簡朝亮著，梁應揚注：《讀書堂集》，卷一，《清代詩文集彙編》，第774冊，頁253。

91 見簡朝亮著，梁應揚注：《讀書堂集》，卷一，《清代詩文集彙編》，第774冊，頁350。

弱，大廟峽之大廟也隨之衰落，此時官府、士紳借助虞夫人形象組織與發展地方團練，保衛家園，虞夫人信仰中心又由大廟轉移回到寨將夫人廟，虞夫人再次受到朝廷敕封，人們再次重修寨將夫人廟，建立牌坊等。[92]簡氏在逃難期間謁虞夫人廟是具有極強的象徵意義的：其一、如前所言，虞夫人是英德地區「保家衛國」的象徵，從簡氏領家人及門人謁見虞夫人廟，可見其保家衛國的心志；其二、八國聯軍入侵京師，東南地方大員竟與西人簽訂互保條約。此事看在簡朝亮眼裡是匪夷所思的。簡氏曾於寄給眾弟子的信中提及此事：

> 今朝廷撫之，行省諸大臣議與外國剿之，不憂其反噬吾君父哉？外國以盜之故而伐我，我於是虖不得不戰。諸大臣知今無可一戰之兵也，迺曰北方自戰，南方自守約章，故敵兵不分，得以專事京師。是人攻其父，而其子揖讓於所攻之人也。大義不明，天下之變，孰過於斯？[93]

簡朝亮認為京師遭兵燹，但邊疆大臣竟倡言「北方自戰，南方自守約章」，就好像叛逆父子倫常一樣，足見天下已陷於「大義不明」之變。而在這個時候謁虞夫人廟，正好以一位歷史上的巾幗英雌，反襯東南邊疆大吏之不是。而詩中「天下宜無巾幗氣，女中猶有丈夫才」兩句，既是簡氏對虞夫人的讚賞，同時亦是他對簽署《東南互保條約》諸公的不滿。是年的十月五日，讀書山堂落成，簡氏曾賦詩曰：

---

92 劉正剛，劉宇力：〈南宋以降虞夫人信仰中心演變研究〉，《暨南史學》，2018年第3期（2018年3月），頁44-57。

93 簡朝亮：〈自陽山寄草堂諸學子書〉，見簡朝亮著，梁應揚注：《讀書堂集》，卷一，《清代詩文集彙編》，第774冊，頁227。

> 風度當年苦寸丹，書堂巖上望長安。
> 出師大將疇諸葛，乞救中丞乃賀蘭。
> 晉用楚材宜宿怨，元為宋助亦終殘。
> 從來學蚤悲將落，衹有蒼松守歲寒。[94]

明顯地，是詩要旨是以《張中丞傳》舊事，諷刺南方大臣坐觀國難之不是，並以「蒼松守歲寒」自明堅毅不移之志。詩人心懷蒼松之志，所堅持的既是「勤王之心」，但更讓他憂心的是「六經大義」的淪喪：

> 瀛環兵動五大州，天王西狩思同仇。眾怒可鼓奚納羞，背城借一敢自偷。古者勤王責諸侯，烏有《春秋》若綴旒。六經大道今蚍蜉，鶩廣成荒嗟有繇。[95]

八國聯軍入京，國君西狩，詩人不僅勤王無望，更要舉家避走陽山。雖云志若蒼松，但落寞之情亦不時躍於紙上：

> 昔子辭別去，先憂無草堂。今子蚤避地，陽山歌欲長。天子適西狩，中國盜芒芒。禹跡九州大，民心思勤王。屈平指西海，懷楚知不忘。遠遊古烈士，離憂睨舊鄉。[96]

在黃家的殷勤招待下，生活問題得以解決。但畢竟陽山非舊鄉，加上國事

94 簡朝亮：〈十月五日與張詠南諸學子適居讀書山堂〉，見簡朝亮著，梁應揚注：《讀書堂集》，卷一，《清代詩文集彙編》，第774冊，頁352。

95 簡朝亮：〈燕喜亭歌〉，見簡朝亮著，梁應揚注：《讀書堂集》，卷一，《清代詩文集彙編》，第774冊，頁351。

96 簡朝亮：〈山中懷趙春坡西行詩以達之兼寄南海何仲秩〉，見簡朝亮著，梁應揚注：《讀書堂集》，卷一，《清代詩文集彙編》，第774冊，頁352。

日非，學術淩夷，詩人總是鬱鬱寡歡。如在入陽山後的首個元旦日，簡氏賦詩記云：

> 春王西狩日，山野北瞻天。
> 九廟思恙祭，重闕俟馬前。
> 直言從古宥，防敵至今傳。
> 經術期東漢，何人奪席賢？[97]

自光緒二十六年六月至三十四年六月，被稱為「陽山時期」的日子，對簡朝亮而言是深刻而痛苦的。除戰事與避禍以外，朝廷廢科舉，禁讀經，妻子與愛徒亡故，都帶給了簡氏不少衝擊。[98]但在這一段艱難的日子，簡氏完成《尚書集注述疏》，所憑藉的就是對儒家之道信仰所得到的力量。

如前所述，光緒二十六年（1900）中旬，簡朝亮舉家避盜清遠陽山。而簡氏所居之處名為將軍山：

> （將軍山）高數十仞，螺旋蟻線人跡，升行三四里，迺躋其巔。山勢如城，或如瞭臺，山下數鄉，凡數百人為之保砦焉。有水穴五，皆可飲。山多巨石，耕土雖不多，亦不宜稻，然宜菽宜麥，小耕可也。[99]

---

97 簡朝亮：〈山中元日〉，見簡朝亮著，梁應揚注：《讀書堂集》，卷一，《清代詩文集彙編》，第774冊，頁353。

98 在旅居陽山時期，簡氏愛徒何猷逝世。何猷，字仲秩，南海人，受業簡岸讀書堂，篤志好學，博聞強記，淹通經史。何氏死時，簡氏作《山中哭何仲秩文學四首》，其三云：「范氏曾雕落，名家有穀梁。春秋成大業，夏日墜嚴霜。適得諸生告，翻驚六月亡。同門將忍淚，卒事處書堂。」此詩記於《讀書堂集》卷十二，〈乙巳歲元日客于將軍山下黃賓夔家寄廣州諸弟子〉與〈丙午歲元日示山堂守歲馮碩夫陳邑文伍毅夫輩寄廣州諸子〉兩詩之間，按此推斷何猷應死於1906年，夏。上述三詩均見同上注書，頁358-359。

99 簡朝亮：〈自陽山寄草堂諸學子書〉，見簡朝亮著，梁應揚注：《讀書堂集》，卷一，《清代詩文集彙編》，第774冊，頁227。

將軍山在陽山縣東二十里，其山貧瘠，形勢陡峭，耕地不多，只宜種一些大豆和小麥，但在竹居先生眼裡，將軍山高聳屹立，既能禦寇，亦能濟民，兼有君子之德：

> 五嶺之南，陽山之東，匯水之汭，黃香之宗，舊來學子，導我幽蹤。迺式其鄉，曰留賢堂；迺會其美，曰通儒水；迺廬其閒，曰將軍山。
>
> 天生將軍，肅面蒼皴，爪牙斯石，吐氣斯雲。高視百里，有警皆聞。將軍之威，峻立相見。三闢砦門，守險能變。木石發機，其雷其電。寇必無歸，屈人不戰。雖戰匪搖，屯田力饒。山上菽麥，山下稻苗。上隘猶穫，下寬既穮，兵以足食，威行孰囂。將軍之德，大小交讓。外大內小，入讓其相，外小內大，出讓其將。艮象勞謙，兼山位當。山有寒泉，其穴之五，千夫可觴，冬飲龍吐。井養不窮，不遷其所，滿而不溢，德及于古。[100]

綜觀上文，將軍山禦敵之能有二，一是其「高視百里」，並「守險能變」；二是有屯田之利，山上有菽麥，山下有稻苗，故能「兵以足食」。至於濟民，將軍山有五穴寒泉，可以供鄉民飲用。簡氏更以《易》和《孝經》的文字，點出一位君子的理想形象：君子必須謹守節度，謙虛不驕，並安於本份，勤奮不息，如此才能使萬民信服。[101]對簡朝亮而言，他所居住的將

---

100 簡朝亮：〈告將軍山文〉，見簡朝亮著，梁應揚注：《讀書堂集》，卷一，《清代詩文集彙編》，第774冊，頁300。

101 簡氏〈告將軍山文〉謂：「艮象勞謙，兼山位當」分別出自《周易》〈謙卦．九三〉的《象》：「勞謙君子，萬民服也。」和〈艮卦〉的《象》：「兼山，艮；君子以思不出其位。」見黃壽祺，張善文：《周易譯注》，頁140，432。而「滿而不溢」則出自《孝經》〈諸侯章第三〉：「在上不驕，高而不危；制節謹度，滿而不溢，所以長守貴也。」見簡朝亮：《孝經集注述疏──附《讀書堂答問》》，頁23。

軍山，不僅是儒家之道的象徵，更重要的是將軍山之遺德，仍能福澤鄉民，這正儒家之道存留不絕的鐵證。

談及將軍山，不得不提，光緒二十七年（1902），五月，簡朝亮入陽山後年餘，寄書讀書草堂諸弟子云：

> 烏虖今而後山中人亦何言哉？言其可言，將古聖賢人之義猶存也。《易》曰：「天在山中，大畜，君子以多識，前言往行以畜其德。」予迺今而得觀其象矣。予所居者，其五山上，峻而中開，仰觀其中，則於天也，實畜之。然時而將雨融融虖。雲氣之生自百草之根而上蒸，然後歎天之能畜於山中也。山中之天，所畜者大，予取所宜，多其可虖？[102]

以上引文，是竹居先生給弟子的覆函。在來函中，簡氏弟子謂老師已遁入陽山，離開了自己熟悉的地方，還可以發揮影響力嗎？有關簡朝亮的回答，值得注意的有如下數點：其一、縱然自己已經離開了一個既熟悉，又能發揮影響力的社區，但簡氏仍然會「言其可言」，為發揚聖人之道而努力。其二、簡氏相信雖然身處劣，惟只要秉持己任，則「古聖賢人之義」不會斷絕的。其三、亦是最值得注意的，簡氏先引《周易》〈大畜卦〉中《象傳》的文字與山中的景觀互證，以論證聖人所言之確實無誤，並以此作為行道之所持。時雨融融，時雲氣生，本是山裡的自然現象，惟山居的環境竟與《周易》所言的天地相應。所謂「天在山中」為〈大畜卦〉的卦形，本為虛構之喻象。其意涵指君子應多方記取前賢的言論、往聖的事蹟，用來畜聚美好的品德。[103]簡朝亮卻把《周易》的喻象化為實有的作用

---

102 簡朝亮：〈三寄草堂諸學子書〉，見簡朝亮著，梁應揚注：《讀書堂集》，卷二，《清代詩文集彙編》，第774冊，頁229。

103 黃壽祺，張善文撰：《周易譯注》），頁221。

有三：其一是可以論證聖人之言不虛；其二是可以證明儒家之道的真實存在；其三是透過生活處所與儒家經典的互證，獲取儒家信仰中的宗教感，讓竹居先生可以有勇氣繼續實踐儒家之道。

綜而言之，在簡朝亮眼中，陽山縣的將軍山是「聖地」，是儒家之道在天地間顯現的確據，其真確性又可以從儒家經典──《周易》──得到證明。筆者認簡氏在將軍山的經歷可算是一種廣義上的「宗教經驗」，而「宗教經驗」又與「宗教情感」密不可分。如詹姆斯（James William）所言，宗教情感有其共同特徵──激發動、振奮人心、克服憂鬱、予人耐力──就像任何增加活力的補藥，為生命增添魔力與榮光。[104]對於簡朝亮而言，將軍山是他渡過艱難時刻的力量泉源。於此，可以從簡氏與將軍山所立的《山約》為證：

> 予今以時義，旅於山中。《禮》曰：「柰何，去墳墓也。」予將成予之書，遂予之志而已。自非君父大事，先人祭祀，及遠游，而有裨於讀書者。其義皆不可動也。敢先以約焉。光緒二十六年十月十日。[105]

簡氏與山訂約，一方面是明一己之志，另一方面是借將軍山，堅固自己著書行道之心。此外，身居山中，山中雲動風吹，寸草繁花，成為了行道者的精神資源，且一讀以下詩句則可知一二：

> 將軍山上赤雲生，飛動交禽萬木聲。
> 使者北來傳載路，丈夫南面擁專城。

104 William, James 1842-1910, *The varieties of religious experience* (Mineola: Dover Publications, Incorporated, 2018). p.402.

105 簡朝亮：〈山約〉，見簡朝亮著，梁應揚注：《讀書堂集》，卷二，《清代詩文集彙編》，第774冊，頁301。

六經不畏咸陽火，三略何忘海表兵？
為報讀書巖未遠，秋高韓子可尋盟。[106]

又云：

龍舌呼名菜若何？古來荼苦有詩歌。
儻教夜讀求熊膽，試問山中苦子婆。[107]

再云：

雲坡父老善譚評，山上茶神舊得名。
說似韓公能苦諫，至今知有此風清。[108]

在上引詩中提到的讀書巖、韓愈祠、龍舌茶、雲坡茶，都是作者在生活中所接觸到的種種，而字裡行間亦反映了行道者的決心和志向。

（三）講學與著書——簡朝亮在陽山傳道的經歷

入了陽山，得到黃氏父子的幫助，簡朝亮解決了基本的生活問題，並得以在深山繼續讀書、著書和講學。有關讀書和講學的情況，可從簡氏在陽山寫的詩歌得之一二：

---

106 簡朝亮：〈學子黃佩文輩購書數千卷至山中〉，見簡朝亮：〈山約〉，見簡朝亮著，梁應揚注：《讀書堂集》，卷二，《清代詩文集彙編》，第774冊，頁355。

107 簡朝亮：〈山中食兩苦菜〉，見簡朝亮著，梁應揚注：《讀書堂集》，卷二，《清代詩文集彙編》，第774冊，頁355。

108 簡朝亮：〈黃典常饋陽山雲坡茶〉，見簡朝亮著，梁應揚注：《讀書堂集》，卷二，《清代詩文集彙編》，第774冊，頁355。

> 戲男嘷母石林中，追及登高兩子同。菜把主人恩有備，籃輿弟子禮無窮。雲深家室知神聽，山靜詩書即女紅。幸汝時平還故土，遠聞先墓嘯松風。[109]

又詩人曾記云：

> 茅筵松拂古來清，列坐譚經遂野情。居士習勞編虎落，兒童屬學聽雞鳴。雪疑猶吠林飛影，石語空傳谷戰聲。昨竟終宵山上火，旅巢無恙勖吾生。[110]

由於資料不詳，我們未能重現簡夫子在將軍山上講書的情況，但在他的弟子的詩作可知，學習和討論軍事，應該是山中授業中一個不可或缺的課題：

> 將軍山上望神州，黃海波瀾日夜浮。
> 朝習兵書晚練劍，人生莫負少年頭。[111]

又云：

> 調和南北未分明，野店荒涼過客驚。
> 山上將軍能治亂，師門雲雨總關情。
> 叢林深處聽潮音，喜見春暉伴綠蔭。

109　簡朝亮：〈山居示家人〉，見簡朝亮著，梁應揚注：《讀書堂集》，卷二，《清代詩文集彙編》，第774冊，頁352。

110　簡朝亮：〈山居示諸弟子〉，見簡朝亮著，梁應揚注：《讀書堂集》，卷二，《清代詩文集彙編》，第774冊，頁352。

111　李洪鑣：〈登將軍山呈簡夫子〉，見李巽仿等編：《松桂堂集》（香港：1985）頁74。

> 書劍靈光懷壯士，他年憑爾慰吾心。[112]

除了讀書和講學，簡朝亮在旅居將軍山期間，最重要的事業自非著《尚書集注述疏》莫屬。有關著書的情況，簡氏的入室弟子張詠南曾有記述：

> 既而旅陽山居讀書山堂，所纂益孳孳矣。雖深山雪夜，幽齋火明，其功不少輟。往往徹夜無寐，雞鳴嚮晨，猶聞讀稿微聲，時放筆於案者，洒然也。[113]

關於簡氏撰寫《尚書集注述疏》的原因，梁啟超認為簡氏欲補江聲、孫星衍、王鳴盛等人之失：江、孫、王三家是絕對墨守漢學，非漢儒之說一字不錄。梁啟超認為：

> 光緒末年簡竹居（朝亮）補救這種缺點，著一部《尚書集注述疏》，也彷淵如例，自注自疏；惟漢、宋兼採，旁及《偽孔》。這書成於江、孫、王之後，自然收功較易；他的內容也稍嫌過繁，但採擇漢、宋各家很有別裁，不失為一良著。[114]

誠然，為學兼采漢宋，摒除漢學遺禍，的確是九江學術要旨，簡朝亮撰寫《尚書集注述疏》可說是履行師門要旨。惟筆者想指出簡氏著書的最重要目的是明大義。明大義是為了重振儒家之道，以抗衡西方思潮，並重建「意義世界」瀕臨失落的秩序。故扼要地說，表面上竹居先生著書是為了補漢學之漏，實質上是在「道出於二」之世，傳揚儒家之道的必然之舉。

---

112 何炯堂：〈懷將軍山示直孟〉，見李巽仿等編：《松桂堂集》，頁79。

113 張詠南：〈讀書堂集序〉，見李巽仿等編：《松桂堂集》，頁14。

114 梁啟超：《中國近三百年學術史》，頁244。

接下來，筆者會根據〈尚書集注述疏序〉、〈尚書集注述疏後序〉和〈病言〉，討論簡朝亮著書「傳道」與西學思潮衝擊的關係。

《尚書集注述疏》一書始著於光緒十九年（1893），終成於光緒二十九年（1903）。有關撰寫是書之由來，簡氏曾在《尚書集注述疏序》記云：

> 自維固陋，少之日手寫《尚書》，綴而讀之。迨遊九江朱先生之門，時講習之。若有寤者，既不自休，博稽《尚書》家言，樸學可觀，其義猶將待發也。久而鄉居草堂，與學子辯難，而令鈔所屬草者。八年，旋以時義，旅於陽山之將軍山，與諸學子居山堂，夙夜從事，如鄉居時者。又三年，百為皆廢，終食不忘，胥勉勉乎《尚書述草》。蓋自草創以來，既十有一年矣。所以艱屯無悔，必蕲草畢者，自以讀書報國，愧非其才，惟素所習孔子之書，或猶可竭力於斯，無忝君父之教云爾。[115]

從上引文中，我們知道簡氏對《尚書》發生興趣是入九江門下之前的事。在師從朱次琦以後，簡朝亮對《尚書》研習的興趣不減，並博覽諸家之言，並承認漢學家在研究《尚書》方面的貢獻。但從「其義猶將待發」可知，簡氏對漢學家在《尚書》方面的研究抱著懷疑的態度。後來，到了簡岸草堂，在與學生講授《尚書》的互動過程中，簡氏開始命弟子紀錄有關討論《尚書》的文字。直至旅居陽山之時，雖然面對種種艱辛，但他仍沒有動搖其「讀書報國」之志。光緒三十四年（1908），禮部尚書溥良奏聘簡朝亮為禮學館顧問官，簡氏以足疾為由婉拒之餘，不忘提及他的力作：

> 伏維高宗純皇帝，學先經部，凡所辯《尚書》偽古文者，綦詳以

115　簡朝亮：〈尚書集注述疏序〉，見簡朝亮著，梁應揚注：《讀書堂集》，卷五，《清代詩文集彙編》，第774冊，頁262。

> 正……雖愚若朝亮者，猶可力疾治書，幸聞大義。因而勤苦？以求時有篡也。迺欲成《尚書集注述疏》三十有五卷。悉體例焉，斯於尚書家言，去其偽者，以今文參古文，皆注之而自疏之。將蘄酌言百家，會漢宋之學，采為經術，以共裨時務。[116]

從「采為經術，以共裨時務」可知，簡朝亮著《尚書集注述疏》一書，實涵蓋學術與經世兩大範疇，學術與經世亦是簡氏傳道之旨意所在。誠然，在二十世紀以前，中國沒有獨立的「學術」概念。所謂「學術」都與政治、教育乃至價值世界之間有著密不可分的內在關聯。筆者在此特別強調學術與經世的分野，意在突顯儒家行道者「傳道」的時候的不同面向。換個說法，我們可以說「學術」屬「體」，「經世」為「用」。前者側重「義理」的鞏固和發揚，後著眼「應世」的策略和效度。

如本章前段所述，在十九世紀中葉以後，簡朝亮認識到列強侵凌，中西學的消長是不爭的事實。但在甲午戰爭後，國人所重視的不僅是西方的船堅炮利，連日本也成為了國人學習的對象。[117]簡氏對此感到十分憤慨：

> 今人之言恥也，不以東敗為國恥，而曰恥不如東寇之變瀘何其失也？故斯濟時，而時為之且危，何者告眾而盛稱敵人，欲策之自彊，反奪之自弱也。[118]

116 簡朝亮：〈辭禮部禮學館顧問官書〉，見簡朝亮著，梁應揚注：《讀書堂集》，卷五，《清代詩文集彙編》，第774冊，頁231。

117 1898年1月28日，康有為將《日本變政考》及《俄彼得變政記》連同《請大誓臣工開制度局革舊圖新以存國祚折》一併呈遞總理衙門。康有為在《日本變政考》的跋語中說：「日本為政，備於此矣。其變法之次第，條理之詳明，皆在此書。其由弱而強者，即在此矣。」又謂：「我朝變法，但采鑒於日本，切已足。」見康有為：《俄彼得變政記，日本變政考》，《南海先生遺著彙編（十）》（臺北：宏業書局，1987）頁335。

118 簡朝亮：〈病言〉，見簡朝亮：〈辭禮部禮學館顧問官書〉，見簡朝亮著，梁應揚注：《讀書堂集》，卷五，《清代詩文集彙編》，第774冊，頁210。

居竹先生認為國家強弱的關鍵，並非取決於變法的成敗：

> 五十年來和議屢矣，於是乎外國益彊，中國益弱。今人不察，以為外國之政，既美且備焉，而中國不及也。不忘其禍始哉！如國卒用林文忠也，奚至斯乎？[119]

簡朝亮認為中國積弱，是始於外交策略失誤，失誤之處在於不斷向列強求和。但更糟糕的是，當時國人以為中國的政治制度及不上外國，是積弱之根本原因，反而忘記了之前屢敗屢和之失。

眾所周知，進入近代中國，「變」與「不變」的爭持，隨著滿清政府不斷的戰敗愈演愈激烈。就如陳旭麓所言，「變」與「不變」，是對時代推來的問題作出兩種相反回答。兩者都出自中國社會的現實，並各自反映了這種現實的一部分。為了說服多數，雙方的論證都要借助權威，都要從儒家的經典中找依據。[120]對「變法派」而言，「變」才能救國，如康南海就曾提出「能變則全，不變則亡；全變則強，小變則亡」的名言，為了使變法合理化，更撰作《新學偽經考》、《孔子改制考》等書，以經學和孔子作為變法理論的依據。反之，站在「變法派」對立面的簡氏對於「變法」有自己一套的看法：

> 孔子論政，政之精意也。政之瀍度，若《殷輅周冕》無多及也。謂夫「所損益可知也」。是故瀍非不可變也，所變之瀍，政之精意不存焉者，則不可也。[121]

119　簡朝亮：〈病言〉，見簡朝亮：〈辭禮部禮學館顧問官書〉，見簡朝亮著，梁應揚注：《讀書堂集》，卷五，《清代詩文集彙編》，第774冊，頁210。

120　陳旭麓：《近代社會的新陳代謝》（上海：上海社會科學院出版社，2005），頁179。

121　簡朝亮：〈病言〉，見簡朝亮著，梁應揚注：《讀書堂集》，卷一，《清代詩文集彙編》，第774冊，頁211。

從上文可知，簡氏認為「法」是可「變」的，制度是可「損益」的，只是在改革制度的時候，改革者絕對不可以違背孔子所言的「政之精意」。作為當時的「變法派」的反對者，簡朝亮著《尚書集注述疏》的「經術」意義是移除《尚書》注疏之誣，重振儒家之道的「精意」；在「時務」的意義就是要反擊變法派的論述，及指出變法派論述背後的西學之誤。以上所說的，便是簡朝亮傳道的旨趣所在。

從「經術」的角度言之，簡朝亮著《尚書集注述疏》主要在漢學的基上辨明從前注《尚書》者的不當之處。關於這一點，簡氏曾明言：

> 今之為《尚書》者，其誣有三焉。東晉偽古文，其誣一也；《書序》孔子作，其誣二也；執漢學之失，其誣三也。[122]

關於簡朝亮如何糾正上述三誣之失，如區分今古文《尚書》、專釋《今文尚書》、研治逸文等，使《尚書集注述疏》能集漢學、宋學大成，張紋華在〈《尚書集注述疏》的學術價值——以梁啟超所論為中心〉一文已述之甚詳，限於討論焦點所限，筆者在此亦無從置喙。[123]接下來，筆者所要討論的重點是：《尚書集注述疏》所傳揚的儒家之道的「精意」是什麼？

《尚書》是記事之書，所記之事並不是普通的瑣事，而是國之政事。故《莊子‧天下篇》云：「《書》以道事」，《荀子‧勸學篇》亦謂：「《書》者，政事之紀也」，根據《論語》所載，孔門弟子問政，孔子答之皆屬《書》教之義。[124]《尚書》既是政書，而孔子《書》教也與政治分不開，

---

122 簡朝亮：〈尚書集注述疏序〉，見簡朝亮：〈辭禮部禮學館顧問官書〉，見簡朝亮著，梁應揚注：《讀書堂集》，卷五，《清代詩文集彙編》，第774冊，頁257。

123 張紋華：《簡朝亮研究》，頁154-174。

124 孔門弟子問政，分別有子貢、子張、季康子、子路、葉公五人，見於〈顏淵〉、〈子路〉兩章。程元敏也曾引馬一浮《復性書院演講錄（卷二）》語云：「答問政者，皆《書》教義也」，見程元敏：《先秦經學史（上）》（臺北：臺灣商務印書館，2013），頁52。

簡朝亮撰作《尚書集注述疏》一書的深意，也與儒家的政治思想有著密不可分的關係。在探討簡氏著書的深意之先，筆者想扼要點明《尚書》的政治思想和孔子的為政思想。論及《尚書》的政治思想，有論者認為是書包含了兩條發展的脈絡：一條是以「天」為主線的政治思想；另一條是以「德」為特徵的德治思想。[125]顯然而見，對孔子而言，《尚書》裡的德治思想遠比神權思想更為吸引，故我們已習慣以「德治」一詞概括儒家政治思想的特點。有論者將早期儒家政治思想概括如下：其一，是「為政以德」，是指為政者以自己的道德作為人民的表率；其二，是「道之以德」，是指以道德實現政治領導，即後人常說的「以德治國」；其三，是「以政為正」，是指政治的本質就是規範、管理社會的行為。社會行為的規範，不僅要從國君做起，而且君之正，比民之正更為重要。其四，是「為民父母」，是指作為執政者必須對人民負擔重大責任。這是一種政治的責任倫理要求。[126]在西方政治哲學傳統的討論中，政治哲學主要回答兩個問題：「誰得到什麼」和「誰說了算」。第一個問題是關於物質利益（material goods）的分配，以及權利和各種自由（liberties）的分配。人們擁有財產的根據是什麼？他們應當享有什麼樣的權利和自由？第二個問題涉及的是政治權力的分配。政治權力包括對別人下命令的權利，並且在他人不服從的情況下通過懲罰來強迫他人屈服。[127]與西方政治哲學的傳統不同，儒家的政治哲學所關注的問題並不一樣。誠如蕭公權所言，孔子認定政治之主要工作乃在化人，非以治人，更非治事，政治實與教育同工，而政治社會本身不異一

---

125 張樹旺：〈《尚書》政治思想發展脈絡簡論〉，《廣西大學學報》（哲學及社會科學版），第24卷第3期（2002年3月），頁22-26。

126 陳來：〈論道德的政治——儒家政治哲學的特質〉，見氏著：《孔夫子與現代世界》（北京：北京大學出版社，2011），頁170-173。

127 喬納森・沃爾夫著，王濤，趙榮華，陳任博譯：《政治哲學導論》（長春：吉林出版集團，2009），頁1。

培養人格之偉大組織。[128]若再作一點補充，孔子的「政」是可以被形容為一種「美學秩序」。這種理想的秩序是由仿效產生的，在上者的良好修養激起在下者的模仿，它是一種理想和諧的政治和社會秩序。再由此推論，個人的「正」與社會政治的「正」之間，存在互相依賴的共存關係。[129]《尚書集注述疏》裡所謂「明大義」，正是企圖重建個人之「正」的準則，從而使「美學秩序」得以重現。簡氏曾在〈尚書集注述疏序〉明確指出：

> 立政者，能官人以立政，其兵遂彊也。謀憸人之面，則政不立，而兵不彊。用吉士之心，則政必立而兵必彊。故《立政》曰：「其克詰爾戎兵，以陟禹之跡，方行天下，至于海表，罔有不服。」言能官人以立政者，其兵能若此也。此非《堯典》之「柔遠能邇」者乎？《臯陶謨》「以知人而安民」，莫安於此矣！

「官人以立政」之旨是強調國家的治理的好壞，與用人是否恰當有莫大關係。如《尚書．立政》云：「繼自今立政，其勿以憸人，其惟吉士，用勱相我國家。」小人勿用，賢士用之，這是老嫗能知的，中國傳統賢人政治思想的套路。若從政治有效度的角度觀之，小人與賢士的分別不是兵之強弱，而是「美學秩序」締造之有無。「美學秩序」的有無與賢人的養成有直接關係，而賢者的養成又建基於個人道德的修養之上。[130]故此簡朝亮在他的其他論述，如兵學思想中，也強調選賢的重要，因為用人恰當才可以執行「道之以德」的政策，發揮「為政以德」的效果。所謂「柔遠能邇」

---

128 蕭公權：《中國政治思想史》（北京：中國人民大學出版社，2014），頁43。

129 郝大維，安樂哲著，蔣戈為，李志林譯：《孔子哲學思微》（南京：江蘇人民出版社，2011），頁114-117。

130 《論語．憲問》記曰：「子路問君子。子曰：『修己以敬。』曰：『如斯而已乎？』曰：『修己以安人。』曰：『如斯而已乎？』曰：『修己以安百姓。修己以安百姓，堯其猶病諸？』」見程樹德撰，程俊英，蔣見元點校：《論語集釋（三）》，頁1041。

和「知人而安民」正是理想和諧的「美學秩序」的呈現。

在理想和諧的「美學秩序」的完成，並不能單靠賢人的領導，建立正確的社會規範也是同樣重要。在《尚書集注述疏》裡，我們發現簡朝亮糾正《尚書》諸家的「三誣」時，多以糾正君臣名位作例子：

> 然辨偽如惠氏猶謂偽古文於大義無乖也，則何以使天下明偽古文之亂經而賊道哉？《偽大禹謨》言，舜以帝位讓禹，禹以舜之帝位讓臯陶，是以帝位等臣位也。是誣也。[131]
>
> 《史記》言，楚子伐隨，而曰：「我有敝甲，欲以觀中國之政」，觀政猶觀兵也。《史記》言，武王先伐紂，二年，而東觀兵矣。《偽大誓》曰：「觀政于商」，以《史記》之誣誣也。《左傳》以兵諫為愛君，《春秋》之邪說也。程子以為，今日而天命絕，則紂獨夫也。伐之何待三年？今日而天命未絕，則紂君也。武王為臣，敢以兵脅君乎？[132]

從以上引例可見，簡氏力陳偽古文之害是使「大義不明」。這裡所謂的「大義不明」，明顯是指君臣之倫的模糊。

除了偽古文以外，在討論孔子作《書序》和漢學之失兩大問題上，在簡朝亮也以君臣之倫為例作論據。諸版本《尚書》之中，張霸本《尚書》有六十七篇《書序》，東漢馬融、鄭玄認為是孔子所作。簡氏在論證《書序》非孔子所作時，以王莽篡漢以鄭玄釋《大誥》注「周公居攝稱王」為據，說明視《書序》為孔子所作之弊。簡氏明言：

131　簡朝亮：〈尚書集注述疏序〉，見簡朝亮著，梁應揚注：《讀書堂集》，卷五，《清代詩文集彙編》，第774冊，頁257。

132　簡朝亮：〈尚書集注述疏序〉，見簡朝亮著，梁應揚注：《讀書堂集》，卷五，《清代詩文集彙編》，第774冊，頁258。

> 古之稱王，天子也。非後世所謂諸侯王也。《大誥》稱王若曰者此也。周公奉成王命而東征也。鄭氏曰：「王，周公也。周公居攝，命大事則權稱王也。」嗚呼！周公為臣，可居攝王位，而權稱王哉？王莽擬《大誥》為攝皇帝。若曰之文，胡為乎鄭不戒於莽賊也。夫君幼而臣攝政則可，攝位稱王則不可。……鄭釋《大誥》之誣，因〈康誥序〉為之也。今江氏、王氏、孫氏於此皆從鄭焉，非漢學之失而不辯邪？[133]

綜觀《尚書集注述疏》的引例可知，不論在論證《書序》之誣，還是漢學家之失，簡氏表面上在處理一個經學文本真偽的問題。實言之，居竹先生關注的卻是一個君臣之倫的問題。若再深究之，應該說是君臣之倫背後的「秩序性法規」的存沒問題。

在此之前，我們提到光緒三十四年（1908），簡朝亮以足疾為由，婉辭禮學館顧問。在婉拒函中，他附寄了一篇《禮說》。在《禮說》中，簡氏提到他對禮之變革的看法：

> 《記》曰：「禮，時為大」夫時者，非謂時俗也，謂其時義也，故曰：「義者，宜也」。而惟曰：「禮從宜」，謂禮從其時義之宜也，蓋莫大焉。《論語》稱，三代之因禮者曰：「所損益可知也」。其禮有宜於變革而新之者，其禮之時乎？《記》曰：「夫禮，禁亂之所由生，猶坊止水之所自來也。故以舊坊為無所用而壞之者，必有水敗；以舊禮為無所用而去之者，必有亂患。」故曰：「親親也，尊尊也，長長也，男女有別，此其不可得與民變革者。」[134]

---

133 簡朝亮：〈尚書集注述疏序〉，見簡朝亮著，梁應揚注：《讀書堂集》，卷五，《清代詩文集彙編》，第774冊，頁260。

134 簡朝亮：〈禮說〉，見簡朝亮著，梁應揚注：《讀書堂集》，卷五，《清代詩文集彙編》，第774冊，頁232。

在這裡，筆者有興趣的，不是「禮」的可變與不變，而是簡氏所談的「禮」之變革背後的相關概念：時義。談到禮的可變性，我們都會想起《禮記．曲禮上》有「禮從宜，使從俗」的記載，元代的陳皓詮釋上句的時候，就引用了鄭玄、呂大臨、應金華的說法：

> 鄭氏曰：「事不可常也。」
> 呂氏曰：「敬者禮之常，禮時為大，時者禮之變。體常盡變，則達之天下，周旋無窮。」
> 應氏曰：「大而百王百世質文損益之時，小而一事一物泛應酬酢之節。」
> 又曰：「五方皆有性，千里不同風，所以入國而必問俗也。」[135]

綜觀上說，儒家學者認為禮的性質應分為「常」與「不常」兩個部分。「常」為「體」是禮的原則，是不可變的；「不常」為「事」是禮的節文，是可變的。節文之變是按照時間和空間的遷移而決定，也要循小傳統的習俗而調節。但在簡氏眼中，禮之變革與否應遵從「時義」來決定。什麼是「時義」呢？《禮記．禮器》篇有關於「時」的說法：

> 禮，時為大，順次，體次之，稱次之。堯授舜，舜授禹，湯放桀，武王伐紂，時也。《詩》云：「匪革其猶，聿追來孝。」[136]

所謂「時者」，陳皓認為：

> 時者，天之所為，故為大。堯、舜、湯、武之事不同者，各隨其時

135 陳皓著，萬久富整理：《禮記集說》（南京：鳳凰出版社，2010），頁2。

136 陳皓著，萬久富整理：《禮記集說》，頁186。

> 耳。聖王命得天下，必定一代之禮制，或因或革，各隨時宜，故云「時為大」也。[137]

有關中國的「時間」概念，黃俊傑認為在中國文化傳統中，中國人對時間意識的思考，深深地浸潤在人文世界的關懷之中。中國文化中的「時間」是與人作為主體之知覺息息相關的人文時間。儒家常常以「時」規範生活、檢驗知識分子的智慧，還予道德意義轉化為治世之準則。[138]若借用「人文時間」的概念和陳皓的解讀，我們可以對「時義」作如下的理解：所謂「時」既是一種具有超越意義的「秩序性法則」──即是「道」。「義」則是順應「時」（秩序）而做的一些「宜」（合適）的行動。由是觀之，簡朝亮強調禮的「時義」，反映他特別關切「秩序性法則」的重要性。簡氏撰作《尚書集注述疏》想說明縱然「法」可變，但是源於「天」的「秩序法則」是不可變的。在萬事「變」之世發揚「不變」之「道」，便是居竹先生所傳之道的核心。

若就「時務」角度言之，簡朝亮著《尚書集注述疏》既可重塑「秩序性法則」，也負上抗衡西學思潮的任務。究竟著書與抗衡西學思潮有什麼關係呢？未解答以上問題之前，我們可以從〈病言〉的兩個例子，窺探簡朝亮對西學思想和觀念的看法。

提到十九世紀對中最有影響力的西學思想，我們相信沒有人會懷疑進化論的重要性。1898年，隨著嚴復翻譯赫胥黎（Thomas H. Huxley, 1825-1895）《進化與倫理》（*Evolution and Ethics*）翻譯和「創造」成《天演論》這本小冊子，「物競天擇」、「適者生存」、「優勝劣敗」等理論便與甲午戰爭以後的國家命運聯繫起來，而以上詞語亦逐漸為人所熟悉。[139]關於「物

137 陳皓著，萬久富整理：《禮記集說》，頁186。

138 黃俊傑：《儒家思想與中國歷史思維》，頁32-34。

139 王汎森：〈時間感、歷觀、思想與社會──進化思想的近代中國〉，見氏著：《想是生活的一種方式：中國近代想史的再思考》，頁252-254。

競天擇」一詞的理解，簡朝亮曾經指出：

> 或曰：「物競者天擇而存之何也？」曰：「此不可不辨物於先也。」今試求地圜上之物，舟車之機矣。其無競乎？然有能毀其機者，非無競也。其所以能動其機者，將有時而乏，則其機亦不得自窮，非無競也。若兵器之機矣，其無競乎？越南之役，有先奪之而莫能發其機者；有雖發其機，而莫能害者。……今地圜上之物，有無競者焉？印度之波畢是也。互市之大，若絲若茶，皆不足以競之也。彼五印度之名且繫而為其主者之號。豈不以物競哉？若是者，將天擇而存之乎？將天擇而不存之乎？是故物違天之道，而競者天稔其惡，將擇而不存也。物從乎天之道，而競者天牖其衷，將天擇而存之也。《孝經》曰：「天地之性，人為貴」《詩》曰：「無競維人」《孟子》曰：「仁者無敵」，其競莫大於斯矣。[140]

在檢視簡氏對「物競天擇」一詞理解中，我們發現簡氏明顯反對「優勝劣敗」說法，並反對西方機器是具有優越性的。至於「物」的存與不存，不是由互相的競爭來決定，而是取決於「物」是「違天之道」還是「從乎天道」。更重要的，是中國傳統的「天道」是主「無競」的，故「物競天擇」的觀念正好與中國傳統儒家思想相違背的。

若說十九世紀晚期，模糊的「進化論」思想讓中國知識分子趨之若鶩，那麼西方的議會制度更吸引著改革人士的眼球。魏源在《海國圖志》早已提到國的議會制度，並心存仰慕之情：

> 〔美國〕議事聽訟，選官舉賢，皆自下治，眾可可之，眾否否之，

140 簡朝亮：〈病言〉，見簡朝亮著，梁應揚注：《讀書堂集》，卷一，《清代詩文集彙編》，第774，頁212-213。

> 眾惡惡之，三佔從二，舍獨徇同，即在下預議之人，亦先由公舉，可不謂周乎？[141]

甲午戰爭前，官至戶部員外郎的陳熾便設計了一個富有中國特色的議會制：

> 鄉官之議，實與議院略同，必列薦紳，方能入選。縣選之達於府，府舉之達於省，省保之達於朝，皆仿泰西投匭公舉之法，以舉主多者為準。設院以處之，給俸以養之，有大利弊，會議從違，此下院之法也。閣部會議，本有舊章，惟語多模棱，事無專責，亦宜特建議院，以免議違，此上議院之法也。[142]

陳氏高度評價歐美國的議院制度，認為這是西方國家富強的原因。他認為，泰西議院之法，合君民為一體，通上下為一心。[143]

　　但對簡朝亮而言，西方的議會制度存在很多問題，他曾就議會制度提出「十奈何」之說：

> 曰此其將十奈何。彼民之議，其民既眾不能自赴議者，勢也。其民奈何？聞其眾舉二三人而赴議矣。此二三人而必受命於眾者，眾是則其議是矣，眾非則其議非也。其識非而眾不與改之，雖與改之而或亦非。其臣奈何？赴議者雖欲是而不敢違眾，其負此舉奈何？此二三人而不必受命於眾者，其賢則其議是矣。不賢則其議非也。其議非而眾必別舉，雖別舉之而或亦非，其民奈何？諸既舉而復棄者，將為群不逞之黨，其民奈何？民將欲奪其主，而要其臣以行民

---

141 魏源：《海國圖志》，頁1611。

142 趙樹貴編：《陳熾集》，頁108。

143 王建朗，黃克武主編：《兩岸新編中國近代史（晚清卷）》，頁337。

> 議，其主奈何？其臣奈何？臣將欲奪其主，而弄其民以成民議，其主奈何？其民奈何？今聞其有以黨而爭者，其治之永奈何？[144]

簡氏的「十奈何」雖然道出代議政制衍生的種種問題，但其實他最關注的問題的關鍵是政治倫理之逆轉帶來的嚴重影響。由原來的自上而下的策劃和執行，管治和控制，變為由下而上的「民議」、「臣行」、「君從」，最終會出現不可收拾的政治亂局。若用今天的政治術語言之，對一個懷著精英主義治國理念的人來說，「民議」就像民粹主義的溫床，皆因人民是愚昧和不可信任的。可能就是為了抗衡倡議議會制度的潮流，故此我們在簡朝亮的〈尚書集注述疏述〉（已述之於前）和〈尚書集注述疏後序〉中，也發現不少強調君臣之倫，甚或是尊君的言論。現筆者再從簡寫於光緒三十三年（1907）的〈尚書集注疏後序〉舉出一例以證之。在〈尚書集注述疏後序〉中，居竹先生曾記下這一段說話：

> 〈大甲〉之逸文曰：「民非后，無能胥以寧，后非民，無以辟四方」。夫后，君也。胥，猶《詩》載胥及溺之胥相也。以古通與民相與也。寧，安也。言民非君無能相與安也。〈鴻範〉曰：「天子作民父，以為天下王。」蓋王者子民，則民皆得父母而安。此民所以必尊君而親之也。《易》曰：「陽一君而二民」，君子之道也。君子尊君而親之，故一君而望其安民也。是民之君其君也，民能相與安矣。《易》曰：「陰二君而一民」，小人之道也。小人不知尊君而親之故，二君而啟其爭民也。是民之不君其君也，民無能相與安矣。[145]

144 簡朝亮：〈病言〉，見簡朝亮著，梁應揚注：《讀書堂集》，卷一，《清代詩文集彙編》，第774冊，頁212。

145 簡朝亮：〈尚書集注述疏後序〉，見簡朝亮著，梁應揚注：《讀書堂集》，卷一，《清代詩文集彙編》，第774冊，頁263。

在引文中，簡朝亮以解釋《尚書・太甲》的逸文為例，說明了解《尚書》逸文意義的重要性。上引逸文原意是講君臣相互倚賴的關係，簡朝亮首先闡發「尊君」的重要性：「民之君其君」才可以「民能相與安」，由此可見，「尊君」就是社會安定的首要條件。接著，「尊君」不是對人民的單向要求，要求人民「尊君」必要的前提是先「得民」，簡朝亮說：

> 《孟子》曰：「民為貴……是故『得乎邱民而為天子』。蓋天子之貴，由民以為君，當無賤民之心，此君所以必安民而貴之也。《易》曰：「貴下賤，大得民也。」[146]

有關孟子「民為貴」之說，蕭公權先生曾經指出：君長得位由於邱民，是孟子不僅以人民為政治之目的，亦且以之為體。又言孟子貴民，故極重民意，而認民心之向背為政權轉移及政策捨之最後標準。[147]簡朝亮引《孟子》的「民為貴」論，又是否如蕭氏說的一樣強調「以民為體」呢？簡氏曾言：

> 苟得其民則四方皆與君之矣，苟不得其民則四方無與君之矣。《大學》曰：「民之所好好之，民之所惡惡之。此之謂民之父母。」故曰：「辟則為天下僇矣。」明無與君之也。繇是言之，民依於君，君依於民，而政以立焉。故凡經之言民者，言民心，言民生，而皆期民服。以民非君無能相與安也，道在尊君也。凡經之言君者，言君德，言君職，而不逞君權。以君非民無與君四方也，道在安民

146 簡朝亮：〈尚書集注述疏後序〉，見簡朝亮著，梁應揚注：《讀書堂集》，卷一，《清代詩文集彙編》，第774冊，頁263。

147 蕭公權：《中國政治思想史》，頁58-59。

也。此人道之本乎天，而萬世不可以佗求者也。[148]

明顯地，簡朝亮援引孟子「民為貴」論的原因，絕對不是想突顯「民意」，或倡導以人民為政治的主體。觀簡氏言，他提及的有兩個方面：一是君與民互相依存關係的重要性；二是「道」存在於世界裡的秩序義和超越義的再肯定。就前者言，簡氏提出的「君得民」和「民與君」看似是先秦以來「安民」思想的老調重彈。[149]但若細味之，可知簡朝著重的不在前者而在後者。簡氏言論的脈絡如下：民欲安必先君尊，君欲尊必先得民，欲得民必先使民服，欲使民服必先由君德。民不能非君，君也不能非民，這既具有倫理的秩序義──「人道」，也具有超越的秩序義──「天道」，更重要還被賦予不可易性──「萬世而不可佗求」。簡括而言，簡氏借助對《尚書》逸文的解讀，重申儒家的「道」在政治和社會上的重要性，並再一次提醒國人向西方求索一套議會制度，不僅不能挽救國家於亂局之中，更嚴重的是會自毀長城，讓個人、社會、國家，乃至民族失去安身立命的基石。職是之故，《尚書集注述疏》的撰作，既是簡朝亮上承九江學派學術精神的實踐，亦是簡氏在「道出於二」的世代，對儒家之「道」──特別在「秩序」意義──重新肯定和建構的過程。

第五節　小結

在近現代中國思想史的研究領域裡，「反傳統」／「激進化」思潮的

148 簡朝亮：〈尚書集注述疏後序〉，見簡朝亮著，梁應揚注：《讀書堂集》，卷一，《清代詩文集彙編》，第774冊，頁263。

149 中國的「安民」思想由來已久。據陳來研究所得，在西周穆王時，已經有「耀德不觀兵」之說，而修德、勤政、忠信、保民都是周人特別重視的政德。而「安民」不僅是古代政治家的要課題，也是一套對昏庸的國君加以制約的價值觀念。可參見陳來：《古代思想文化的世界──春秋時代的宗教、倫理與社會思想》（北京：三聯書店，2002），頁222-223。

淵源和發展素來是一個核心課題。余英時曾經指出，1894至1895年，中國知識分子第一次發現中國已經邊緣化的驚人事實。第一次中日戰爭使中國知識分子明白一個痛苦的事實：中國不僅在世界上而且是在東亞已經邊緣化了。在政治上，中國的邊緣化帶來了巨大的民族存亡的危機感，民族亡危機逼在眉睫直接導致中國思想激化。在文化上，當中國的知識分子發現中國在文化上和政治上都已經在世界上邊緣化了，他們忽然面對著這樣一個艱難的任務，就是讓中國面對西方的影響，同時又不打擊她幾千來作為文化中心的地位。[150]在近現代中國思想激進化的討論上，林毓生另有所見，他指出近現代中國知識分子反傳統的激化過程，在第一代知識分子中間已經開始。從鴉片戰爭到甲午之戰半個多世紀以來，清朝政府的不斷挫敗，顯示傳統中國政治秩序之內，缺乏有生機的資源來有效地反抗列強的侵逼。甲午慘敗逼使中國知識分子更急切地探求救國之道，在民族主義的推動下使社會達爾文主義變成了要求基本變革的意識形態；而他們的達爾文主義，則使他們的民族主義變得特別注尋找反抗烈強侵凌有效手段的當下功效性。在民族主義和社會達爾文主義的互動下，一種非黑即白的中西對比思維方式，成為近現代中國知識分子的思考模式。[151]林毓生提醒我們說：

> 為了達成社會達爾文主義化民族主義的目的而產生的極強功效性的中西對比，只有在傳統宇宙觀已經動搖——對於傳統中國「政」、「教」正當與有效性的信仰也因此而動搖——以後，才有可能。……在傳統宇宙觀經動搖的情況下，愈是深受社會達爾文主義化民族主義影響的人，愈歡使用這種極強功效性觀點來進行中西對比，來衡

150 余英時：〈20世紀中國的激進化〉，見氏著，程嫩生，羅群等譯：《人文與理性的中國》（臺北：聯經出版公司，2008），頁550-553。

151 林毓生：〈二十世紀中國的反傳統思潮、中式馬列義與毛澤東的烏托邦主義〉，見氏著：《中國激進思潮的起源與後果》（臺北：聯經出版公司，2019），頁96-99。

量文明的成效。從這種功效性中西對比觀點來看，既然傳統的政治秩序（或結構）無法有效成為中國富強的根基，它自然失去了可信性（creditability）。與傳統政治秩序密切連結的符號與規範的可信性，也因此受到極大威脅。[152]

就如林氏所言，由於中國傳統的政治、文化（包括道德）秩序的正當性（合法性）是建立在有機式「天人之際」的宇宙觀上，宇宙觀的動搖也帶來了政治、文化（包括道德）秩序正當性的動搖。[153]筆者借用兩位先生對中國反傳統／激進化思想的說法是想指出：一、中國的邊緣化和傳統宇宙觀的動搖毫無疑問是近現代中國反傳統／激進化思想的濫觴。但上述的政治與文化危機也是中國傳統文化的維護者共同面對的時代課題。我們在注意激進化思想知識分子的方方面面時，也應該注意中國傳統文化維護者的心路歷程。二、就是我們把注意力放在近現代中國傳統文化維護者的上，我們往往會把討論的場景聚焦在新文化運動或五四時期上，因為在上述的場景中較容易找到對比鮮的究研對象。例如研究《學衡》的沈衛威就曾經指出，新文化運動時期，激進主義者推崇個性和現實的體驗；保守主義在對想像中的過去的依戀中，企圖重建過去文化形態的精神家園，或寄希望於新舊、中西的調和。[154]但太著眼激進與保守兩者的分野，有時候就會讓我們的忽略激進或保守陣營內部的微妙變化。就如簡朝亮同樣面對中國的邊緣化，面對西學的侵凌，面對傳統宇宙觀、政治和文化秩序動搖等問題。作為一位中國傳統文化維護者，簡氏在「弘道」和「傳道」的時候，怎樣調適擁用的思想資源和行動策略以應付種種問題也是值得我們注意的。

1918年11月10日，一位前清的小官吏梁濟自沉於北京的淨業湖。1927

---

152 林毓生：《中國激進思潮的起源與後果》，頁101。

153 林毓生：《中國激進思潮的起源與後果》，頁104。

154 沈衛威：《回眸衡派：文化保守主義的現代命運》（臺北：立緒文化公司，2000），頁3。

年6月2日，享負盛名的王國維自沉於北京昆明湖。有論者認為：梁與王之死是由於激進主義的而產生的自我精神危機，是文化保守主義在現實社會生活中的無能為力的表現。[155]在梁濟自絕於天下的前後數年，簡朝亮先後完成了《論語集注補正述疏》、《孝經集注述疏》、《禮記子思子言鄭注補正》。同樣是面對政治、文化秩序動搖的危機，簡朝亮選擇重新詮釋經典來重構「秩序」的可信性。現以簡氏在諸書之言為證見之：

> 而或平之曰：「漢學長訓詁，宋學長義理，斯不爭矣。」是未知叶於經之為長，其長不以漢宋分也。明經之志，君子無所爭也。義理莫大於綱常，經言殷周所因而知其繼也，馬氏以綱常釋之。[156]
>
> 嗚呼！今求其學之叶於經者，非惟其說之叶也，將必其人之叶也。「篤信好學，守死善道。」「造次必於是，顛沛必於是。」之教告何如也。今老矣，歸何所矣，非天下經術士而誰與歸乎？[157]
>
> 《孝經》者，導善而救亂之書也。……惟《經》則教以孝，而大亂消焉。[158]
>
> 今之世，去子思子之世雖遠云何？其言有逆睹今之世而先言之者。其在於今，變而通之，其學則體立而行，足以濟中邦斯民於生生也。[159]

從上引諸文字可見，簡朝亮為諸經作注疏當然是要明義理。但有一點我們

155 沈衛威：《回眸衡派：文化保守主義的現代命運》，頁330。

156 簡朝亮撰，趙友林，唐明貴校注：《論語集注補正述疏（上）──附《讀書堂答問》》，頁4。

157 簡朝亮撰，趙友林，唐明貴校注：《論語集注補正述疏（上）──附《讀書堂答問》》，頁9。

158 簡朝亮撰，周春健校注：《孝經集注述疏──附《讀書堂答問》》，頁3。

159 簡朝亮：《禮記子思子言鄭注補正》，見《續修四庫全書》，第932冊（上海：上海古籍出版社，1996），頁115。

更不可忽略的：簡氏著書是希望重建「秩序」的可信性，不管是「綱常」、「善道」、「善」或「體」，均是是「秩序」之所指。簡言之，簡氏注經是一種重建「符號與規範可信性」的「守道」行為。更甚者，他對儒家經典的「預示性」和「時效性」是深信不疑的。從此可知，雖然舊有的政治秩序和文化秩序已經動搖，惟在居竹先生心中儒家之「道」仍然是充滿活力的。

1928年，在王國維自沉昆明湖後不到一年，七十八歲的簡朝亮為編纂《簡氏大同譜》赴上海南園。[160]翌年九月，簡氏來到廣州松桂堂，他高興地說：

> 唐詩云：「曲徑通幽處，禪房花木深」，庶幾近之。予得此居，將續《資治通鑑論》，或因靜趣而有成也。[161]

據簡氏再傳弟子李僎仿的憶述，可知居竹先生在松桂堂的日常：

> 先生平日早起，略事運動，端坐一室，几案書冊，秩然有序，手書口誦，未嘗或輟，夜深幃燈通釋，往往達旦。常喜策勵後進，誨人不倦。[162]

松桂堂位於廣州蘆荻西巷永福寺，簡氏門人張子沂等以重金購之，略作修理後，即成為校刊簡朝亮著述和同門聚會之所。[163]作為朱九江先生的承繼者，簡朝亮一生似乎有意履其師的足跡，但朱次琦晚年盡焚書稿，是簡氏

---

160 簡朝亮曾賦詩曰：「譜系當將活版參，非來滬印事難堪。百花邨裡黎詩老，笑否吾今出嶺南。」（《旅滬南新居玉階人》），見簡朝亮著，梁應揚注：《讀書堂集》，卷十三，《清代詩文集彙編》，第774冊，頁363。

161 李僎仿：〈松桂堂憶述〉，見李巽仿等編：《松桂堂集》，頁2。

162 李僎仿：〈松桂堂憶述〉，見李巽仿等編：《松桂堂集》，頁2。

163 李僎仿：〈松桂堂憶述〉，見李巽仿等編：《松桂堂集》，頁2。

則十分著重著述的刊行。而松桂堂在簡氏著述的校對和刊行上就有具有標誌性的意義。從簡氏的晚年遺作中，我們可以窺見他對儒道的信念：

> 漢世人倫鑑，茅容一飯時。國風歌邂逅，師瀍辯毫氂。五百年來久，尋常論總卑。紫陽經術在，同拜九江祠。[164]
>
> 海濱鄒魯發祥光，先聖遺經今不忘。尚憶草堂春誦日，緣存堯典古文章。[165]

從以上的引例裡，我們可以肯定詩人對九江學術，對孔門之學，對儒學傳統存著一種堅定不移的信念。誠然，在十九、二十世紀之交，中國傳統價值已經被置於到時代的反面，而且在社會、政治和思想層面上都顯得軟弱無力。但我們不可以完否定中國傳統儒家守道人的努力，也不可以忽略儒家之道在守道人身上散發的活力。在傳統的價值動搖，政治、文化秩序陷入混亂的情況下，或許更能反襯出一群守道者特立獨行的形象。在眾人皆渴求一紙救亡的良方，最後促使中國走上激進和反傳統的不歸路的時候，更能突顯出傳統中國儒家思想的守護者的可貴。

總而言之，若從學術史的承傳而論，無可否認簡朝亮上承九江先生「四行五學」之要旨，既尊孔門經學，又重躬行實踐。惟我們也不難發現，簡氏所守「孔道」的焦點，已經從儒家經學的學術範疇，轉移到中學與西學的爭持上。與朱次琦關注的漢宋之爭和漢學流弊不同，簡朝亮關心的是西學的侵凌，是中國傳統價值和秩序失落的危機。換言之，簡氏的「孔道」已從學統的問題提升到國家民族命運的層次。在十九至二十世紀

164 簡朝亮：〈梁副貢照葵滬上邂逅感舊見贈謹答兼懷故友何仲秩〉，見簡朝亮著，梁應揚注：《讀書堂集》，卷十三，《清代詩文集彙編》，第774冊，頁365。

165 簡朝亮：〈與馮柱石〉，見簡朝亮著，梁應揚注：《讀書堂集》，卷十三，《清代詩文集彙編》，第774冊，頁365。

之交，雖然表面上簡朝亮仍然抨擊漢學之弊。實言之，簡氏已撇下九江先生關注的「漢宋之爭」，高舉孔門經學的「大義」，從而抗衡西學東漸的壓力，並重建中國社會的價值系統和意義世界。

第四章
伍憲子的「求道」、「弘道」與「傳道」之旅

第一節　引論

自古以來，中國的「讀書人」並非「為讀書而讀書」，「讀書」是一種具特定含義的行為方式。「讀書」不是一種純技術、技能性的學習，反之，這是一種「超技能的持續學習」，在「學」的過程中，正體現了一種追求和探尋「無用之用」的努力。「讀書人」不斷追求的努力，最終目的就是要知「道」，故《禮記．學記》云：

> 雖有嘉肴，弗食，不知其旨也。雖有至道，弗學，不知其善也。是故學然後知不足，教然後知困。知不足，然後能自反也。[1]

人要知「道」，必須先要懂得「自省」，要「自省」便須先知己之不足，要知己之不足，便須先要主動去「學」。由是可知，在儒家的傳統中，「學」就是「求道」之旅，「道」就是讀書人認識和解釋世界的「意義」所在，也是讀書人安身立命之所在。「道」在「學」中，在十九世紀末以前，這個命題並未受到質疑。但進入二十世紀，「道」在「學」已經變了調，不僅「道」的地位動了，「學」的內容也起了變化。在政治和社會環境的劇變下，傳統的中國儒學還可以成為中國人安身立命的依據嗎？

1　《禮記．學記》，見楊天宇撰：《禮記譯注》，頁456-457。

若論中國傳統之學受到衝擊，讀經廢止的激烈討論可謂是一個典型的例子。雖然，在1911年，中央教育會通過了小學堂不設置讀經、講經的議案並未實際執行。[2]但在民國成立以後，中國傳統經學被「化整為零」已經是無可避免的事。但對於九江弟子而言，孔門經學的價值（至少在道德教育的價值）是不變的，而經學的傳播也是不可停止的。例如在二十世紀二、三十年代，在佛山設館講學的簡詠述，秉承父親簡朝亮的志業，以傳授經學，立人濟世，發揚中國文化為己任。[3]就算是到了簡朝亮的孫兒簡伯解，雖然已經不再以講學為業，但猶不忘乃祖遺志：

> 卅年去國滯邊關，不讓遊人自往還。
> 悄立鑪峰翹首望，故鄉猶在白雲間。
> 一抹斜陽里里紅，珠江白浪泛狂風。
> 將軍山上多豪傑，禮治興華振大同。[4]

由簡朝亮兒孫的例子可見，九江門下弟子心中的「道」未有隨著儒學和經學的邊緣化而泯滅。在本章裡，筆者將以伍憲子（1881-1959）為例，重構轉型時代的中國知識分子「求道」過程，並從中展示被邊緣化儒學的活力所在。過往的研究中，伍氏為人所熟悉的是其「政治身分」，他既是康有為的弟子，又是民社黨副主席。[5]但有關伍氏另一個「學術身分」——嶺南

2 左松濤著：《近代中國的私塾與學堂之爭》（北京：三聯書店，2017），頁297-299。

3 簡詠述：〈視學員視學記〉，見李僎仿：〈松桂堂憶述〉，見李巽仿等編：《松桂堂集》，頁26-28。

4 簡伯解：〈登太平山東留港同窗諸君子〉，李僎仿：〈松桂堂憶述〉，見李巽仿等編：《松桂堂集》，頁110。

5 1959年10月7日，上午8時15分，伍莊在九龍寶血醫院病逝，享年79歲。次日，《香港商報》報道其死訊，標題為「民社黨副主席伍憲子在港病逝」，見《香港工商日報》，1959年10月8日，第5頁。此外，同日《大公報》在報道伍氏死訊後，也謂：「國民黨時期，歷任廣東省、湖北省行政官員，及『總統府』諮議、顧問，並為『民主社會黨』副主席。」見《大公報》，1959年10月8日，第4頁。

九江學派宗師朱次琦的再傳弟子——則較少人關注。若以思想史的角度觀之，伍莊與同門師兄黃節和鄧實一般，可以被視為文化保守主義者來討論。有論者認為，在二十世紀初，中國的自由主義與激進主義對傳統的批評揚棄，是要解除傳統的束縛和惰性，以確立新的文化規範。反之，文化保守主義者藉助傳統，又是防止自由、激進思潮導致的文化失範。[6]然而，筆者以為不論是反傳統或是守護傳統的，都是以尋求或重建秩序為己任。所不同的，是前者向外苦苦尋覓，後者向內孜孜以求。伍憲子一生求道，弘道和傳道正好是絕佳的證明。

第二節　從商家子到儒家人

伍莊，譜名文琛，字憲子，亦字憲庵，號夢蝶。清光緒七年（1881）農曆五月初七日（陽曆6月3日），伍莊在廣東省順德縣第八區古朗鄉出生，為家中長子。[7]伍家數代以營商為業，家中薄有田產，惟並不算富裕。[8]至於伍莊的求學之旅，則自光緒十三年（1887）始。那一年，伍氏剛滿七歲。他在父親剛辭世數月後，如其他同年孩子般進入塾學開蒙。當時，童子入塾，稱為「蒙學」，多先授以《三字經》、《千字文》、《幼學詩》，之後再教《大學》、《中庸》、《論語》、《孟子》。再進而傳之《詩經》、《書經》、

6　沈衛威：《回眸學衡派：文化保守主義的現代命運》，頁86。

7　伍憲子有同母弟文琮、妹琰文；亦有異母弟文珣。見梁漱溟弟子胡應漢輯著的《伍憲子先生傳記》（香港：胡應漢，1953），頁5-6。下凡徵引此書，皆稱《傳記》。

8　伍憲子家族以經商為業，其曾祖、祖父、父親都是不假天年。如其曾祖茂廣公、祖父昭和公（時年僅二十六歲）在粵北連州抵抗太平軍同時遭難。父親福田公在生前雖稍置田產三十畝，值年租二百五十，並在廣州經營的花紗商號有年股息一百元之收入，但並不足以養活一家八口。見梁漱溟弟子胡應漢輯著的《伍憲子先生傳記》，頁5-6。有關伍氏祖父輩早逝之事，實有詩為證。1922年，伍氏作《哭弟》詩，現節錄如下：「我家高曾來，百年經五代；老少十九丁，方生又痛逝。並在不逾八，近代尤短歲；祖歿二十七，父歿三十四。我生才六載，我父傷見背」，見梁漱溟弟子胡應漢輯著的《伍憲子先生傳記》，頁56。

《易經》、《禮記》、《左傳》，但凡此諸經，只由學童呆讀強記，甚少講解。[9]故直至光緒十九年（1893），自入讀鄰鄉吉祐麥氏家塾始，伍氏才稍知讀書門徑。[10]雖然伍憲子在十三歲的時候，已遍讀經書，並開始讀史，也學做八股文。然而，此時伍氏所受的教育，對他的「生命」似乎還未構成什麼重要影響。同年，少年伍氏在康有為的弟子麥孟華（1814-1915），仲華（1876-1956）兩兄弟家中，首次讀到到康氏的《長興學記》。[11]光緒二十一年（1895），伍憲子到廣州應童子試，再得讀南海先生的《桂學答問》。[12]至此，伍憲子與其師康南海似乎已結下不解緣。

光緒十七年（1891），康氏上書不成，只好回家講學，開絳帳於廣州長興里，舍名萬木草堂。[13]南海先生所授雖以舊學為主，但已注入西學，並講求學以致用，故當時青年多趨之，[14]當然少年伍氏亦不會例外。光緒二十二年（1896），是時伍氏十六歲，為家計之故，他到廣州的花紗商號實習。[15]當時，康有為在廣州講學，伍憲子經康氏弟子劉楨麟的介紹，謁見康氏於萬木草堂，「聽康講說，大為感動」。雖然家境不佳，但經父執輩的勸說，伍憲子的母親終於讓兒子棄商從學。然而，伍憲子入讀的並非心

9 有關「蒙學」的情況，可參考伍氏同門盧湘父：《萬木草堂舊憶》，現轉引自陸鴻基編：《中國近世的教育發展（1800-1949）》（香港：華風書局，1983），頁52。

10 伍憲子曾自述：「讀書稍知門徑，自茲始。」，見胡應漢：《伍憲子先生傳記》，頁6。

11 胡應漢謂：「癸巳年，先生十三歲。經書皆畢讀；已能看史，並學做八股文。這年，從康門弟子麥孟華仲華昆仲家，得讀長素先生之『長興學記』」，胡應漢：《伍憲子先生傳記》，頁6。

12 胡應漢：《伍憲子先生傳記》，頁6。

13 關於萬木草堂之名始於何時，吳天任謂：「萬木草堂之名，雖甚著稱，而先生初開堂講學，疑尚未用此名。」詳見吳天任：《康有為先生年譜（上）》（臺北：藝文印書館，1994），頁75-76。

14 汪榮祖：〈康有為研究〉，汪榮祖著：《從傳統中求變——晚清思想史研究》，頁194。

15 伍憲子曾記母親的話：「讀書在明理學做人，汝今應懂做人矣。不事生產的讀書人，我家環境所不許。」後「先生乃廢讀，赴廣州，習商於福田公所創辦之花紗商號。」見胡應漢：《伍憲子先生傳記》，頁6。

儀的萬木草堂，而是回到簡岸老鄉，跟從九江朱次琦的學生、康南海之同門簡朝亮攻讀舊學。[16]

光緒十五年（1889），順德簡朝亮鄉居教學。翌年十二月，簡氏築讀書草堂於簡岸。光緒十七年（1891）春，諸學子來讀書草堂，從學者眾。[17]於光緒二十三年（1897），正月，伍憲子到簡岸草堂就學：

> 時留居堂草堂者五六十人，各有住房。先生極用功；每日，未明即起，燃油燈讀書，燈油盡，天始明。在野獲亭前作晨操；以帆布囊細沙，小者三四十斤，大者七十斤以上，先生能雙手高舉七十斤重之沙包；有時則開竹弓，角弓。每夕，十二時後始就寢；寢息止得四小時。竹居先生常戒之。[18]

由此可知，這位伍家長子為學甚勤。但若論簡竹居對伍氏影響最深者，便是簡氏特別重視的「做人之道」：

> 【簡竹居先生教學】從上午九時起，至十二時止，精神不倦。有時下午再續講兩三小時。講至扼要處，以箑擊桌面，發人深省；尤甚注意做人之道。聞者每汗流浹背，印象永遠不忘。[19]

九江學派之門風，重視「修身」和「讀書」，九江先生曾謂：「學孔之學，無漢學，無宋學也。修身、讀書，此其實也。」又謂：「讀書以明理；明

---

16 於1897年6月，伍憲子曾到萬木草堂聽講。同年9月，康有為入京。1898年，發生戊戌政變，萬木草堂解散。見胡應漢：《伍憲子先生傳記》，頁7。

17 張紋華：《簡朝亮研究》，頁19。

18 見胡應漢：《伍憲子先生傳記》，頁7。

19 胡應漢：《伍憲子先生傳記》，頁7。

理以處事；先以自治其身心，隨而應天下國家之用。」[20]故伍氏亦說：

> 讀書而不修身，雖讀盡古今書，鈍者衹是一個書櫥，險者益其做小人工具。[21]

「讀書」和「修身」並重，既是九江學派之要旨，其內容是什麼呢？據門人記載：

> 朱九江之學，壹以孔門微言大義為宗，而要歸於實踐。其設科目也，修身之道四：曰惇行孝弟；曰崇尚名節；曰變化氣質；曰檢攝威儀。讀書之實五：曰經學；曰史學；曰掌故之學；曰性理之學；曰辭章之學。綜修身讀書之實，即《中庸》所謂「尊德性而道問學也。」[22]

在晚清學術思潮的發展中，九江學派堅守「反樸學」而「倡實學」的位置。上引的「四行五學」皆指向實學。九江學派所謂「實學」即是孔學，故孔子在九江學派的地位崇高。[23]

光緒二十六年（1900）六月，讀書草堂遭盜賊入劫，簡朝亮攜家人離開簡岸。十月初五日，在陽山黃賓夔的資助下，陽山讀書山堂落成。[24]讀

---

20 簡朝亮：《清朱九江先生次琦年譜》，頁49及57。

21 見胡應漢：《伍憲子先生傳記》，頁23。

22 見李巽仿等編：《松桂堂集》，頁6。

23 九江學派的「實學」化傳統，既有自身因素，也與嶺南學術傳統有關。見張紋華：〈「九江學派」與嶺南學術傳統〉，《社會科學家》，頁142-146。

24 簡門弟子黃贊襄條記：「黃其勳先生字贊襄。陽山人，受業簡岸讀書堂，勤奮務本。光緒二十六年庚子，令尊賓夔翁，築堂於將軍山，為簡夫子居之。講經著述於其間，凡九年，與簡岸草堂相輝映。」見李巽仿等編：《松桂堂集》，頁17。

書山堂為土木結構建築，位於陽山縣水口鎮將軍山上。據簡氏《自陽山寄草堂諸書學子書》記：

> 高數十仞，螺旋蟻線，人跡升行三四里乃躋其巔。山勢如城，或如瞭望台，山下數鄉凡數百人為之堡砦焉。有山水穴五，皆可飲。山多巨石，耕土雖不多，亦不宜稻，然宜菽宜麥，小耕可也。[25]

光緒二十七年（1901），春，伍憲子曾居陽山讀書山堂半載。[26]自此別後，伍氏隨竹居先生之游大致告終。

若綜合康、簡二人對伍憲子的影響，可用胡應漢的話作總括：在修身方面，伍氏受竹居先生之影響較深；在政治方面，受長素先生之鼓勵不少。[27]1951年，伍氏在香港回憶自己求學之旅時說：

> 我少年從簡、康兩先生游，兩家學術路數完全不同；兩家弟子亦免門戶之見。吾則往來兩間，於簡師其篤實，於康贊其高明；泛覽各家，消化而會通之；便成功了自己受用的學問。[28]

1952年，唐君毅先生（1909-1978）為《伍憲子先生傳記》寫序時，亦言：

> 憲子先生，南來得見，乃知其學，出入康簡二先生之門。仰其氣象，蓋亦納南海之豪邁之氣，於篤實敦厚之踐履中，愷悌溫恭，老成人之典型猶在……及伍先生之為學與為人，皆皦然儒者之行，足

25 簡朝亮著，梁應揚注；《讀書堂集》，頁20。

26 見胡應漢：《伍憲子先生傳記》，頁7-8。

27 見胡應漢：《伍憲子先生傳記》，頁8。

28 見胡應漢：《伍憲子先生傳記》，頁89。

為來者之矜式者也。[29]

從萬木草堂，到簡岸草堂，再到將軍山，因緣際會下，伍氏有幸親炙朱九江門下康、簡兩位先生。若從一生之事業而論，自1912年，伍氏受南海先生之命，助同門師兄徐君勉（1873-1945）在香港辦《商報》始，其後不論執筆論政，還是為官組黨，多是奉師命，秉遺志而行事。[30]由是觀之，康有為不論在政治理論，還是學術路數，對伍氏而言，其影響都是決定性的。惟若從做人處世而論，伍氏則秉承簡竹居存先生內斂與保守之風。與此同時，伍憲子亦歇力闡發孔學，作為民族文化之核心價值，作為抗拒西風狂飆的武器。惟時移世易，縱觀伍氏的「孔學」既不同於朱九江，亦有異於簡、康二師，可謂是承九江精神，會通康、梁學說，變而化之的一種「新孔學」。

第三節　初踏報界與政壇

二十世紀以前，讀書人要傳揚師門之學，都離不開著書和講學。就如朱九江辭官以後，禮山便成為他弘揚和傳播孔學的中心，而簡朝亮秉承九江門風，也走不出其師的框框，仍以講學為弘道和傳道的主要途徑，所不同的是簡氏十分重視書籍的著述和刊行。但受到時代和傳播方式的限囿，師徒二人所傳孔道的受眾依然有限。但觀伍憲子卻因為時代和經歷的不同，除了講學和著述，還得以利用報刊和演講來傳揚孔門之道，其受眾之廣實非朱次琦和簡朝亮所能及。如張灝教授所言，1895年以前，中國已有近代報紙雜誌出現，然而它們大都只屬於邊緣性報刊（marginal press），影響有限。但在1895以後，由於政治改革運動的帶動，不僅報刊雜誌的數量

29 見胡應漢：《伍憲子先生傳記》，頁3-4。

30 伍憲子在1952年以前經歷之大概，可見胡應漢：《伍憲子先生傳記》，頁5-22。

激爭，而且這些報刊雜誌的性質與功能亦起了變化：它們不但散布國內的新聞，並具有介紹新思想及刺激政治社會意識的作用。[31]自1897年，伍氏在《香港中外新報》、廣州《時敏報》，《博聞報》撰寫文章，評論時政開始，他的一生便與報刊雜誌，這種「轉變時代」的新興的傳播媒介結下了不解緣。[32]

1908年2月5日，日輪二辰丸號載運軍火被廣東水師扣查，並將船上的日旗卸下。日領事提出抗議，要求廣州當局為之鳴炮升旗。於是激起民憤。伍憲子在其主筆政的《香港商報》上著論反日，並發起成「振興國貨會」，實行抵制日貨。[33]後來，日人請港督迫伍氏「自由出境」，伍憲子即在《香港商報》上發言反擊，輒被港府拘捕。幸而，在華商和華人的壓力下，港府最終把伍氏釋放。因「二辰丸案」引發的抵制日貨風潮，及在香港被拘留一事，讓伍憲子聲名鵲起，此事亦可證明報刊的影響力匪淺。[34]

在被逐事件平息後半年，伍憲子受康南海命為會務奔走，出遊南洋群島，主要任務就是向華僑宣傳演講，並作招股投資。期間，伍氏曾為星洲朱子佩的《南洋總匯報》主筆政。1910年，伍氏回港繼續主理《香港商報》，亦曾助徐君勉辦理廣州的《國事日報》。計自1912年至1948年期間，伍憲子雖曾廁身政界，但他對辦理報刊和雜誌仍是情有獨鍾，是因為他認識到新聞傳播的重要。伍氏曾經指出，中國民主要實現民意，必須要重視

31 張灝：〈轉型時代在中國近代思想史與文化史上的重要性〉，《張灝自選集》，頁110。

32 據《傳記》所載，伍憲子曾主筆政或協辦的報紙有：《香港商報》、星洲《南洋總匯報》、廣州《國事日報》、北京《國民公報》、《唯一日報》、《共和日報》、三藩市《世界日報》、紐約《紐約公報》。而伍氏曾開辦的雜誌計有：《平民週刊》、《丙寅雜誌》、《雷風雜誌》、《人道週刊》。見胡應漢：《伍憲子先生傳記》，頁8-21頁。

33 據不少報道，「二辰丸案」引發的「抵制日貨」風潮對香港治安也有影響，而日本政府亦曾發照會給香港政府要求鎮壓上述活動。見〈十日大事記：十四日:日本政府照會香港政廳請鎮定將來抵制日貨之騷擾〉，載《安徽白話報》，1908年第5期，頁3。

34 見胡應漢：《伍憲子先生傳記》，頁8-9頁。又可見於佐頓：〈記者時代的伍憲子：使日本發怒，港督頭痛〉，《公平報》，1947年，第3-4期，頁7。

輿論和清議：

> 中國民主，其先最重視輿論，輿論不只足以表達民意，同時即足以實現民意。西方民主國家之運用民權，亦不能忽略此，試觀美國，每次大選之時，競選人出盡力量，赴各地演說，各自標榜其主張，其目的，就是想引起人民注意，造成擁護競選人之一種輿論。[35]

伍氏認為縱使中國沒有選舉制度，但國家每遇到大事，仍會聽取人民公意，而且中國有「天視自我民視，天聽自我民聽」的古訓，也可以證明古代中國雖實行君主制度，但重視輿論的傳統亦存之已久。[36]至於清議又與輿論不同，依伍氏所言：

> 輿論是眾論，屬於多數之人民，當然其勢力萃合甚大。但多數人民之所主張，不一定是國利民福，蓋非常之原黎民所懼，利害之見，有時蒙蔽是非……應知群眾之主張，每動於一時之高興，所謂群眾心理，大率趁熱鬧多，故「媚于庶人」，不一定是善，此在上節已言之，因素此故當注意清議。清議者，土大夫之議，亦即是知識分子之議，他們知識比較高，腦筋比較冷靜，觀察事物，比較敏銳，思想所及，比較長遠，其批評與主張，有時高出乎眾人，故其價值之重，更不能抹煞。[37]

縱觀民國成立之初，報刊的自主空間得到前所未有的擴張。袁世凱（1859-1916）奪權前，全國共有五百多家報紙，袁氏奪權後對新聞界採取壓制措

---

35 伍憲子：《中國民主主義》（香港：自由出版社，1957），頁168。

36 伍憲子：《中國民主主義》，頁168-170。

37 伍憲子：《中國民主主義》，頁168-170。

施，北京只剩下二十多家報紙，上海剩下五家，漢口剩下兩家。其後，袁世凱政權迅速坍塌，說明被壓抑的輿論事實上著強大的政治功能，即公共輿論已成為政治正當性的來源之一，如果統治者得不到民意和輿論的支持，其政權勢必崩潰。[38]戈公振（1890-1935）曾經指出：

> 民主政治根據於輿論，而輿論之所自出，則根據於一般國民之公共意志。報紙者，表現一般國民之公共意志而成立輿者也。故記者之天職，與其為製造輿論，不如謂為代表輿論；更進一步言，與其令其起而言，不如令其坐而聽，耳有所聽，手有所記，舉凡國民歡笑呻吟哭泣之聲，莫不活躍紙上，如留音機器然，則公共意志自然發現，而輿論乃有價值而非偽造。[39]

戈公以上的一段話，體現了現代報紙的政治功能。誠如唐小兵所言，報紙職能應成為一般國民公共意志之記錄者。而所謂「公共意志」即是「民意」，應該不需要知識精英來啟蒙與召喚，可以自然發生而凝聚。公共意志借輿論得以表達，而民主之政治應該受到公共意志之規約。[40]這與伍憲子所說的「實現民意」同出一轍。其中所不同的，是伍氏更著重報刊作為表達知識分子言論的作用：

> 試徵之歷史，東漢黨錮李膺范滂諸賢，其危言覈論，激濁揚清，所以造成清議者，力量相當有效，能使強權文臣，息其窺伺之謀，豪

38 唐小兵：〈清議、輿論與宣傳清末民初的報人與社會〉，載李金銓編：《報人報國》（香港：中文大學出版社，2013），頁52。

39 戈公振：〈中國報紙進化之概觀〉，頁19。轉引自唐小兵：〈清議、輿論與宣傳清末民初的報人與社會〉，載李金銓編：《報人報國》，頁53。

40 戈公振：〈中國報紙進化之概觀〉，頁53。

> 俊之夫，屈於鄙生之議，此就是仁人君子主持清議之心力。[41]

在上述引文裡，我們不難發現在言詞之間，伍氏表達了他對東漢黨錮「諸賢」的羨慕之情。當中「能使強權文臣，息其窺伺之謀，豪俊之夫，屈於鄙生之議」正好反映他主辦報刊的期許。同時，在欽羨之餘，亦流露出知識分子強烈的道德批判意識。

自民國建立以後，伍憲子游走政界。先後在1913年，署任廣東省內務司長；[42]後調任湖北省內務司，不就。[43]1914年，入京，伍氏被改任龍州關監督，但自請留京。[44]同年，又被簡為總統府諮議。1915年，夏，袁氏議稱帝宜，伍憲子曾上書力勸，惟書未能進。後袁氏稱帝，伍氏原與徐君勉離京南下廣州，又因被監視未能成行。計自1916至1922年之間，伍憲子先後擔任副總統府諮議、總統府諮議、國務院參議一類的閑職。在此期間，雖仕途無甚可觀，惟伍氏致力辦報之心不改。如1918年，與盧藝亭、符九銘辦《唯一日報》；翌年，接辦《共和日報》；1926年，伍氏在香港與劉德譜、陳廉伯、葉蘭泉辦「平民自救會」，又創辦《平民週刊》、《丙寅雜誌》，反對聯俄容共，力倡救時局之責，在於平民身上。[45]伍氏以筆名夢蝶，在《丙寅雜誌》上指出：

> 中國近十餘年，雖號稱共和，而國家大權，恆操諸官僚軍人之手，

---

41 伍憲子：《中國民主主義》，頁174-175。

42 見〈中國大事記〉，「民國二年九月十九日」條，載《東方雜誌》，第10卷第5期（1913年9月），頁1。

43 徐世昌：〈內務總長朱啟鈐呈將裁決湖北省內務司長伍莊交政事堂存記文並批令〉，《政府公報》，第757期（1914年6月11日），頁18。

44 徐世昌：〈大總統批令：財政部呈龍州關監督伍莊學問素優擬請以監督原官留部辦事所遺員缺請以王愷憲暫行兼署並請免覲請鈞鑒由〉，《政府公報》，第861期（1914年9月26日），頁10。

45 胡應漢：《伍憲子先生傳記》，頁11-17。

> 政客則從中播弄之。人民絕無過問之力，亦絕無過問之心。所以官僚、軍人、政客，往往假造民意，而人民亦不知出而辯正。中國人民之不能運用共和政治，有識者觀之，恆為心痛。[46]

就是因為人民之無力、無心、無知，所以伍憲子才決心辦「平民自救會」力圖喚起人民參與政治的責任感，發動所謂「全民政治」運動。[47]自古以來，「致君堯舜上，再使風俗淳」都是中國儒家傳統裡知識分子的既定使命。身處民國初建時代，或緣於政局紛亂，或出於背景不足，伍憲子的仕途既不通達，也難有影響執政者的可能。於是他只好用心於「淳風俗」，開「開民智」。

第四節　三藩市的歲月

1927年3月31日，康有為遽逝於青島。[48]1928年5月，伍憲子按照與梁啟超、徐勤（1873-1945）等議定的計劃，自香港出發到三藩市主持《世界日報》。[49]考美國三藩市的保皇會成立於1899年10月26日，首位會長是一位中醫師，唐瓊昌則為秘書。唐當時在致公堂及安義堂皆有要職。[50]如論者

46 夢蝶：〈平民自救之真精神〉，《丙寅雜誌》，1926年第2期，頁1。

47 有關「平民自救會」的綱領，夢蝶，《丙寅雜誌》，1926年第2期，頁2-9。

48 有關康有為離世之事，可詳見吳天任：《康有為先生年譜（下）》，頁785-786。

49 據伍憲子所記，1927年，冬：「徐勤、伍憲子等在天津梁宅會議數次。關於憲政黨今後應如何辦法，有所決定。先由伍憲子入美，整理黨辦言論機關，次由徐勤入墨，整理華墨銀行未了事務。梁啟超則在國內主持一切。」見伍憲子：《中國民主憲政黨黨史》（舊金山：世界日報社，1952），頁113。有關離國赴美的原因，伍憲子曾言：「回憶七年前之五月，濟南慘案發生，國民黨人竟忘外患，反與高彩烈北伐⋯⋯因直斥黨政府對濟南案之軟弱媚敵，《雷風雜誌》被禁止，無政治可言，乃飄然去國，渡太平洋來美。」見伍莊：《美國游記》（三藩市：世界日報社，1936），頁2。

50 陸國燊：《孫中山與美洲華僑：洪門致公堂與民國政治》（香港：商務印書館，2019），頁75。

所言，保皇會對三藩市唐人街的最大貢獻是報業的經營。保皇會先後在美西和加拿大創立機關報《文興報》、《世界報》（三藩市）、《維新報》（紐約）、《新中國報》（檀香山）、《日新報》（加拿大），由於各地社區華人多不諳外語，華文報紙幾乎是華僑社群中唯一的宣傳溝通媒介。[51]正因如此，報紙已成為保皇黨和革命黨的血戰之地。抵達美國不久，伍氏的十七歲女兒婉眉病逝於香港。愛女早逝，固然讓他傷心欲絕。[52]惟翌年一月，伍氏敬重的學長梁啟超也因病去世，更使他備受打擊。是時，伍憲子孤身在外，處理憲政黨黨務，面對和國民黨之間鬥爭，實在不容易。[53]在這艱難的日子裡，伍氏心志尤堅，毅然迎難而上，他曾作詩云：

擁被高眠到晝間，問心無愧是非閒。
須將肝膽平人我，不露鋒鋩削險艱。
善學養才先治氣，執觚作法可為圖。
神游此境非容易，萬卷書殘兩鬢斑。[54]

按胡應漢所言，此詩是伍氏在辛未年（1931）元旦之作。詩中所言，正好反映伍氏在美國三藩市經歷的艱辛，並顯出他弘揚正道的不畏艱難的精

51 陸國燊：《孫中山與美洲華僑：洪門致公堂與民國政治》，頁84-85。

52 愛女早逝，伍憲子曾作《眉兒哀詞》致其哀思云：「前日天氣陰，獨坐神不愉；家書二萬里，動淚沾襟裾……眉兒吾木蘭，聰明稱鳳雛；性厚得親愛，志強憂學疏……若云有主宰，毋乃太胡塗！偏向真性人，施威而奪拏……」見胡應漢：《伍憲子先生傳記》，頁16。

53 伍憲子曾說：「十八年一月十九日，梁啟超在北京逝世，以致梁、徐、伍所定海內外合力復興黨務之計劃，受一極大打擊。伍憲子在海外，孤軍奮鬥，國內之變動極大。國民黨恃北伐成功而愈驕，影響到海外之國民黨人，大有氣吞全僑之勢。憲政黨積弱之餘，再遭此大變，實無從發展。」見伍憲子：《中國民主憲政黨黨史》，頁114。

54 伍憲子：《憶韓樹園詩，有「擁被高眠到晝間」句，借以發端，率成數章》，見胡應漢：《伍憲子先生傳記》，頁57。

神。想《世界日報》主要以攻擊國民黨為要務，伍氏常要應付筆戰，面對攻擊，故「是非」難免。惟首聯卻謂自己能「擁被高眠」、「問心無愧」，可見其有君子坦蕩的胸懷。至頷聯「須將肝膽平人我，不露鋒鋩削險艱」意謂縱使面對種種攻訐，但他卻可破除重重艱險，足見其心志堅定。當然，伍氏能有面對困境並不容易，故詩云：「神游此境非容易」，實在是儒家重視修身的結果，頸聯的「善學養才先治氣」，所指正是九江學派所重視的「修身」之教的體現。[55]

伍憲子主理《世界日報》期間，伍憲子以夢蝶為名，致力反對國民黨，反對蔣介石（1887-1975），但不時也會藉論政而弘揚儒家理想。如1928年9月3日，伍氏便以《我的黨人觀》為題討論政黨人士應有的條件，提出了「黨德」、「黨義」、「黨範」之說。又指出身為黨人，其中應以「黨德」為最重要：

> 黨德者，黨人之人格所關。苟黨人而無黨德，則其人格已不能成立。聚一群無人格之人以為黨。其黨未有不崩潰者。故黨德實為黨人第一信條。何謂黨德？其始不趨利而入黨，其後亦不趨利而棄黨。[56]

在伍憲子眼裡，政黨的好壞不在於制度，而在繫於黨人的品格。由品格高尚之人合聚而成的政黨便能有黨德；反之，若由一群無人格之人聚合而為黨，則其黨難有不崩潰的。而所謂「黨德」者，是指個人的政治行為不以「利」為考量，無非是對儒家君子理想人格的要求。

除了較間接地弘揚儒家之道，伍氏也會把握任何傳揚孔道的機會。旅美時期，他曾應三藩市國學涵授學院的邀請講經學，並完成《經學通論》

---

55 《荀子‧修身篇》云：「扁善之度，以治氣養生則後彭祖，以修身自名則配堯、禹。」見王先謙撰，沈嘯寰，王星賢點校：《荀子集解（上）》（北京：中華書局，1996），頁21。

56 《世界日報》，1928年9月3日，第1張頁1。

一書。[57]伍氏面對時艱，以實踐修身之教，以弘揚孔子之道來「完成自我」。不管孔子也好，《六經》也好，早已不是身外物，而是「自我」存在的憑藉，是「道」之所在。伍氏曾明言：

> 研究國學，當要知孔子。孔子為中國之大聖。二千餘年來，如日月之經天，江河之行地。[58]
>
> 孔子六經之外，又安能謂無說常道者。但適用不如孔子耳！吾人生在中國，不能不尊孔子，尊孔子不能不尊六經。[59]

1935年，春，伍憲子離開三藩市，在氏著《美國游記》的著者近照中旁錄一詩，詩云：

> 七年避亂看亡國，寂寂金門博浪樓。
> 縱使文章驚美陸，空拋心力滕人頭。
> 家原有母當歸養，帝實無冠免乞休。
> 別後良朋如問訊，是真面目可長留。[60]

首聯既道出作者遊美之因，又以寓情於物，「寂寂金門博浪樓」一句，道盡並詩人在三藩市的心境。頷聯謂縱使自己在《世界日報》所寫的文章如何，但最後的作用也是徒然，字裡行間流露的盡是失意之情。在此筆者要

---

57 據李大明在《經學通論》的〈序〉說：「明隨侍先生遍游各國，亦既有年。其在海外言論，著作等身。是書之作，成於庚午。蓋應三藩市國學函授學院之請也。」見伍憲子：《經學通論》，頁4。

58 伍憲子：《國學概論》，頁16。

59 伍憲子：《經學通論》，頁4。

60 伍莊：《美國游記》，「著者近照」。

補充一點，話說伍憲子遠走三藩市與舊金山致公堂的支持不無關係。[61]但自討袁運動以後，美國致公堂既因爭取會員、籌款，及後來涉及支持國內不同派系的緣故，美國洪門致公堂與當地國民黨的關係勢成水火。加上1930年以後，三藩市致公堂的領導地位漸失，這一切也可能是使伍憲子倍感失望的原因。[62]

第五節　亂世傳道在香江

1936年，夏天，伍憲子回到香港。兩個月後，他應宋哲元的邀約到北京。在北京期間，伍憲子與國家社會黨主席張君勱會面，提及民憲黨與國社堂合併之議，並擬定草約。[63]1937年，春天，伍氏回港，待至5月返京。後來，蘆溝橋事變起，伍氏舉家移至天津英國租界，待至1940年，伍氏一家由天津取道南京回港。在途經南京之時，伍氏曾短暫逗留三天，並與汪精衛（1883-1944）晤談三次。[64]1941年，日軍攻佔香港，伍氏先後欲走避桂林和順德，不果。於是，他一直留港直到抗日戰爭完結。1935年，春天，憲政黨主席徐君勉（徐勤，1873-1945）在天津身故，伍憲子被推舉為黨主席。在日治時期，伍氏一家在港的生活還算得上平靜，沒有受到日軍滋擾。[65]

在日治時期，伍氏曾作一件事，特別值得一提。1945年，春，伍憲子與黃偉伯（1872-1955）、謝焜彝（1877-1958）、馮漸逵（1887-1966）組成碩果詩社。詩社開始之時，每兩星期在伍家聚會一次。碩果詩社的組成，

61 伍憲子：《中國民主憲政黨史》，頁144-145。

62 有關致公黨與國民黨關係勢成水火及三藩市致公堂的起落，可見陸國燊：《孫中山與美洲華僑：洪門致公堂與民國政治》，頁264-265及頁277。

63 胡應漢：《伍憲子先生傳記》，頁18。

64 胡應漢：《伍憲子先生傳記》，頁19。

65 胡應漢：《伍憲子先生傳記》，頁19。

一是傳承簡朝亮「以詩察治忽」的詩教，一是秉持孔孟之道的遺思。伍氏同門何紹莊曾言：

> 簡先生《讀書草堂明詩》，於歷代風雅之作，闡微顯幽，尤斤斤明察治亂者，豈非以詩三百之序，無不性情中節，懿乎主文而聲成文者哉？……碩果不食，為我心惻，古詩教之大義，其將長留於宇宙之間乎？[66]

又黃偉伯於〈乙酉五月廿一日組成碩果詩社賦呈謝焜彝、伍憲子、馮漸逵三人〉中亦申明詩社與孔孟之道的關係：

> 天風吹已散，碩果幸猶存。一任滄桑幻，惟知孔孟尊。
> 濂溪蓮繞宅，靖節柳垂門。寧學匏瓜繫，朝朝自灌園。[67]

此外，在離世之前，伍氏作《重刊小雅樓詩文集序》，亦流露秉承簡門詩教的堅持：

> 予念六十年來，詩教衰癸！學者抱殘守缺，鮮能發揚大義，趨新者變成下劣詩魔，以致影響政治。蓋新者失其溫柔敦厚之性情。……誦詩者不論其世乎？爰本斯意為之序，是亦《讀書草堂明詩》之義也。[68]

---

66 何紹莊：《碩果詩社第八集序》，見李巽仿等編：《松桂堂集》，頁80。

67 黃坤堯：〈香港詩詞中的人文景觀〉，見《香港詩詞學會》網頁：http://www.hkscxh.com/pinglunshow.asp?id=30

68 鄧方著：《小雅樓詩文集》卷首，光緒二十六年（1900）刊行，1962年重刊，頁3。現轉引自張紋華：《簡朝亮研究》，頁106。

若說在亂世之時，伍氏組詩社是繼續「以詩察治忽」的精神，毋寧說他們以組詩社為名，聯同一群志同道合之士，以承傳中國文化為精神寄托，來面對人力不能改變的困境。

1946年8月，張君勵（1887-1968）的國家社會黨與伍憲子的民主憲政黨結盟。[69]可惜，兩黨結盟不到一年，旋即以分裂告終，此事對民憲黨而言，當然是一大打擊。考民憲黨與國社黨合併之議，始於1936年。1936夏，實際主持海外憲政黨事務的伍憲子回國：

> 在京，曾晤國家社會黨主席張君勱先生，提及民憲黨與國社黨合併之議，擬定草約；簽字者有張君勱、張東蓀、梁秋水、徐君勉、湯住心、羅隆基和伍憲子七人。[70]

此後不久，抗戰爆發，兩黨合併之議暫時停止。1945年4月，聯合國成立大會在三藩市召開，張君勱作為中國代表團成員之一出席。出席聯合國大會期間，民主憲政黨領導人李大明（1904-1961）等與張君勱商討合作之事，並獲得了協議。同年，召開的民主憲政黨大會上，議決與國社黨進行合併。1946年，春，民憲黨上層派出李大明、李聖策、張鵬一（1867-1943）、譚沃出、陳義生等五人代表團到香港、廣州、上海訪問。他們先在香港取得該黨名義上的領導人伍憲子的首肯與支持。1946年8月中旬，中國國家社會黨與中國民主憲政黨在上海召開兩黨高層聯席會議，最後確定兩黨合併

69 民國三十五年（1946），11月11日，憲政黨在加拿大東方之滿城，召開全美黨員代表大會，改名為中國民主憲政黨，並選出伍憲子為主席，李大明為副主席。關於國家社會黨與民憲黨合併之議，實源於1937年「七七事變」前，伍憲子在美歸國，與張君勵相見於北京，並簽定草約。而兩黨合併之落實，則由李大明與張君勵於上海成其事。見伍憲子：《中國民主憲政黨黨史》，頁144。有關國社黨自民憲黨的淵源簡述，也可參考李家驤：《「國社」「民憲」骨肉團圓》，上海《新民報》，1946年8月27日，見中國第二歷史檔案館編：《中國民主社會黨》（北京：檔案出版社，1988），頁4-6。

70 胡應漢：《伍憲子先生傳記》，頁18。

事宜。會議通過了兩黨合併並改名為中國民主社會黨，由張君勱、伍憲子、張東蓀（1886-1973）、湯住心（湯薌銘，1885-1975）、李大明、梁秋水（？-1963）、潘光旦（1899-1967）、費孝通（1910-2005）等72人組成的中央組織委員會。大會選舉張君勱為中國民主社會黨主席。[71]

在「民社黨」成立之後，伍憲子繼續辦報刊以傳道。1947年，冬，他在香港創辦《人道週刊》，一方面宣揚民憲黨的政治思想，另一方面繼續弘揚孔道。1948年1月9日，《人道週刊》創刊號出版，伍憲子題詞云：

> 揮金結怨費精神，何事焦勞自在身。
> 為憫眾生淪大劫，敢將人道委輕塵。
> 眼前火海魚龍幻，亂後荒城草木春。
> 文字失靈天定悔，急驅時代轉風輪。[72]

在《題詞》的字裡行間，我們可見國社黨與民憲黨分裂一事，雖然對伍氏不無影響，但他以「人道」救世之心仍是堅定如昔。伍憲子在〈發刊詞〉明言：

> 人道者，人權之根基，民治之主宰，欲求民主，捨提倡人道莫由，人道無他，就是人與人相滲透之道，人道者，民主人格也，必要有民主人格，而後可以造成民主社會，與民主政治，民主國家，否則君主既革、民主不成，祇便宜了官主，所以提倡人道，為養成民主人格。[73]

---

71 「民社黨」成立的過程概括，可見尹濤：〈中國民主社會黨的成立及特點〉，載《民國檔案》（2009年2月），頁127-128。

72 伍憲子主編：《人道週刊》，第1期（1948年1月9日），頁1。

73 伍憲子主編：《人道週刊》，第1期（1948年1月9日），頁1。

由上引文可知，就政治角度而言，「人道」是「民主人格」，「民主人格」是「民主社會」的根本。伍氏所言的「人道」，一是取於《易》之「立人之道曰仁與義」，故其義為「仁義」；一是人與人相處之道。[74]前者可說是「人道」之體，後者可說是「人道」之用。伍憲子認為，只要打通人類的同情心，人與人能以「仁」為出發點，所謂「一家仁，一國興仁；一家讓，一國興讓」，最後，社會就會進步，趨向大同。伍氏常言，「道德即政治，政治即道德」，即是此意之謂。[75]在雜誌的創刊號，伍氏即以博浪樓主之名發表〈仁是民主文化〉，而又在第二期發表〈仁為孔子學說中心〉。[76]由此可見，伍憲子辦《人道週刊》，其最終目的，欲藉此以孔道喚醒人心：

> 民主政治之精神，其根本就是在個人修養，其要個人有修養，然後團體有生活，否則團體是一個形式，政黨是一個形式……其精神如何在，就是在人與人之間，能互相認識，互相尊重，不要祇見自己，不見他人，不要祇伸張自己的主張，排斥他人之主張，不要強迫他人服從我，不要欺騙他人附會我，必要活潑潑的在自由空氣中互相認識其公共的信條，互相遵守具共同合作之道德，夫是之謂民主精神……孔子學說，一面注重個人修養，一面即注重團體生活，雖無現代之民主形式，而有萬古不能背逆之民主精神，總言之，就是民主文化，換言之，民主文化就是仁。[77]

按伍憲子所言，民主文化是「仁」，因為其注重人與人之間的認識與包容，也注重「公共信條」和「公共道德」的遵守。簡言之，前者就是由

74 伍憲子主編：《人道週刊》，第1期（1948年1月9日），頁1。

75 伍憲子：《國學概論》，頁36。

76 伍憲子主編：《人道週刊》，第1期（1948年1月9日），頁11；及第2期（1948年1月16日），頁13。

77 博浪樓主：〈仁是民主文化〉，載《人道週刊》，第1期（1948年1月9日），頁13。

「仁」開展的「忠恕之道」；後者便是二程講「仁」之中「公」之精神的體現。可惜，《人道週刊》在同年的夏天便停刊，伍氏以孔道之仁寓於政治的設想又無法伸張。

若要傳揚孔子之「仁」以救世，除辦報刊雜誌外，伍憲子認為「講學」一途是不可或缺的。伍氏曾一再申說，「從講學以培養人才，用文化以支配政治」；「講學可以轉移風氣，漸可樹立一中心信仰」。[78]1927，秋冬，伍憲子為憲政黨黨務奔走於北京、天津、上海。[79]在同年的7月，伍氏仍應中華教育會葉蘭泉先生的邀請，在香港島梁輝台開講國學班，課程內容以經學、史學、文學和課文為主。[80]1951年，冬，伍憲子曾應臺灣當局的邀請，一度赴台，並短暫留住。[81]回港後，伍氏在新亞書院講學三次，內容分別是「孔子學術在現代之價值」和「六經大義」。[82]其後，於1953年，伍氏又應學海書樓的邀請主講一系列有關孔子的講座：

78 胡應漢：《伍憲子先生傳記》，頁94及87。

79 有關伍憲子為憲政黨奔走之事，可見1927年冬至日，伍莊《與任兄書》。其中，伍氏向梁啟超報告黨務。見丁文江、趙豐田編：《梁啟超年譜長編》（上海：上海人民出版社，1983），頁1158-1159。

80 《香港工商日報》，1927年6月14日，第三版。

81 1952年9月19日，伍憲子曾與胡應漢談及游台一事。胡謂有關伍氏游臺，惹得流言四起。其一是伍氏收取了臺灣政府三萬元；其二是說伍氏將應臺灣之邀游美。伍氏謂：「臺灣當局幾度相邀，臺灣是中國反共基地，我何故不去，我平日雖不滿意國民黨之一黨專政，然為了反共，即無意算舊帳，即須並肩作戰。我去臺即本此觀點而去。」，見胡應漢：《伍憲子先生傳記》，頁96。

82 伍氏分別在1951年11月15日及22日，在新亞書院講「六經大義」。據《華僑日報》載：「伍先生為廣東名宿，儒學博深，前曾在該講座（筆者按：新亞書院文化講座）講演『孔子學術在現代之價值』，重在明孔子學術與現代文化之關係。」見《華僑日報》，1951年11月15日，第2張第2頁。

講學日期	講學內容	資料出處
1953年6月7日	說明講孔子的原因	《華僑日報》1953年6月4日，第3張第4頁。
1953年6月14日	孔子在中國文化之地位	《華僑日報》1953年6月15日，第3張第3頁。
1953年6月21日	孔子傳略	《華僑日報》1953年6月23日，第1張第4頁。
1953年6月28日	孔子傳略	《華僑日報》1953年6月29日，第3張第1頁。
1953年7月5日	孔子學說	《華僑日報》1953年7月6日，第4張第2頁。
1953年7月12日	孔子學說	《華僑日報》1953年7月13日，第2張第4頁。
1953年9月6日	孔子人格	《華僑日報》1953年9月4日，第4張第2頁。
1953年9月13日	孔子人格	《華僑日報》1953年9月14日，第2張第4頁。
1953年9月20日	今後世界需要孔子	《華僑日報》1953年9月21日，第4張第2頁。
1953年9月27日	今日時代需要孔子	《華僑日報》1953年9月26日，第4張第2頁。

繼孔子講座後，同年的11月1日，伍氏又在孔聖堂講「孔子的進化論」。[83]接著，於12月13日，伍氏又應學海書樓的邀請講「《論語》源流」及「《論語》讀法」。[84]1956年，在垂暮之年的伍氏，仍致力以講學為務，

83 《華僑日報》，1953年10月28日，第4張第1頁。

84 《華僑日報》，1953年12月14日，第4張第1頁。

履聯合書院講席，以提倡中國文化，發揚人道正義為職志。[85]

第六節　小結

自出身以來，伍憲子集記者、報人，政黨領袖於一身。伍氏「傳道」並非僅僅上承師訓，下挽狂瀾之舉，更非單單為在「傳道」活動中獲取「身分認同」。實然，伍氏「傳道」即是「求道」，也是「證道」。若從政治方面的成就觀之，不論是民國初年輾轉仕途，還是作為一黨之領袖，伍氏的成績表也是無甚足觀。但我們在伍氏的一生中，可窺見一獨立人格的存在，而此人格的有無又可從其弘揚孔門之道得到證成。中國古代儒者身在廟堂則憂其民，身在江湖則憂其君。伍憲子一生所憂則是中國文化精神的有無，並國家人民的素質，因為上述二者都與國家存亡脫不了關係。我們在伍氏〈答呂超然春夜寄懷之作〉，可窺見作者對中國文化與國民素質的關注：

> 復國今當後百年！亡人求寶問蒼天。
> 既逢學絕非關運，豈有愚民可用權。
> 矛盾日攻頻斷脰，越秦相視枉摩肩。
> 但餘文物英靈在，難斬千秋未了緣。[86]

限於史料所限，我們實在無法還原伍憲子「傳道」之旅的全貌。然而，我們從零碎的資料的拼湊中，亦可見伍氏在垂暮之年，仍為實踐九江遺教和傳承孔道所作的努力。就以著書為例，伍氏畢生著作二十一部，當中與經

---

85 伍憲子入聯合書院之證據，可見香港中文大學：《明德新民：聯合先賢書畫展》（香港：香港中文大學，2007），頁6。亦可參考李巽仿等編：《松桂堂集》，頁85。

86 胡應漢：《伍憲子先生傳記》，頁58。

學有關的就有七部。[87]在詮釋儒家經典的過程中，伍氏以個人生命的體認和遭際，詮釋經典，從而遙契經典中的「道」。[88]在詮釋經典之時，詮釋者心中並非一片空白，而是自有一套價值系統去推索經籍之「道」。就如朱子（1130-1200）所言：「讀六經時，只如未有六經，只就自家身上討道理，其理便易曉。」[89]誠如黃俊傑所言，這是一種「互為主體性」的解經方法，一方面使經典中的「道」由於獲得異代解經者主體性的照映而不斷更新其內容，在「時間性」之中使經典獲得「超時間性」；另一方面則使讀經行動成為「尋求意義」的活動，讀經者的生命不斷受經典中之「道」的洗禮而日益豐盈。[90]筆者認為，解經者和經典的「互為主體性」關係，正好說明伍憲子與儒家之「道」的互涉關係。

87 據胡應漢所記，伍憲子撰寫有關經學的著作，有《孟子讀法》、《論語讀法》、《詩之人生觀》、《尚書源流》、《講易記》、《經學通論》。見胡應漢：《伍憲子先生傳記》，頁64。

88 如伍憲子在《經學通論》的〈《詩經大義》〉中論「詩可以興」，舉《詩經．小雅．小宛》：「題彼脊令，載飛載鳴。我日斯邁，而月斯征。夙興夜寐，毋忝爾所生。」和《詩經．鄭風．雞鳴》：「女曰雞鳴，士曰昧旦。子興視夜，明星有爛。將翱將翔，弋鳧與雁。」作為人之自強之正反論證。是時，伍氏身在美國，獨力主持憲政黨黨務，在勢力孤危之際，講經傳道已成為一種自勵勉人的行為，而以「自強不息」詮釋《詩經》，則是以心中之「道」，體證聖人之道的明證。見伍憲子：《經學通論》，頁68-69。

89 黎靖德編：《朱子語類》，卷11，〈敬仲錄〉，見朱杰人；嚴佐之，劉永翔：《朱子全書》，第14冊（上海：上海古籍出版社，2002）頁345。

90 黃俊傑認為這種「互為主體性」的解經方法「解經者與經典之間常未能保持動態的平衡，而以解經者自己的生活體驗或思想系統契入經典的思想世界，有時不免扞格難通而構成一種解經者的『主體性的張力』。」見黃俊傑：〈儒家論述中的歷史敘述與普遍理則〉，《儒家思想與中國歷史思維》（臺北：臺灣大學出版中心，2014），頁149。

第五章
伍憲子的「新孔學」與「中國式民主」

第一節　引論

張紋華認為，作為一種舊學，「九江學術」適用於中國古代傳統社會。但當失去仕宦和科舉的兩大支撐，「九江學術」即必然迅速走向消亡。這是因為「舊學」並非代表近代中國社會的前進向方，被朱次琦、簡朝亮舊學無視和仇視的西學才是代表中國文化發現的前進方向。因此，「舊學」的性質使「九江學術」不能為自身的存在發展進行自我完善，也不能適應咸豐、同治年間及其後急促的政治環境和學術環境，陷入兩難的困境：變則亡，不變亦亡。[1]若以「學術史」的角度而言，張氏之言，可能堪稱定論。因為進入二十世紀，中國的「舊學」，如九江學派推崇的經學、史學、掌故之學、性理之學和辭章之學，已被送到學院之中，成為象牙塔內的珍品。但對伍憲子而言，為世人唾棄的「舊學」，卻是個人生命「意義」所在，也是拯救中華民族，甚至是拯救世界的良方。惟「良方」之所以「良」，一是其包含「亙古不變」的價值，二是其蘊涵「應世而變」的彈性，伍憲子雖上承簡朝亮和有為二人之學，但他能夠因應時代變化締造「新孔學」，這足可見證儒者在孔道追尋上的「變」與「不變」。

1　張紋華：《朱次琦研究》，頁124。

第二節　對「仁」的詮釋

眾所周知，歷代思想家與經注家對於「仁」的詮釋不盡相同。孟子視「仁」為人心之一端，「仁」為人內在的善性的根源。到了《禮記・中庸》，則從兩個方面提出「仁」之內涵，一為「仁」為「成己之德性」，即「仁」是人能夠自我成就之內在道德；另外一方面則為人與他人之間的關係。西漢時的董仲舒將「仁」之成己意義轉化為「安養他人」，使他人受益。顯見「仁」的意義由孟子「心性論」的內在道德架構，推展至他人與自我之間的關係。又由於《禮記・中庸》當中「仁」的二義性，東漢鄭玄注《禮記》時，便認為「仁」讀為「相人偶」之「人」，又云：「仁，愛人以及物。」將「仁」放在「實踐」的層面，說明「仁」是人與人相處所展現的親善表現。南宋朱熹把「仁」理解為「仁」的「全德」和「愛之理」，如此說是將「仁」理解為全善的道德本體，具有道德主體的根源義。時至晚清，在西學對儒學的衝擊之下，對於「仁」的解釋又再一次有了轉化，其中康有為可謂具有代表性的人物。康有為在長興講學，即自云「大發求仁之義。」其對於「仁」的解釋，梁啟超云：「先生之論理，以仁字為唯一之宗旨，以為世界之所以立，眾生之所以生，家國之所以存，禮義之所以起，無一不本于仁，苟無愛力，則乾坤應時而滅矣。是故，果之核謂之仁，無仁則根干不能茁，枝葉不能萌。」從梁啟超之論述，可以知道康有為學思中的「仁」已不僅是立足於「個人—家庭—國家」的架構，更及於「世界」之所以立的根源。[2]

如筆者在第二章所言，由於九江先生重實學，避空談，故他說到「仁」的時候，並不愛言「仁」之「理」，反之喜談「仁」之「術」。簡朝

---

2 有關康有為對「仁」詮釋的扼要論述，可見詹宜穎：〈論康有為《中庸注》、《孟子微》、《論語注》對「仁」的詮釋〉，刊於《靜宜中文學報》，2015年第7期（2015年6月），頁95-116。

亮上承其師學風，亦沒有花費什麼工夫在「仁」之「理」的討論上。與九江和竹居二位先生不同，由於伍憲子重視孔學中「道術一貫相連」，所以特別注意對「仁」的闡釋。伍氏說曾經指出「內所以能聖，賴有此仁，外所以能王，亦賴有此仁」。[3]「仁」既是「內聖外王」的核心，究竟「仁」為何事？伍氏直言：

> 仁不是空洞無內容，亦不只是「仁者愛人」之說之膚泛。以物譬之，果核中實曰仁，如桃仁、杏仁，其質含有生氣，可以生生不息。反之，則手足痿痺，不能運動，謂之不仁，不仁就是喪失了生氣。故總括仁之義，是要人類互相了解互相幫助，人與人相處而得相安，而得進步，而有向榮之生意，而有無盡之生氣，而生生不息。[4]

匆匆一瞥，伍氏「釋仁」的取向，與宋儒謝良佐（1050-1103）說仁的套路極為相似。謝氏曾言：

> 晉伯甚為好學，初理會仁字不透，吾固曰：「世人說仁，只管著愛上，怎生得見仁？」[5]
>
> 仁是四肢不仁之仁，不仁是不識痛癢，仁是識痛癢。[6]
>
> 草木五穀之實謂之仁，取名於生也。生則有所覺矣。四肢之偏痺謂之不仁，取名於不知覺也。[7]

3　伍憲子：《國學概念》，頁62。

4　伍憲子：《國學概念》，頁77。

5　朱熹編：《上蔡先生語錄》（北京：中華書局，1985），頁6。

6　謝良佐：《上蔡語錄》，卷二，頁1。轉引自陳來：《仁學本體論》，頁273。

7　朱熹：《論語精義》，轉引自陳來：《仁學本體論》，頁273。

然而，如學界所知，謝氏的「知覺言仁」是從程明道（1032-1085）的「識仁」說的基礎上講「知仁」的問題，其進路偏重於經驗層面取向。[8]反之，伍憲子以「生意釋仁」，著重「仁」的「生生不息」之義。關於「仁」與「生」連繫，伍氏又以《易》之「變化」解釋其由：

> 《易》說「一陰一陽之謂道」，「一」畫之陽，就是一個人，「--」畫之陰，就是相人隅，一人不能變化，必要二人方能變化，故人格必從相人偶而出……相人偶方可以生生不息，這就是靠一點生氣之變動。如說果實之生氣為仁，其生氣之變動，就是靠此一點生氣之仁，而發芽，而成幹，而長枝，散葉，開花，結果……於是能生生不息，終而又始。所謂動則變，變則化，生生不已，自強不息，此《易》之義，即是仁之義。[9]

其實，「仁」與「生」的關聯，自漢代已見其端，《太平御覽》引《春秋元命苞》曰：「仁者情志，好生愛人。故其為仁以人。其立字二人為仁。」後來，宋儒明確把仁與生聯繫起來，與宇宙生機、生意聯繫起來。從而使之與仁，與一體關聯在一起，從此「以生論仁」成為儒家「仁學」的主要傳統。[10]伍氏承繼宋儒「生仁一體」說及「元氣」論的傳統，突顯「仁」的宇宙實體論及本體論意涵：

> 《易》曰：「乾，元亨。」又曰：「元者，善之長也。」古稱王者為元首，稱百稱為元元，元氣通於上下一貫也。果核之有生氣謂之

8 有關謝良佐「知覺言仁」的討論，可參考陳來：《早期道學話語的形成與演變》（合肥：安徽教育出版社，2007），頁135-140及頁190-193。

9 伍憲子：《孔子》（香港：自由出版社，1956），頁78。

10 陳來：《仁學本體論》，頁37。

> 仁。謂其內含元氣，可以生也。手足痿痺者謂之不仁，謂其元氣不能貫到也。故人為萬物之靈，即恃此仁。此仁上貫天，下貫地，中貫人，旁貫萬物，合之即天地之道。[11]

有論者謂，理學對儒學的一大貢獻乃是它將「仁」到了前所未見的境界。就實踐的程序而言，「仁」展現由道德情感──形氣之感──本體之動能所構成的體現圖式；就本體宇宙論的觀點而言，「仁」被視為本體，它的本質以月印萬川的模式流注到全體世界之事物，萬物皆依仁體而立，而只有人的意識具備彰顯仁體的能量。[12]筆者認為以上論述，不僅能道出宋代理學對儒家學說的突破性貢獻，也可作為伍憲子「仁道」說的概括。

綜合而言，伍憲子心中的「仁」，既是「生生之仁」，也是「上下一貫之仁」。若以宇宙論言之，此「仁」乃「元氣」，「元氣」不是靜態的，乃是「運動」的，故萬物賴之以生。若從本體論言之，「仁」是天地之「道」。此「道」為何？伍氏引《中庸》：「天地之道，可一言而盡也。其為物不二，則其生物不測。」釋之，說「所謂可一言而盡者，即一貫之仁也。此一貫之仁，無有二，故曰其物不二。此一貫之仁，發達無窮盡，故曰其生物不測。」[13]當「仁」是「上下一貫之仁」，就成為了「仁體」。「仁體」既是生生之理，也是活動流通之動因，是宇宙活動力之動源，是生命力的源泉。簡言之，「仁體」既是萬物生生的本性，也是「道」，道體無內外，無始終，直立天地，貫通內外始終而成為一體。[14]若就人類社會而言「仁體」就是人的內在的人格世界，藉此開啟人類無限融合及向上之機。[15]伍憲子

11　伍憲子：《國學概論》，頁80。

12　楊儒賓：〈理學的仁說──一種生命哲學的誕生〉，見楊儒賓著：《從《五經》到《新五經》》（臺北：臺灣大學出版中心，2013），頁161。

13　伍憲子：《國學概論》，頁80-81。

14　陳來：《仁學本體論》，頁42-43。

15　「仁」是人的內在的人格世界，藉此開啟人類無限融合及向上之機的觀點，是參考徐復

謂「仁之義，是要人類互相了解互相幫助，人與人相處而得相安，而得進步，而有向榮之生意，而有無盡之生氣，而生生不息。」[16]人與人能互助，能相與安，社會能進步，實基於此「仁體」故。由此觀之，明顯可見伍氏受康有為的影響故特別重視「仁」的普世性格，故伍氏將「仁」比喻成陽光和雨露，二者都是萬物生長之資。[17]惟所不同者，是伍憲子高舉民族文化的優越思想。如康氏詮釋「仁」字常引用西學概念——如「以太」和「電」者。[18]而伍憲子詮釋「仁」的概念時，去除了康氏之西學概念，並以「仁」為中西方文化差異的關鍵處。伍氏在討論東西方文化差異時曾說：

> 孔子之教，專從人性親愛為出發點，而鼓勵擴充之，所以能造成極高度文化。西方則不然，專從人性爭奪為出發點，所謂人權，所謂權利，絲毫不肯放鬆。東西文化之大分野在此……從親愛為出發點，所謂「親親而仁民，仁民而愛物」，所謂「老吾老，以及人之老，幼吾幼，以及人之幼」，所謂「一夫不獲，時予之辜」，其基礎全在修身。[19]

中國儒家傳統所講的「修身」，是把個體置身於家庭、社會或國家的脈絡中來認識自己。[20]儒家要「修身」不是「獨善其身」，而是要成就他人，並

觀先生的說法。惟先生講的是「仁」，而筆者以為此「仁」，若放在本體論層次言之，亦與「仁體」同。有關徐先生的觀點，可參考徐復觀：《中國人性史論：先秦篇》（臺北：臺灣商務印書館，2010），頁69-71。

16 伍憲子：《孔子》，頁77。

17 伍憲子曾說：「世界是人類世界，人類有互助義務，否則世界不能安寧，孔子所以提倡仁，其意義全在此。」見伍憲子：《孔子》，頁81-82。

18 康有為釋「仁」時曾借用「以太」和「電」等西學概念，關於這一點，可見氏著《中庸注》（臺北：臺灣商務印書館，1966）。

19 伍憲子：《中國民主主義》，頁15。

20 安樂哲（Roger T. Ames, 1947-）稱此為「情境化方法」（ars contextualis）。在這種思維下，

在與他人的交往過程中實現「自我」，此所謂欲立而立人，欲達而達人之義。按伍氏的理解，若此個人便可以自作主宰，時時具此懷抱，則社會國家人群之福利，自然可以推動而擴大，社會自會進至大同，此乃是孔子之「仁」的精粹所在，亦是伍氏盡畢生之力推崇中國文化之原因。[21]由此可見，伍氏論「仁」雖不無南海先生之風，但在對西學的立場上與竹居先生相近。

第三節　對「新孔子」的重塑

1916年，廣東省省長上書請准朱九江從祀孔子並頒發匾額，以示坊表。呈文所記朱次琦能奉祀之由是：

> 次琦明體達用，一本躬行。山居二十年，絕跡城市。無宋學漢學之歧，有經師人師之懿。誠聖門之嫡裔，百世之儒宗。[22]

翌年，內務部准朱九江從祀孔聖，並由大總統袁世凱頒發題字匾額。[23]朱次琦一生以復興孔學為志業，凡九江弟子不論康有為、簡朝亮，還是伍憲子皆離不開孔學。考朱次琦及簡朝亮乃從儒學道統和學術源流上突顯孔子的重要性；康有為則從立教救世的角度視孔子為教主。與九江先生和南海先生相同者，伍憲子既強調孔子在儒學道統上的關鍵地位，又點明孔子在

人們眼中的世界不是由「一」與「多」組成，而是由「諸此」（thises）和「諸彼」（thats）組成。安樂哲（Roger T. Ames）著，彭國翔譯：《自我的圓成：中西互鏡下的古典儒家與道家》（河北：河北人民出版社，2006），頁330-342。

21 伍憲子：《中國民主主義》，頁56。

22 〈朱省長請准朱九江入祀鄉賢呈文〉，見《松桂堂集》，頁96。

23 見〈諮呈：內務部諮呈國務院核覆廣東已故耆儒朱次琦入祀鄉賢並請頒給匾額文（中華民國六年二月一日）〉，《政府公報》，392號（1917年，2月12日）。

世界明文上的重要性。但與師門相異者，孔子既已超越儒家道統的範疇，亦非一教之主可以限囿。

（一）作為中國文化承傳者的孔子

若從承傳的角度析之，伍氏上承朱九江、簡朝亮和康有為尊崇孔子的傳統。如上所述，朱九江、簡朝亮尊孔在於其「道」，康有為尊孔在於其教。[24]伍氏尊崇的孔子卻有不同的內涵：一是孔子被視為中國文化的承傳和發明者；二是在諸子百家之中孔子地位無與倫比。就前者而言，伍氏曾言：

> 研究國學，當要知得孔子……彼以為堯舜禹湯文武周公以其道傳孔子……所謂堯舜禹湯文武周公，皆賴有孔子而後見……故即此而觀，堯舜湯禹文武周公與孔子所發生之關係，不在於堯舜禹湯文武周公傳道於孔子，而在於孔子發明大道，使堯舜禹湯文武周公與有榮焉。[25]

在中國儒學的傳統裡，「堯舜禹湯文武周公」乃是「道統」之所繫。早在《論語．堯曰》中，孔子已隱約地勾勒出一個由堯、舜、禹、文王、周公

---

24 在康有為的論述裡，孔子既是「萬世教主」：「偽《周官》謂「儒以道得民」，漢《藝文誌》謂儒出於司徒之官，皆劉歆亂教倒戈之邪說也。漢自王仲任前，並舉儒、墨，皆知孔子為儒教之主，皆知儒為孔子所創。偽古說出，而後吻塞掩蔽，不知儒義。以孔子修述《六經》，僅博雅高行，如後世鄭君、朱子之流，安得為大聖哉！章學誠直以集大成為周公，非孔子。唐貞觀時，以周公為先聖，而黜孔子為先師，乃謂特識，而不知為愚橫狂悖矣。神明聖王，改制教主，既降為一抱殘守闕之經師，宜異教敢入而相爭也。今發明儒為孔子教號，以著孔子為萬世教主。」見康有為：《孔子改制考卷七．儒教為孔子所創考》（臺北：臺灣商務印書館，2011），頁257-258。

25 伍憲子：《國學概論》，頁16、18、24。

的道統譜系。[26]其後，孟子把儒家道統寫得更加細密，加上了「五百歲」的時間維度，並突出文王、周公、孔子在道統承傳中的重要性。[27]然而，伍憲子卻認為，在孔子以前「堯舜禹湯」之事茫昧難考，就是文武周公，比較接近，其詳亦不可得聞。若非經過孔子對資料的收集、整理和創作，根本沒有可能為後世人所知。[28]故此孔子不是「道統」的傳承者，而是「道統」，甚至中國文化之創建者：

> 【孔子】闢土開疆，創業垂統，制禮作樂，治定功成。追法先王，堯舜禹湯文武周公之道法，始有所表現。數千年前之國學，得孔子而遂成一重心。孔子而後，諸子百家，發皇滋長之……要之皆受孔子之賜。[29]

顯而易見地，孔子到了伍憲子手裡已經成為道統、國學，甚至中國文化中的重中之重。伍氏把孔子的地位提到中國文化傳承的層次，與新文化運動以後學術界風行的疑古潮流不無關係。伍憲子曾經指出：

> 回憶二十五年前，新文化運動開始以後，一般新文化運動家，如顧頡剛、錢玄同諸人，大發其疑古之論，幾乎要將堯舜革出國籍，說中國無此人，並且說大禹是一條蟲，不是一國人，他們說堯舜禹之事蹟，都是戰國時代好作偽書的人虛構出來的。[30]

---

26 朱熹：《論語集注．堯曰》，見朱熹著：《四書章句集注》，頁193-195。

27 有關孟子對「道統」譜系的建構和孔子在道統承傳的重要性，可參考於朱熹：《孟子集注．盡心下》及《孟子集注．滕文公下》，見朱熹著：《四書章句集注》，頁376-377及272。

28 朱熹著：《四書章句集注》，頁18-19。

29 朱熹著：《四書章句集注》，頁25。

30 伍憲子：《孔子》，頁12。

由是觀之，伍憲子把孔子設定在中國文化傳承者和發明者的位置上，是要奠定中國傳疑時代歷史的確定性，反駁抱疑古史觀者對中國文化承的質疑。關於疑古派帶來的問題，不是歷史真偽的問題，而是中國民族和文化毀滅的禍根：

> 他們公然說禹治水不可信，公然說《禹貢》是偽書，是無疑將中國民族毀滅了，是無異將中國文化毀滅了。梁任公謂中國民族之統一，開之者黃帝，而成之者大禹也，唐虞以前僅能謂之有民族史，夏以後，始可謂之國史……當巨浸滔天，萬民昏墊之際，此大聖出而治之，此是事實，有此事實，能使吾民知自然界之咸虐可畏也，此人定勝天之理想所由出。吾民族因夙信人類之上，尚有最高之主宰，然經此事實之後，知主宰我者實為仁愛，常願人力之所及而助之，此天從人欲之理想所由出。[31]

由上可見，伍氏引述梁啟超的言論，就是想證明疑古派對中國民族和文化的危害，對中國人相信的「意義世界」的衝擊。就此而言，伍氏推崇孔子不是保守和好古，而是為中國文化和價值之源樹立一根定海神針。

就後者而言，伍氏又把先秦諸子的地位置於孔子之下，是為強調儒家人文主義的重要性。為突顯伍憲子「崇仲尼抑諸子」的做法與前人不同，我們不妨將他的說法與其師康有為作一比較。南海先生曾言：

> 凡大地教主，無不改制立法也，諸子已然矣。中國義理製度，皆立於孔子。弟子受其道而傳其教，以行之天下，移易其舊俗。若冠服、三年喪、親迎、井田、學校、選舉，尤其大而著者。今采傳

31 伍憲子：《孔子》，頁100。

記，發其一隅，以待學者引伸觸長焉。其詳別為專書矣。[32]

眾所周知，康有為在諸子百家之中獨崇孔子，惟從創教者和改革家的角度來說諸子與孔子是平等的。反觀在伍憲子的論述裡，先秦諸子的理論皆有所缺，故不及孔子之偉大：如道家所言的「道」渺茫不可捉摸；又愛講「無為」，漠視人類的努力。此外，道家主張去奢去泰，使人陷入自然主義之弊；老子主張小國寡民，更是無政府主義之濫觴。最重要的，是道家太忽略人類心靈的創造力量，太蔑視人格，而以建己為患，以用知為累，致使令活潑的人生，變為金石草木。上述諸弊之所以出現，全因為道家背後的機械人生觀所致。[33]至於墨家學說之失，則在於其說宗教味道太濃，當中「天志」、「尚同」之說使人陷於「絕對無自由，個性完全毀滅」之窘境。此外，墨子言「兼相愛」不僅難以實行，最重要是建基於「交相利」之上。更重要的，是節用、節葬諸說既堵截人之欲望，亦阻礙社會之進化。[34]最後，法家學說之失，就是以國家吞滅個性，人生活在硬化的法律下，便如同死物一般，失到了人性。[35]至於儒家，伍憲子認為其之所以較道、墨、法優勝是因為：

孔子之教，活潑潑長人之天性，使人之手足極安適，使人之心靈極舒暢，不祇無束縛，實解放之。[36]

由是觀之，在伍憲子「崇孔」的思想中，我們發現他重視學說本身能否讓

32 康有為：《孔子改制考卷九．孔子創儒教改制考》，頁337。
33 伍憲子：《孔子》，頁17-23。
34 伍憲子：《孔子》，頁25-27。
35 伍憲子：《孔子》，頁27-28。
36 伍憲子：《孔子》，頁30。

個體的「自我實現」得到充分發揮。儒家重視道德主體的「自我實現」，而「自我實現」的可能性源於以下兩方面：一是其本體論基礎和實際的力量所在的心性結構；二是對所有人尊嚴的尊重。[37]伍憲子揚孔子抑諸子，真正的目的是高舉人的內在價值，發揚中國儒家傳統的人文主義神精。

（二）作為屬於世界的孔子

若從傳統與現代的角度觀之，朱九江、簡朝亮重視和傳揚的是傳統的孔學和孔道；康有為、伍憲子弘揚的孔子卻是充滿現代意義。這裡所謂的「現代意義」是指孔子再不僅屬於中國而是屬於世界的。在接下來的一節裡，我們將會展示被伍憲子改造了的「世界的孔子」的圖象。

首先，伍氏以西方物質發達，但道德沉淪的前提下突出孔子的重要性。伍憲子認為近代西方物質文明發達，可說是一日千里，令人震驚，但是道德人格則日日低落，此乃「世界前途之大憂」。另外，西方過於注重功利主義，資本主義仍大行其道，而馬克思主義又被極權者所利用，所以未能帶領人類走出困境。最糟糕的是，由於道德人格的墮落，致使高度的科技產物——如原子彈——被「下等心理」的人所利用，勢必將整個世界推向毀滅之路。職是之故，墮落的世界更需要孔子：

> 故人類需要科舉技能，更需要高度文化，如此則萬不能藐視孔子。須知今後仍是人類世界，仍是很久的人類世界，西方宗教祇知人與神，科學則祇知人與物，對於人與人之間，尚未研究深造，今後希望世界和平，給予人類福利，非虛心請教孔子不可。[38]

37 杜維明：〈先秦儒家思想中的人的價值〉，見氏著：《儒家思想——以創造轉化為自我認同》（臺北：東大圖書公司，2014），頁82。

38 伍憲子：《孔子》，頁2。

循以上的論述可知，伍氏雖然不得不承認西方的科學技術和物質比中國優勝，但從「文化」的層面而言，中國文化仍然是一種穫比西方優勝的「高度文化」。由是觀之，縱然時代不同，惟朱次琦、簡朝亮那種「道重於器」的思想，仍然深藏在伍憲子的思想之中，所不同者，是伍氏進一步把孔子之道提升，成為拯救世人靈魂的良藥。

其次，在宣揚孔道能拯救世界之先，伍憲子先道出世界危機之源：

> 科學文化對人性不甚了解，經中世紀宗教文化之後，思以人權爭自由，造成人民權利之哲學文化。換言之，就是苟安畏戰，現實主義，遂變成靈魂……[39]

有關「科學文化對人性不甚了解」的論斷，伍氏沒有進一步加以闡述。這是因為他論述的重點，並非著眼討論「科學文化」與「人性」的關係，而只是想說明「科學文化」是造成為人們趨向「苟安畏戰，現實主義」的肇因。作為西方世界的主要精神，「現實主義」讓人變得目光如斗，急功近利：

> 科學文化則精神全注於物，其基本在數學，其相像不能稍步含糊，其效果當然要趨於現實。因此，西方哲學感於宗教文化太虛渺之故，自然亦趨於現實，更因接近科學之故，對現實倍增趣味。於是造成功利派邊沁兒等所謂「人是天生成一個求樂避苦的動物」、「人要自己打算」、「休想他人舉手救你」等等奇論，與達爾文「物競天擇適者生存」，將人類與物類同一看法之奇想。雖然他們亦講群，亦講最大多數的最大幸福，但眼光所注，總不離現實，即使講到實用，亦是現實的實用。……以此之故，鮮能犧牲現實，以為將來。[40]

39 伍憲子：《孔子》，頁111。

40 伍憲子：《孔子》，頁108-109。

伍氏不厭其煩在闡釋「科學文化」如何使人注重「現實」、「實用」，最重要的是科學文化的盛行衍生了三個問題：一是個體的孤立，是社會的組成的獨立原子；二是由於個體只是孤立的原子，所以；三是人與萬物同等，失去了上承天道，為萬物之靈的獨特性。簡而言之，科學文化最大弊端，不是講實用和現實，而是個體的價值和意義全植根於「己」。從橫向來說，個體忽略他人、群體、國家和世界的福祉；就縱向而言，個體只著眼於現在，卻沒有顧念將來和後人的利益。

其三，伍氏指出孔子提倡的「仁」可以解決科學文化引起的種種問題：

> 世界是人類的世界，人類有互助義務，否則世界不能安寧，孔子所以提倡仁，其意義全在此。故仁如神經中樞，總攝一切，如發動機，運用一切，仁之所到處，必有感應，如父慈，感應到子孝，君敬，感應到臣忠，夫義，感應到弟恭……乃至所謂直，所謂廉，所謂知恥，所謂善，所謂美，所謂和，所謂睦姻任恤等等，凡人所應有之種種美德，無一而不可統攝之以仁。[41]

孔子學說的「仁」可以打破個體的孤立狀態，可以使人明白自己必須肩負「互助的義務」。當然，學說歸學說，如何能將孔子的學說付諸實行，使之切實成為拯救世界的良藥又是另一個問題。關於這一點，伍氏亦有所認識：

> 一切學說之發展，其目的都是為人群……雖在民主時代，亦萬不能易，一群人固然是人，代表一群人之特出者亦是人，一樣須要人格。假令一群人之人格不夠，則斷不能有代表之特出者，如此則事

41 伍憲子：《孔子》，頁81-82。

> 業終無成就，學說等於空言，故人格之修養，無論何時，皆為根本問題。但修養人格之重心，斷不能放在知一方面，應該放在仁一方面，將親親仁民愛物之理，擴充至大同……孔子人格之修養，所以能調和其知情意，得到圓滿，所以能涵蓋一切，持載一切，全是能將重心放在仁的方面。[42]

據伍憲子所說，「修養人格」是落實孔子學說的唯一途徑。至於修養人格的工夫則以道德實踐為進路，即所謂「親親」與「仁民愛物」者，而放棄純經驗主義的途徑。既然道德實踐是落實孔子學說的唯一方法，那麼如何實踐道德便成了其中關鍵，而孔子的價值亦在於此。伍氏指出：

> 孔子人格，不祗在中國歷史中，有其最高價值，在世界歷史中，亦有其最高價值。無論何種人物，其知識、才能、或能比得上孔子，或且近於孔子，但其人格比不上孔子。[43]

在上引文中，伍憲子把孔子放在「世界歷史」的脈絡裡觀之。至此孔子已經不是中國的孔子，而成為了世界的孔子。至此孔子的人格不僅是中國人道德實踐的模楷，也成為人類道德實踐的學習典範。

(三) 從「反知」到「忘我」——孔子人格的意義

如上所言，伍憲子在整個論述裡，不僅在建構「新孔子」，還賦予孔子新的世界性意涵。在伍氏的論述裡，孔子的人格亦成為世人信仰的所繫：

> 孔子之偉大在於人格。若果我們對孔子人格，不能起尊敬之心，不

42 伍憲子：《孔子》，頁106-107。

43 伍憲子：《孔子》，頁89。

算得認識孔子。不能起愛慕之心，不算得認識孔子。不能起信仰之心，不算得認識孔子。[44]

孔子的人格既然是重中之重，那麼究竟孔子人格的內涵是什麼呢？關於這個問題，伍氏借用了梁啟超和唐君毅的說法來闡釋，自己只是作了兩點補充，但當中的補充卻十分值得留意。由於梁、唐兩位先生對孔子人格的論述不是我們的主要討論焦點所在，我們姑且以簡表概括二人所說如下：[45]

梁啟超的觀點	唐君毅的觀點
孔子是理智發達的人	孔子有超越忘我精神
孔子是富同情心的人	孔子有超絕言思精神
孔子是意志堅強的人	孔子有大慈大悲精神
	孔子具有英雄精神
	孔子具有教主精神

在引述梁、唐兩位先生的說法後，伍氏就以下兩方面進行補充：一是知、仁、勇三達德能調和的根源；二是小知與涵蓋持載精神的對立關係問題。若綜合視之，伍氏所關心的是人過於推崇科學精神，而忽略人文精神的向度。且讀伍憲子的幾段說話，即可證明此言非虛：

「人皆曰予知」，假令我們對知一方面，有此存心，則飾知矜愚之舉動，自然流露出，此是人生之最大患。不祇與仁、勇不能調和，必且去仁、勇日遠，就是單從知方面說，亦必不能日有增益。[46]

44 伍憲子：《孔子》，頁89。
45 伍憲子：《孔子》，頁89-99。
46 伍憲子：《孔子》，頁99。

伍氏辯稱他持此說並不是輕視「知識」，而是要人明白尋求知識之餘，也要知道對道德追求是不可或缺的：

> 然我們要尋求知識，同時亦要尋求做人之道，便不能為知識一部分之領域所限，我們就要注重在道德方面，擴充其大仁。孟子曰：「聖人先得我心之所同然」又曰：「心之所同然者理也，義也，故義理的悅我心，猶芻豢之悅我口」此則與「人心之不同如其面焉」，適成一個對照。人心之不同如其面，所以要許人思想自由，學術始能藉此而發達，政治始能藉此而改良。「聖人先得我心之所同然」則是大家應同求歸宿於義理。明白此義，自然不阻礙人之自由，而思想言論，可盡量發揮。亦自然可以容納萬流，而匯成大海。[47]

由以上引文可知，伍氏所指的「道德方面」即是「行仁」，「行仁」始可讓人的諸般「自由」得以發揮。然而，「行仁」是否能實現，要視乎個體是否明白儒家「涵蓋持載的精神」，是否執著於自己的「小知」，而不能忘我：

> 小知不是大知，在知之範圍中，皆渺乎其小，猶且各自其小知，各非人之小知，所守者窄，不能忘我，如此則背道而馳……故知斷不能離道，然後能造成其偉大。[48]

究竟什麼是「小知」？「小知」又如何成為擴充「仁」的阻礙：

> 以上所說，目的都是做到忘我，忘我而後可以持載一切，然最不能忘我者，就患在自限其小知，小知是偏見之知，因此就不能與仁配

47 伍憲子：《孔子》，頁102-103。

48 伍憲子：《孔子》，頁103。

合，不能以仁運用其知，知就愈偏愈小了。[49]

由是觀之，所謂「小知」就是「偏見之知」，「偏見之知」之所由就是人「不能忘我」。說到此處，伍憲子提到其師康南海的話：

> 南海先生常說，即使吾人強霸大地，文化被於全人類，威武能統攝六種，合天下為一家，仍是區區不足驕人，而況微塵中之微塵，幾乎「視之不見，聽之不聞」之中國，那使政權在握，指揮若定，得之亦何足喜。明白此義，如此則可以說是大知，不是小知，知識能擴大至境界，當然已不是限於知識範圍，蓋已進於道矣。[50]

話說至此，我們終於明白，伍氏引梁任公、唐君毅說孔子人格並不是重點所在。觀伍氏引康有為之說——小知、大知、忘我之說乃出自康有為的「天人說」，以其師的進路論述世界大同的可能，才是他用意之所在。固然，伍氏銳意改造孔子縱然是受康南海的影響，也與當時兩岸形勢緊張，自己卻又苦無出路不無關係。關於這一點，我們會在伍氏傳道之旅時再討論。

第四節　對「經學」的「新」詮釋

如有論者所言，在二十世紀初葉清算傳統文化的學術浪潮中，經學是最受時代詬病之學門。晚清政府實行新政，如廢科舉，辦新式學堂，推行學制改革，採納現代分科治學觀念等等，大學堂雖專設「經學科」，但經學終究已是明日黃花。是故民國初年，政府下達了廢止讀經之令，經學終於壽終正寢。作為傳統學術的重要載籍，經書之特質既「非史」、「非

49 伍憲子：《孔子》，頁105。

50 伍憲子：《孔子》，頁104-105。

哲」、「非文」，亦可謂「亦史」、「亦哲」、「亦文」。西方分科觀念將經學並入文科，促成其學術轉型，衝破了籠罩於經學的神聖光環，有積極的時代意義，但負面效應，以西學衡估中學，分化了經學思想體系的獨立性。[51] 自1930年秋天以後，經學的講授即使在若干大學仍然弦歌不絕，但經學已在現代高等教育體系中全面潰退。[52]又以近年經學研究學者林慶彰著手進行「民國時期經學」資料的整理和發掘為例。雖然，在2007年計劃進行以來，「出土」的經學著述比預計中超出一倍以上。但在編輯各種文獻的過程中，林慶彰發現有不少當時有名的經學家，才過幾十年幾乎快被遺忘了。[53]從以上現象觀之，既說明經學在現代中國掙扎求存，亦說明經學陷於傾頹之勢已經是一個不爭的事實。縱然經學的地位如東去之江水一去不復返。惟獨在一眾儒家傳統文化的守護者心中，經學仍是他們心中之「常道」絕不可廢，如1944年，熊十力先生在抗戰困窘之中仍責令弟子讀經，且宣言曰：

> 夫六經廣大，無所不包涵，而窮極萬化真源，則大道恆常，人生不可不實體之也。若乃群變無常，敷宣治理，莫妙於經。[54]

若以此熊先生之言觀之，六經的可貴在於無所不包，而且是萬化之源，也是包含不變的秩序理性於其中。熊氏相信在「群變無常」的世界裡，我們可以透過讀經而得其「常」。就這一點而言，熊氏與伍憲子之所見是無二

---

51 王應憲：〈民國時期大學經學教育視〉，《中國學術年刊》，第35期（2013年9月），頁110及113-114。

52 車行健：〈現代中國大學中的經學課程〉，見氏著：《現代學術視域中的民國經學——以課程、學風與機制主要觀照點》（臺北：萬樓卷圖書公司，2011），頁5-40。

53 林慶彰：〈民國時期幾位被遺忘的經學家〉，《政大中文學報》，第21期（2014年3月），頁15-36。

54 熊十力著：《讀經示要》（北京：中國人民大學出版社，2006），頁97。

致的。惟獨「六經」在伍氏眼中還有什麼特別意義呢？這些「意義」的背後蘊涵什麼思想特點呢？這些思想特點放在九江學派的經學觀上觀之又有何突破呢？以上種種均是本節討論的關鍵所在。

（一）伍憲子與他的《經學通論》

如上所言，進入二十世紀三十年代，中國經學縱然未算斷絕，但已經步入「化整為零」的階段。所謂「化整為零」是指六經已不再會被看作一個整體來學習，《詩》、《書》、《禮》、《易》和《春秋》逐漸被編配到不同科系成為專修的科目。因著高等教育的需要，一些概論性的經學基礎課程亦應運而生。同時，一些以「概論」、「通論」等為名的經學介紹性書籍也如相繼出現。它們所簡介的內容、引導的議題往往相近，多離不開對經之名義、經學的定義、孔子與六經的關係、經學傳授與流派，經書的淵源、性質、大義、義例，以及經學發展歷史的介紹。雖然諸家在章節、篇幅的安排上，時有偏重，不會面面俱到，但大體而言，導論之內容多半不出以「經」、「經書」、「經學史」為核心的知識框架。[55]雖然，1936年出版的《經學通論》看似是「通論性」類型的經學介紹性書籍，但若細察之又不是那一回事。

據伍氏門生李大明的記述：1930年，伍憲子應美國三藩市國學涵授學院的邀請撰作《經學通論》。1932年，李大明因事回到中國，每到一處「（此書）必攜置行篋中，暇輒展誦，不忍釋手」。到了1936年，李大明行經上海，便將《經學通論》校刊之，以嚮世之同好。[56]是書由十六章組成，若按性質區分可為四個部分：第一、是經學的範圍和意義（第一至二

55 根據盧啟聰的整理所得，由1912-1944年，現存的「通論」或「概論」式經學介紹性著述最少有24種。見盧啟聰：〈民國時期「經學概論」類教材與陳延傑的《經學概論》〉，《中國文哲研究通訊》，第28卷2期（2018年6月），頁58-60。

56 李大明：〈經學通論序〉，見伍憲子著：《經學通論》，頁4。

章）；第二、是今古文經與偽經的問題（第三至六章）；第三、是經學的發展概略（第七至十一章）；第四、是五經大義（第十二至十六章）。若以內容篇幅計算，全書共一百二十三頁。第一至第三部分有六十三頁，佔全書百分之五十一；第四部分有六十頁，佔全書百分之四十九。從表面上看來，《經學通論》主要的任務似是申述「五經大義」無疑，惟實言之，若說伍憲子在述說五經大義，毋寧說他在義闡發自己對儒學的信仰。

（二）亂世中的經學意義——伍憲子以「六經注我」

1928年6月，國民革命軍進入北京，北伐戰爭結束，全國形式上宣告統一。但誰都知道這只是形式上的統一，實際上內憂外患從未間斷，對內而言國民黨始終黨派林立，紛爭不斷，並多次發展成大規模的分裂和武裝衝突；[57]對外而言日本窺伺中國的野心從未止息。更重要的，國民黨藉推行訓政體制以法律鞏固其權力，試圖建立其政治主張，壟斷未來政治發展的合法性，打壓政治異見分子，箝制言論和政治自由。如1928年3月公布的《暫行反革命治罪法》，規定凡宣傳與三民主義不相容之主義及不利於國民黨的主張者，都會被處以有期徒刑。[58]在《暫行反革命治罪法》出台的同一年，伍憲子身在上海創立《雷風雜誌》，並指責當局對濟南慘案的軟弱無能，近乎媚敵。不料，雜誌僅出了兩期便遭封閉。是年7月，伍氏便遠走美國三藩市，主《世界日報》筆政，展開九年的流美生活。[59]伍氏的《經學通論》亦在這樣的背景下寫成。九江學派一向經學為重，朱次琦認為，讀經與修身建立在一種互動的關係上。簡言之，讀經既可以體認古聖人的心思，也是「入德」的必須；修身就聖人之道的實踐，聖人之道通

57　有關國民黨內部的派系鬥爭的概略，可參考金以林撰：〈國民黨的派系與內爭〉，見王建朗，黃克武主編：《兩岸新編中國近代史．民國卷（上）》，頁163-208。

58　薛化元：《中國現代史》（臺北：三民書局，2018），頁147。

59　胡應漢：《伍憲子先生傳記》，頁16。

過實踐才能突顯其中意義。到了簡朝亮的時候，讀經已成為對抗「道出於二」思潮的抗衡活動。重新發掘儒學經典的「大義」，重新確認儒家經典內蘊含的秩序理性及其合法性，已經成為簡氏晚年的最大任務。但如陳來所言，在辛亥革命以後的幾年，儒學已整體上退出了政治、教育領域，儒學典籍不再是意識形態和國家制度的基礎，不復為知識人必讀的經典，中國人的精神生活和政治生活兩千來第一次置身於沒有「經典」的時代。雖然，儒家「經典」的從政治、教育領域的退出，還不代表固有孔子的精神權威的自然失落，還不等於儒家的倫理價值的說服力已徹底喪失。惟隨著新文化運動的展開，「放逐儒學的運動進一步推展到倫理和精神的領域」是一個眼前不爭的事實。[60]既然儒家由顯及隱是無可改變的事實，作為九江學派的再傳弟子的伍憲子必須告訴自己儒家經典有何時代意義。

如前所述，自民國建立以來，中國的政局紛亂無章。作為康有為的弟子，伍憲子奉師命奔走其間，政壇的經歷和見聞自然不少。如在解《詩經・大雅・召旻》:「維昔之富不如時」一句時，伍氏就曾說：

> 如許應騤以二十年督撫，積資不過五十萬，清末士論皆以為貪，今則一年之主席，半年之部長，而積資數千萬者比比也。豈非「維昔之富不如時」乎？[61]

「一年之主席，半年之部長，而積資千萬」，在伍氏看來，這一切一切都是「道德人格」不彰的惡果。據伍憲子記述，在1927年的冬天，梁啟超、徐勤和伍憲子一起討論成立民主憲政黨事宜。當時，梁啟超的一段話尤值得注意：

60 陳來：〈現代中國文化與儒學的困境〉，見氏著：《孔子與現代世界》（北京：北京大學出版社，2011），頁141-142。

61 伍憲子：《經學通論》，頁73。

> 除政治主張、經濟制度之外，梁啟超更提出一個主要問題。是道德人格之磨練擴充。梁啟超說，現在國家情勢弄到如此。政府固無希望，各黨派亦何嘗有希望？這不是缺乏智識才能有緣故。老實說，什麼壞事情，都不是智識才能分子做出來的。他們根本就不相信道德的存在。而且要把他留下的殘餘、根本去剷除。[62]

梁啟超既認定「道德人格」的不彰是國家政治混亂之由，那麼要怎樣做才能夠解決問題呢？根據伍憲子的記述，任公曾說：

> 我們要大膽糾正社會的錯誤，社會愈壞，我們愈要提起勇氣來。歸納起來祇有兩點：一是做人方法。社會上要做成一種不隨時流的新人。二是做學問方法。在學術上要做成一種適應新的國學。

據伍氏說以上就是他與梁啟超、徐勤等人在討論『黨前運動』問題時所認定的根本問題。[63]若伍氏所說的不假，《經學通論》或可以被看作「做新人」和「做新國學」的實踐。在是書裡，伍氏試圖重新詮釋「六經大義」，將「人格」、「國性」、「個人」、「群眾」等元素注入傳統儒家經典中，既可以使之成為「擴充道德人格」的根據，又可以將已經垂死的「舊經學」，搖身一變成為充滿活力的「新經學」。在這裡筆者沒有勾勒伍憲子經學理論全貌的企圖，我們只會集中討論伍氏身處的「時代問題」如何讓行道者改變「道」的重心。

在討論經學的時候，伍氏仍以漢宋二分的傳統，把經學分為小大兩個層次。小者是指漢學中訓詁考據的研經方法；大者即為通經致用和修己安人的經學大義。另一方面，伍氏又把六經又可以分為兩組：《詩》、《禮》、

62 伍憲子：《中國民主憲政黨黨史》，頁119-120。

63 伍憲子：《中國民主憲政黨黨史》，頁122。

《樂》重身心修養；《書》、《春秋》主政治措施。而《易》則「將身心修養，政治措施，鎔成一片，六經大義，息息相通。」[64]在談身心修養與《詩》、《禮》、《樂》的關係時，伍憲子提出「人格」的觀念：

> 溫柔敦厚，恭儉莊敬，廣博易良，合觀之，便成一高尚優美之人格。若從反面觀之，不溫柔，則浮澡；不敦厚，則輕薄；不恭儉，則兀傲鬬狠……如是則不成人格。凡不成人格之人，皆因失《詩》、《禮》、《樂》之教。[65]

在說明「人格」的存沒與《詩》、《禮》、《樂》的關係後，伍氏進一步指出上述三經與「國風」和「國性」的關係：

> 中國數千年來，藉賴《詩》、《禮》、《樂》之教，養成國風，鑄為國性。中國人在世界上，另有一種特質，謂之和平。合溫柔敦厚，儉莊敬，廣博易良，就是和平特質。[66]

接著伍氏又指出這種「和平」的「國性」存在已久。隨著先世的遺傳或生活環境的習染，「國性」便能代代相傳毋有斷絕。但為了證明讀經的必要，伍憲子又給傳之已久的「國性」設了限制：

> 但傳之久，則氣漸薄。若不續薰陶之，培植之，勢必天性日漓，國性日失，而浮燥輕薄，兀傲鬥狠，苟且偷安，狹隘陰險，等等惡性漸發作，而人格墮落矣……此《詩》、《禮》、《樂》之教所以可貴。

---

64 伍憲子：《經學通論》，頁5。

65 伍憲子：《經學通論》，頁6。

66 伍憲子：《經學通論》，頁6。

> 經術之大用，盡在此也。[67]

上文中的「國性」觀念由來已久，若究其發明者不是別人，而是伍憲子的同門師兄梁啟超是也。[68]完成了「人格」和「國性」的闡述後，伍憲子再引用《禮記》中《孔子閒居》的「凱弟君子」來說明個人修養和群體的關係：

> 試再讀《孔子閒居》之言：「子夏曰：《詩》云：凱弟君子，民之父母。敢問何如斯可謂之父母矣？孔子曰：必達於禮樂之原，以致五至而行三無，以橫於天下……子夏曰：敢問何謂三無？孔子曰：無聲之樂，無體之禮，無服之喪子。夏曰：敢問何詩近之？孔子曰：夙夜其命宥甯，無聲之樂也。威儀逮逮，不可選也，無體之禮也。凡民有喪，匍匐救之，無服之喪也。」觀此，則由一人之修養，擴充之，使天下人人皆修養，以致其和平，故曰「凱弟君子」。凱弟者，和平之至也。夙夜其命宥密，言夙夜謀為政教以安民，使之寬和甯靜也。有威可畏，有儀可象，民自傚之，國自化之。匍匐之救，則仁心上下相通，普遍於全國，渾然一體矣。仁之至，《詩》、《禮》、《樂》之至，和平之至，治道之至，此種教化，歐美人何嘗夢見？[69]

由上可知，伍憲子旨在告訴大家，當「道德人格」被完美地從個人擴充至群體，達至「民自傚」、「國自化」、「渾然一體」，便可以稱為「仁之至，

67 伍憲子：《經學通論》，頁6-7。

68 有關梁啟超「國性」說的扼要敘述，可參考陳澤環：〈「中國文明實可謂以孔子為代表」——梁啟超國性論中的儒學觀〉，見於《船山學刊》，2015年第6期（2015年11月）頁51-56。

69 伍憲子：《經學通論》，頁7。

《詩》、《禮》、《樂》之至，和平之至，治道之至」，即國家政治和社會都去到最完備和理想的狀態。

扼要地說，從九江學統的角度來說，因著時代背景的差異，伍憲子心中的「經學意義」已經與朱九江和簡朝亮有所不同。如果說伍氏在闡述六經之義，毋寧說他借六經宣傳自己的理想。一般而言，舊時代的讀書人，如朱九江和簡朝亮，都會把讀經的起始放在個人的「修身」之上，並把經學傳講鎖定以「士」為對象。就受眾而言，經學的闡述和傳播的對象均是「小眾」。但到了伍憲子身處的時代，雖然經學的傳播對象數量上肯定已非舊時代的「士」可比，而在性質上，知識分子和舊時代的士亦有所分別。在二十世紀的三十年代，若再依從修身、齊家、治國、平天下的進路來講經學，對一般人而言可能有點格格不入。若從《經學通論》觀之，在伍憲子眼裡，六經的當世意義已經成為化解中國政治亂局的重要思想資源。亦即是說，雖然，伍氏仍以「修己安人」為討論經學之發端，但若說他重彈九江經學的舊調，毋寧說他企圖借經學闡述一個理想的「共和國」。1912年，民國肇始，名義上中國結束了君主專制時代走向共和時代。但民國建立以後，先有袁氏竊政，繼有軍閥爭雄。後來雖然說是南北一統，惟反蔣之聲不絕，內戰未息。故伍氏借闡述經義，提倡「尚道德」的「真共和」的重要。[70]這個理想的共和國充滿和平之氣，和平源於人與人之間在人格上而言都是平等的。[71]由此可知，伍憲子的經學已經不是教人讀書明理，亦不是闡明隱沒的孔門大義，而是高舉六經的幌子宣揚「真共和國」的理想，以圖匡定國家混亂的政局和日人環伺的危機。在近代中

---

70 如在《經學通論》〈書經大義〉裡，伍憲子謂：「吾今所言者，乃孔子借堯舜公天下之心，以示太平之意。於此而有太平之極要義，吾人不可不知者，此共和政治之精髓。」見伍憲子：《經學通論》，頁81。

71 在《經學通論》〈禮經大義〉裡，伍憲子借闡釋〈士冠禮〉之義說：「孔子曷為以此冠《禮》經之首？蓋尊重成人，表示個人人格，無貴賤一也。」見伍憲子：《經學通論》，頁89。

國歷史的語境裡，中國知識分子對中西文化的認識與反思總是與「救亡」分不開。說到一個群體、一個國家的「救亡」問題，群體凝聚力的有無必然是其中一個不可或缺的思考選項。如王汎森曾借用「想像共同體」的概念討論梁啟超提出的「中國不亡論」和「國性說」。Benedict Anderson 指出，「國家」與「文化」可能有不同的構成因素，但更重要的是依賴其成員對「共同體」的「想像」。透過一種對共同體的信念，可以「構造」出具有凝聚力政治組織與文化群體。[72]若 Benedict Anderson「想像共同體」的概念，我們可以有理由相信，伍憲子借用梁任公的「國性說」，可能想更生經學的意義和作用，賦予原來已被邊緣化的經學嶄新的時代意義。

第五節　對「中國式民主」的構想

從「新孔子」到「新經學」，我們不難發現伍憲子將孔學重新包裝成「高度文化」的象徵，並將其置於世界的語境中與西方文化相比拼：

> 中國近代科學落後，物質文明不如人，然遠代以來，則有極高度文化，為世界列強所不及……[73]

自晚清鴉片戰爭以降，中國人已從「船堅炮利」漸漸認識到西方列強的科學技術遠超中國。但叫中國起翻天覆地的變化的，並不是冰冷的戰艦和兵器，而是從西方而來的思想文化，進化論的輸入便是一個典型的例子。誠如張汝倫所言，進入近代以後，中國人的世界觀發生了根本的變化。現代中國的世界觀和傳統中國世界觀最根本不同，是引進了線性時間的歷史概

---

72 有關「想像的共同體」的概念，可見Benedict Anderson, *Imagined Communities: Reflections on the Origin and Spread on Nationalism* (London: Verso, 2016).

73 伍憲子：《中國民主主義》，頁14。

念，以及建立在此歷史概念之上的進化論，從而產生了一個理解和解釋自己過去與未來、理解與解釋自己的歷史命運的歷史觀。這種歷史觀最終成為這個民族現代意識形言態的主要內容之一。它不僅成為中國近代以來種種歷史行動的理由依據，也構成了他們對於自己歷史發展目標的堅定信念。[74]當然，進化論對於現代中國的意義相當複雜。自十九世紀末，隨著嚴復的《天演論》將進化論帶進中國以後，現代性的話語和思維方式便開始進入尋常人的心裡。進化論給中國人提供了一種嶄新的歷史觀，使中國人將現代化視為類似「天命」一樣不可抗拒的東西。而進化論憑藉「科學根據」和「西方文明的現實根據」已在現代中國人心中被賦予無上權威和絕對性，它亦理所當然地成為判斷一切價值的標準。[75]若以體用論的角度視之，西方的進化論，或準確地說，應是社會達爾文主義傳入以後，中國人漸以「進化論」為「體」;「科學」與「民主」為「用」的模式，將一籃子的近代西方思想，如人權、自由、平等觀念揉合。[76]在近現代中國歷史的困境催逼下，「科學」、「民主」和上述近代西方思想觀念已經成為建構新烏托邦的基本元素。當新的「道」漸次形成，舊有的「道」逐漸初褪色，伍憲子也不能否定「科學」、「民主」、「自由」等觀念的正當性。但中國近現代歷史發展出現的悖論現象，卻讓伍憲子回首中國傳統儒家文化重新高振「孔道」精神，並將之重塑成為「中國民主主義」以應世變。

中國知識分子接觸西方民主政治始於鴉片戰爭之前。當時的西方民主資訊多附於世界地理類或一般介紹性書籍裡，如《亞美理駕合眾國志略》、《大英國志》、《萬國公法》、《佐治芻言》、《西國近事匯編》、《萬國通

74 張汝倫：《現代中國思想研究》（上海：上海人民出版社，2014），頁47。

75 張汝倫：《現代中國思想研究》，頁124-129。

76 這裡所謂「以進化論為『體』」是指近代以來中國人以線性的歷史概念為基本設想，追求進步與富強；而「以『科學』和『民主』為『用』」是指國人以科學和民主作為實現進步和富強的工具，同時上述兩者的有無，也是進步與富強有無的判準。

鑒》、《自西徂東》等著作。它們向中國人介紹了西方各國的政治、文化、法律、歷史等知識，其中大量屬於民主思想、民主制度、民主發展史等方面的內容。除此以外，在1860年以後，不少出使外國的外交人員也留下大量日記類著述，如張德彝（1847-1918）的《航海述奇》、《歐美環游記》等八種；斌椿（1804-1871）的《乘槎筆記》；郭嵩燾（1818-1891）的《郭嵩燾日記》；薛福成（1838-1894）的《出使西國日記》、《出使日記續刻》；黃遵憲（1848-1905）的《日本國志》、宋育仁（1857-1931）的《采風記》等文字也對西方民主制度和思想作了不同程度的介紹。在十九世紀七〇年代起，王韜（1828-1897）、鄭觀應（1842-1922）、陳熾（1855-1900）、何啟（1859-1914）、胡禮垣（1847-1916）等知識分子逐漸突破洋務派「中體西用」的框框，利用近代英、美等國的政治制度來批判中國的君主專制制度，提出實行「君主共和」、開議院等主張，西方民主思想逐漸在中國生根。[77]當然，1880與1890以後，隨著嚴復、康有為、譚嗣同、梁啟超等人出現，國人對民主思想和制度有更深的認識，但這似乎無助於民主制度在中國的土地上的建立。總的來說，如黃克武所言，即使民主在中國的實現是那麼困難，從清末開始知識分子民主思想的主流卻與一種樂觀的烏托邦精神結合在一起，不少的知識分子對民主制度充滿信心，他們認為民主可以立即實現，而一旦實現真正的民主，中國可以立臻富強。[78]但事與願違，縱然1911年，君主專制在中國歷史上戛然而止，民主制度「空降」到神州大地。可惜，西方式民主制度並沒有為中國人帶來「好日子」。就在這樣的背景下，伍憲子在1950年代提出了「中國民主主義」的構想。在本文中，筆者無意批判伍氏所言的「民主」，是否符合現代政治學上各種

77 方敏，董增剛，陳建堂著：《中國近代民主思想史（1840-1949）》（北京：人民出版社，2014），頁30-56。

78 黃克武：〈清末民初的民主思想：意義與淵源〉，見氏著：《近代中國的思潮與人物》（北京：九州出版社，2013），頁40。

「民主」理念的涵義，也不會以此與中國近現代史上各種民主思潮作對比。筆者的討論只會聚焦於伍憲子如何把孔子學說的核心概念換上「民主」外衣，從而展示守道人在劣勢中揚儒道的努力和意義。

（一）中國的「高度民主」與西方的「初階民主」

如上所言，從清末開始知識分子民主思想的主流與一種樂觀的烏托邦精神結合在一起，不少的知識分子認為一旦實現真正的民主，中國的一切問題便可以迎刃而解，但夢想與現實之間存在的落差卻非常大，伍憲子把問題歸咎於從事政治運動者：

> （他們）祇空談革命，爭奪政權，以致釀成嚴重之國難，猶視若無覩。既不了解國家、人民、歷史、文化，復不了解革命，更不了解民主……所以西方民主政治到中國之幻滅，不能歸咎於大多數人民程度不夠，實由少數之負政治責任者，與日從事於政治運動者，未識得民主，有以致之。[79]

顯而易見的，伍氏認為中國民主落實的阻礙，並不在於制度問題，也不是人民質素問題，而是在於政治精英不理解自身國家的歷史文化和國情。據伍氏的理解，「民主」的核心內容是個人自由；個人自由源於天賦的人權；天賦的人權由實行法治得到保障。而要法治得到保障必須有賴立法、司法、行政三權分立始。總言之，有自由人權平等獨立等為骨幹，以建樹三權鼎立制度，與人民選舉官吏議員制度，但伍氏認為上述種種只是「民主形式」。「民主形式」必須以「民主精神」去運用方可：

79 伍憲子：《中國民主主義》，頁27。

何謂民主精神？曰，互相尊重、互相容忍、主持公道、伸張公理，有少數服從多數之雅量，無多數壓迫少數之暴行，使反對之黨，常得存在焉，是皆民主精神也。民主之可貴，不在其形式，而在其精神，有精神，而後形式不至成具文，否則等於買櫝還珠。[80]

由是觀之，所謂民主精神：從主觀而言是「尊重」與「容忍」；從客觀來說是「公道」和「公理」。按中國國情來說，伍氏認為：

中國今日所需要民主者，不在自由平等之空洞名詞，而在補其素來缺乏之團體精神。故必須要有選舉練習，必須要有議會學習，必須要有政黨練習，能不斷學習，而後民主精神乃生，互相尊重相容忍之美德乃易養成……至於公道與公理，其質與量，隨時代之進步，逐漸擴充，尤必須視其原有文化之成分，是否適應，方可補及。

在伍氏眼裡，資本主資仍是西方社會的主導，故其民主仍在雛形階段：

現在世界民主政治尚在雛形，仍有待進一步一步進化。我國人多未明此理，所以思想陷於混亂，外界許多事物，足以蔽其明。要澄清其混亂，開通其蔽塞，根本辦法，固在於中國民主主義之發揚……[81]

既然世界民主政治尚在雛形，故其最重要的精神——「公道」和「公理」——猶未能得到彰顯，而中國高度文化正好可以裨補闕漏。關於這一點，伍憲子有進一步的補充：

80 伍憲子：《中國民主主義》，頁28。

81 伍憲子：《中國民主主義》，頁47。

> 今後西方民主國家，正需要我中國高度文化為之養氣、培元、補偏、救弊、誘掖而長成之。[82]

若如伍氏的理論所言，中國的高度文化對西方民主發展有如斯重要的作用，為何中國民主發展會如此不濟？這是因為所謂「中國高度文化」者，正是在二十世紀為人所唾棄的儒家文化，故中國人反未能善用高度文化來推動民主發展。就如伍氏所言：

> 彼等不知儒家哲學，最富民主成分，人民受儒家哲學之薰陶，其民主意識，不因歷代君主政體之故而打斷，吾人今日正可以此自豪於世界。中國科學落後，物質文明不如人，政治組織散漫，然尚可以立足於大地，正視烈強，傲之而無慚色者，厥為此高度民主文化竟妄自菲薄，震於西方最近之科學文明……殊不思西方民主精神，今後正需要我們高度文化，為之打壯心劑，即如資產階級對民主精神之未能極度推進，其受病就是缺乏高度文化……然不幸高度文化失墜，頭腦昏亂者入寶山而不識採寶，將民主空寄於無何有之鄉，不得則愈加旁皇，思想益愈趨於錯誤。[83]

綜合而言，伍氏先將「民主」分為「形式」與「精神」兩部分，再將「精神」分為「尊重」、「容忍」與「公道」、「公理」。伍氏這樣的鋪排不外想說明西方民主發展並未完善，需要中國的儒家文化來補救。據伍憲子的解釋，西方民主發展的缺陷是源於人性：

> 世界人類，自有生以來，就具有兩種天性。若以馬克思唯物辯證法

82 伍憲子：《中國民主主義》，頁29-30。

83 伍憲子：《中國民主主義》，頁30-31。

> 釋之，亦可謂之內在矛盾。但此矛盾不是對立鬥爭，而可以調和。此兩種天性為何，一是親愛，一是爭奪。試以小孩子驗之，其爛漫天真，誰不能埋沒其親愛之性。然稍不如意，則爭奪以起，其爭奪之性，自有生俱來。故說人性皆善，或說人性皆惡，只是得其一偏，說有性善，有性不善，亦未得其全，須知善與惡，凡人性兼具也。自其源而言之，孩子親愛固善，爭奪亦未算惡，惟爭奪之性繼長增高，漸淹沒其親愛，則漸習於惡。孔子之教專從人性親愛為出發點，而鼓勵擴充之，所以能造成極高度文化。西方則不然，專從人性爭奪為出發點，所謂人權，所謂權利，絲毫不肯放鬆。東西文化之大分野在此，吾人不可不明辨之。[84]

伍憲子直言人性天生具有善與惡，匆匆一瞥，極似「性具善惡論」。可惜，接下來的論證趨向含混，未能有效論證其論點——「須知善與惡，凡人性兼具也」。誠然，伍氏在這裡的論述，不在於探討人性的善惡，旨在說明：一、中國文化比西方高；二、西方民主思想強調人權，乃是源於西方人由「爭奪」出發之故；三、西方民主發展只限囿於「初級民主」階段，亦是由此而起。伍氏續云：

> 以爭奪為出發點，必須組織團體，團體愈大，力量愈大。然有團體則容易消滅個性，為謀補救，故又要保障人權，高呼自由、平等、獨立。此是初級民主文化。
>
> 近代西方民主國家，所以有此初級民主文化，其原因就是中世紀以來，受壓迫於種種不自由之環境下，一切權利，都被剝奪。故不得不起而努力鬥爭，不惜任何犧牲，以求恢復其自由。[85]

---

84 伍憲子：《中國民主主義》，頁14-15。

85 伍憲子：《中國民主主義》，頁15。

反之，自古以來，孔子倡導「從親愛為出發點」：

> 所謂「親親而仁民，仁民而愛物」，所謂「老吾老，以及人之老，幼吾幼，以及人之幼」，所謂「一夫不獲，時予之辜」，其基礎全在修身。《大學》云：「自天子以至於庶人，壹是皆以修身為本」，孟子云：「君子不修其身而天下平」，此以身作則之效用，是以德感眾，而不是求眾擁護，更不是挾眾鬥爭。故不須靠團體實力，因之亦不注重團體組織。此是高度民主文化。[86]

伍氏認為中國與西方的基本差異在於「親愛」與「鬥爭」之別，而民主文化的高與低亦由此而起。根據伍氏的設想：孔子的因應人性的「相親愛」，認定由此擴充，可以通彼我之情，可以培養高尚之人格；高尚人格之建立，才可以使人互相尊重；當人懂得互相尊重，人權便可以得到保證，高度民主政治也可得以建立。[87]由是觀之，在伍氏眼中只有儒家文化方可開出高度民主政治，只有高尚的人格方可運用人權，伍氏曾言：

> 由此吾人可以領悟，人之可貴，與其說貴在人權，不如說是貴在人格。吾人並非薄視人權，吾人要以人格運用人權。孟子說：「萬物皆皆備於我。」此是人格，不是人權。《大學》說：「在明明德，在親民」此是以人格運用人權……明德就是萬物皆備。分別言之，就是仁、義、禮、智、信。[88]

所謂「人格」，依伍憲子來說就包含了同情心（仁）、互助（義）、互相尊

86 伍憲子：《中國民主主義》，頁15。
87 伍憲子：《中國民主主義》，頁17。
88 伍憲子：《中國民主主義》，頁17。

重（禮）、互相諒解（智）、公道相處（信），而以上一切又全統攝在「仁」之下。伍氏對此有具體之闡釋：

> 今試舉仁言之，仁是民主的效用，蓋民主要取得民眾之心，使團結為一，民眾之心，就是民主尺度，視民眾之心如何，則知民主之成就如何。孟子謂：「聖人先得我心所同然」，所謂我心，不是一個我，乃是普遍的許多我；換言之，就是得民眾之心所同然。故民眾云者，不是泛泛然許多人頭攢動之謂，乃是各有一個彼此共通之心理，就普遍達到的地方言之，謂之人，就切近的起點言之，謂之我，合言之，就是我與人同處於民眾之中，我不能自以為主，而通通以人為賓，更不能自以為主，而通通以人為奴。……此種哲理，惟深了解孔子之仁者方能滲透之，方能身體力行之。[89]

從以上引文可見，伍憲子嘗試把「仁」與「民主」結合。在這裡「民主成就」與「視民眾的心」是成正比的，我們能視「人我如一」，不分主客，才可以有「高度的民主」。所謂「人我如一」就是能擺脫人與我的主客的對立，能從萬殊中通之為「一」。此「一」不可能自然而然地出現，我們必須體現「仁」方可擺脫主客，方可從萬殊悟出普遍。當眾人視人如己，懂得「親愛」別人，才可以明白什麼是「公理」和「公道」，由此高度民主才可以實現。若簡言之，伍氏倡言的「高度民主」就是孔子政治理念中「仁」的現代版。蕭公權先生曾經指出：

> 孔子言仁，實已冶道德、人倫、政治於一爐，致人、己、家、國於一貫。物我有遠近先後之分，無內外輕重之別。若持孔子之仁學以

---

89 伍憲子：《中國民主主義》，頁18

> 與歐洲學說相較，則其旨既異於集合主義之重團體而輕小我，亦非如個人主義之伸小我而抑國家。二者皆認小我與大我對立，孔子則泯除畛域，貫通人己……[90]

如蕭先生所言，孔子的「仁」融合道德、人倫、政治於一爐，並把個人、家庭、國家合於一貫，但最重要還是「泯除畛域，貫通人己」的進路。當人我如一，物我如一，則沒有主客，消弭對立，如此人能安，家能立，國能靖，天下能平。春秋時代，戰禍連年，禮崩樂壞，孔子追求意義世界秩序的恢復，天下的穩定；民國建立，國家內亂，中國儒家文化亦成黃台之瓜，伍憲子追求的不僅是意義世界秩序的恢復，國家的統一與穩定，而是世界能趨於大同。世界大同又必須要藉發揚孔門「仁學」的精神而得以實現。

（二）「民本思想」與「民主人格」的關係

如上節所言，伍憲子以「初階民主」和「高度民主」之分切入評斷中國與西方文化的高下。伍氏的判斷是一種精神文明與物質文明的比較，並且認為前者不僅在價值上高於後者，更重要是前者具超越性，後者卻經不起時間的考驗。然而，伍憲子在宣揚中國擁有「高度民主文化」時，他不能夠直截把孔學搬上前台，而必須經過一番新的包裝。就如前面所說的，當伍憲子說孔學的「仁」時，把「仁」說成是「民主的效用」，一方面既是傳統儒家「天民合一」和「得其民，斯得天下」思想的傳承，[91]但另一

---

90 蕭公權：《中國政治思想史》（北京：人民大學出版社，2014），頁40。

91 如陳來所言：「《尚書》中的天民合一論表明，上天是民意的終極支持者和最高何表……所以在理論上民意比起君主更具優先性，因為皇天授命君主的目的是代天意來愛護保護人民。」而由此而言，君主的政治合法性是來自「民心」和「道德原則」。故孟子言：「得天下有道：得其民，斯得天下矣；得其民有道，得其心，斯得民矣。得其心有道，所欲與之聚之，所惡勿施爾也。」（《孟子．離婁上》）；又言：「賊仁者謂之賊，賊義者謂之殘，殘賊之人謂之一夫，聞誅一夫紂矣，未聞弒君也。」（《孟子．梁惠王下》）見陳來：〈儒家思想與人權話語〉，《孔夫子與現代世界》（北京：北京大學，2011），頁24及26。

方面又充分顯示了西方思想已經成為了不可抗拒的主流。為了讓孔子思想仍然能夠「活下去」，並發揮其積極作用，伍憲子只好將孔學思想加以改造，使之能迎合新時代的需要。當然以上所謂的「改造」並不只是「形式」的改變，如換上「高度民主文化」之名；還有「內涵」的調整，如把傳統的「內聖外王」思想加以修改。「中國民主主義」正是讓我們理解伍憲子如何改造孔門的「道」。因應上述的脈絡，筆者會先展示中國民主主義中「以民為主」的觀念，並討論上述理論裡「民主人格」的意義。

1950年代，世界經歷第二次世界大戰，中國大陸變色，伍憲子提出中國民主主義是因為：一、共產主義迭興，民主人士信念動搖；二、資本主義國家的初步民主，幾不能自守；三、中國與世界陷於危險狀態，必須要想出安定之法。[92]究竟中國民主主義的內涵是什麼呢？伍憲子先自中國古籍中究其源：

> 民主譯名，既是中國化，今當先從中國古籍尋出民主一詞之來源，民主一詞，在中國古籍中，始見於《尚書》〈咸有一德〉之篇……其詞為「毋自廣以狹人，匹夫匹婦，不獲自盡，民主罔與成厥功」，此所謂民主，當然西方民主不同，此所謂民主，是指為民之主。[93]

除《尚書》〈咸有一德〉篇外，伍氏又引《尚書》〈多方〉篇中提及「民主」者：一、「天惟時求民主」；二、「代夏作民主」；三、「誕作民主」。他認為中國民主一詞，可以作如下解釋：一、是為民之主；二、是以民為主；三、是民自作主。但仍離不開「以民為主」之義，伍氏謂：

92 伍憲子：《中國民主主義》，頁109。

93 伍憲子：《中國民主主義》，頁112。

> 三者解釋離異，座標離異，精神則同。從君主時代言之，為民之主，是君主座標，但其目的，當以民為主，否則君主座標不安。從民主時代言之，民自作主，是民主座標，但其目的，仍當以民為主，否則民主座標不定。故民主政治是現實政治，以民為主，是民主政治的中心……[94]

所謂「以民為主」，其實就是以「民為主體」。而「民為主體」，其來有自，而且深具歷史淵源。伍憲子謂：

> 可知民為主體，是中國文化最堅強不拔之精神，所謂「民為邦本，本固邦寧」，姑無論你說民本主義也可，你說民治主義也可，其義皆久為儒家所提倡，亦為西方學者所承認，即使淺薄者反對中國文化，此堅固不拔的民本主義，亦不能摧毀。[95]

由上觀之，伍氏強調中國文化一直強調以「民」為中心，《尚書》所記的「民為邦本，本固邦寧」就是明證。這種「以民為本」的思想也是久為儒家所提倡的。考中國儒家的民本思想，始於商周，成於春秋戰國，孔子以水與舟的比喻，講民與君的關係，可以說是「民為邦本」理論的雛形。到戰國時候，孟子就「民」與「君」的關係再作申述，並奠定以下的兩個基本路向：一、民心向背決定國家興亡；二、人民是統一天下的決定力量。至兩宋時期，朱熹也闡述了自己的民本思想。他認為要得「民心」，必須做到以下四點：1. 愛民如子；2. 取信於民；3. 與民同樂；4. 富民為本，為了做到富民，不可以不使民以時、省刑薄賦、興修水利等。迄至明末清初，黃宗羲的《明夷待訪錄》，更加發揚民本思想，提出君、臣

94 伍憲子：《中國民主主義》，頁114。

95 伍憲子：《中國民主主義》，頁115。

為民設的觀點，這雖然已經接近西方「主權在民」的思想，但其思想的重點仍不在伸民權。[96]若借用陳祖為的觀點來概括儒家「民本思想」特點，我們可以這樣說：中國的民本思想是一種服務概念的權威觀。這服務概念（service conception）之政治權威觀認為，建立政治權威及政體，目的就是服務被統治者，而被統治本身是有內在價值的。既然政治權威的存在理由是服務民眾，其存在的正當性亦由此而定，故與其相關的政治權利的證成，是基於它能否改善人民生活。同時，服務概念把民眾置於首位，但其理據不在於他們擁有政治權利，而在於他們的本身價值。[97]但伍憲子對把「以民為主」稱作「民本」又不甚滿意，他作進一步的闡釋說：

> 然我今日何以不說民本，而說民主，我以為民本兩字，仍是偏而未全，有側重君主主治之意，不如民主，將重心移於在人民本身。重心既定，則君主之有無，無關宏旨，不過是制度上一個過渡階段而已。孔子作《春秋》，張三世，有據亂世，升平世，太平世之分，故編《詩》首文王，示據亂世王者之義，序《書》始堯舜，示升平世民主之義，繫《易》群龍無首，示太平大同之義，三世循序進化，不能平等，視民德如何，自決定之。[98]

由上觀之，伍氏認為「以民為主」既以「民為主體」，便應該以「民主」稱之，因為中國民主主義的重心是在人民本身，但所謂的「人民本身」卻又似乎沒有「主權在民」的意思。反之，伍氏所說的「人民本身」，是把「民主發展」的階段和分野的責任放在「人民身上」。伍氏「暗渡陳倉」

96 有關中國民本思想脈絡的簡述，可見陳運星：〈從民本到民主：儒家政治文化的再生〉，《中山人文社會科學期刊》，第12卷第2期（2004年12月），頁91-94。

97 Joseph Chan, *Confucian Perfectionism: A Political Philosophy for Modern Times* (Princeton: Princeton University Press, 2013), pp.29-32.

98 伍憲子：《中國民主主義》，頁115。

的一轉，建基在《春秋》「張三世」的歷史發展觀裡。按伍氏的理解，在世界的發展的歷程中，「民主」只是一個過渡階段，最終世界還是要進入大同之世。更重要的，是「三世循序進化」的關鍵不是政體如何，而是由「民德如何」來決定。為何民主政治不以政體，反以「民德」來決定？伍氏嘗言：

> 我以為政體仍近形式主義，民主政治許多粉飾欺騙，不能輕信掛羊頭，總下提防賣狗肉。故中國民主是站定人民本位，應付環境變遷，必要人民有諸內，方足以實現於外，中國民主主義所以要提高人格，環境所得民主多少，全視人民自身所有民主多少，以造成之。故由個人而推之社會，由社會而推之國家，文化在是，教育在是，政治在是，民主可以普遍滲透，反之，亦可以普遍窒息，係於人民主力，必要人民識得從此著手，方是民主精神。[99]

從以上引文可知，伍憲子所說「民主」不是一種政治制度，而是一種文化精神。而這種「民主精神」要由個人開始培養，繼而由個人推廣到社會，從社會擴充至國家。一般而言，了解民主的本質可以有兩個不同的進路：一是規範性（normative）的理解，一為經驗性（emprical）的了解。前者是關注民主的基本理念或價值；後者則關注於在政治現實上的民主類型，如希臘雅典之直接民主與現代代議制民主之別；如美國總統制、瑞士合議制和英國內閣制之別。因此，民主的定義基本上可分為兩類，即規範的或理念的定義（Normative or Ideal Definition）與運作的或制度的定義（Operational or Institutional Definition）。[100]顯而易見，伍憲子所講的「民

99 伍憲子：《中國民主主義》，頁115-116。

100 有關理解民主兩種進路，可見陳運星：〈從民本到民：儒家政治文化的再生〉，《中山人文社會科學期刊》，第12（2004年12月）頁96。

主」是一種規範的或理念的定義，而非運作的或制度的定義下的概念。要言之，伍氏所關心的不在於民主形式如何，而是在於民主理念的內容如何。伍氏曾言：

> 誠然，西方民主制度，我當採納之，西方民主精神，我尤當實踐之，然我中國人也，我如何運用西方民主制度於中國，非照本抄膳可能，我如何接受西方民主精神，最近限度，我要自造成民主人格，此最大關鍵，仍在先了解中國歷史、文化。[101]

縱然，伍憲子表面上說採納「西方民主制度」和「西方民主精神」，但實際上他要做的培養中國人的「民主人格」。中國人「民主人格」培養得以成功，「以民為主」的民主政治才能真正實現。若循儒學的理路來理解，「民主人格」的培養就是「內聖」的治己工夫，「以民為主」則是「外王」的實踐要求。

（三）一切從「人性」出發

要使中國民主主義實現，伍憲子認為必須從「人性」入手。伍氏指出：

> 要了解中國民主主義，必先從了解人性始，人性是中國文化最重要的一件東西，是中國民主主義之泉源，是儒家人生哲學與政治哲學之中心思想，中國文化是人性文化，由人性文化養成人性民主，故中國民主主義之出發點在人性，與西方民主之出發點在人權者不同。[102]

---

101 伍憲子：《中國民主主義》，頁116。
102 伍憲子：《中國民主主義》，頁117。

「人性」既是中國民主主義的泉源，若要成就民主政治必須要了解人性的特質。有關這一點，伍氏指出人性有兩個層次：

> 人性第一步，總是求生命之安全，故如何保護其生命，是人性之最普通者，凡人類皆知之，凡人類皆循行之……人性之第二步，得到生命安全之後，所求必無厭，能力既有強弱之分，無厭之求就變成習慣，如此，則求生命安全之第一步人性，漸漸被無厭之求之第二步人性所淹沒。[103]

如前所述，伍憲子的人性論是「善惡兼具」的，若依循伍氏人性論的概念來分析，所謂「求生命之安全」是「善」的；而「無厭之求」的不加限制即會衍生成「惡」。伍氏認為：

> 西方人從無厭之求中求一個反動，要爭取人權。其實人權亦是人性，但西方人不了解全部人性之精深與妙用，只了解一部分之人權與現實，所以西方民主就從人權出發。中國則不然，中國文化把握住全部人性，明白無厭之求，是人性所難免，但不是人性所當然……先將求生命之人性，放頓在整個人群之上，而不繫屬於自己一人之中，假令此點理會清楚，則一切迎刃而解，中國民主政治，當然可以順理成章。[104]

從上述引文裡，我們發現伍氏的人性論是充滿幽暗意識的味道，不論是西方講人權，還是中國講人性，民主政治之所以重要都是要應付人性的陰暗

---

103 伍憲子：《中國民主主義》，頁121。

104 伍憲子：《中國民主主義》，頁121-122。

面。[105]所不同者，是西方人從人性的第二步出發，故講人權以限制統治者的「無厭之求」；中國人則從全盤人性作考量，明白人性中對物質追求是所難免，但不是人性之所當然的。值得留意的，在上述引文中，伍氏已道出西方民主政治和中國民主政治的最大分野：前者偏重個人權利的發展，後者側重群體福祉的追求。綜觀伍憲子的民主理論，其中與西方民主理論，特別是自由主義傳統的最大的差異，就是對個人價值的輕視。另一方面，所謂「全部人性」者，若從中國哲學傳統論之，就是指人性中「性」與「情」的兩個面向。對此伍氏引用董仲舒《春秋繁露》〈深察名號〉篇作解釋：

> 夫性，必兼情，去了情則無從見性，此義最說得明白者，莫如董子。董子《春秋繁露》〈深察名號〉云：「天地之所生，謂之性情。性情相與為一瞑。情亦性也。謂性已善，奈其情何……身之有性情也，若天之有陰陽也。」又曰：「人之誠，有貪、有仁、仁貪之氣兩在一身」，董子之說，蓋合孟荀而調和之，雖不遺情，但側重性，此是性一元說。[106]

從伍氏的論述中，可以得知他的人性論受董仲舒的人性論影響頗深。董仲舒在人的討論上類近荀子，強調人心對惡的強制作用，亦即是著重理性對人性不良方面的限制，而理性的培養則是依賴教育而成。但董仲舒與荀子最大的區別，就是認為人的自然之性本來具有善質。他曾以禾比喻性，米比喻善；米自禾出，但禾未必可以出米。善出於性，惟性未必可以全為

105 依張灝所言：「所謂幽暗意識是發自對人性中與宇宙中與此俱來的種種黑暗勢力的正視和省悟：因為這些黑暗勢力根深柢固，這個世界才有缺陷，才不能圓滿，而人的生命才有種種醜惡，種種的遺憾。」見張灝：〈幽暗意識與民主傳統〉，《張灝自選集》，頁2。

106 伍憲子：《中國民主主義》，頁124。

善。就這一點而言，董子的人性論又接近孟子。因此，伍憲子說「董子之說，蓋合孟荀而調和之」是對的。此外，雖然董仲舒也強調教育的必要，因為善之最終成就與否，也要視乎教育能否配合。但在他的人性論中也包含著以下的一種觀點：善的現實性之能成為現實性，是由於人性中具有善的可能和根據。[107]所以伍氏說董子側重性，應該是指董仲舒著重人有為善的根據而言。

人之可以為善，是人性的共通點，亦是民主得以成就的根本。伍氏也引《中庸》的「天命之謂性」、「率性之謂道」、「修道之謂教」加以申述，說明人性與民主的關係：

> 道而謂之修，是使不通之道，亦修之使通……只要是道，是道方可以修，亦只要是性，是性方可教。故「天命之謂性」，是民主根基，有此，而後民主始能發展。「率性之謂道」，是民主骨幹，有此，而後民主人格始能造成。「修道之謂教」，是民主精神，有此，而後民主政治始能進步。[108]

《中庸》謂「天命之謂性」，此句原意是說天道創生，使一切物得以生成存在，使一切存在皆得其性；即一切存有物之存在之性，是由天之所命者。[109]伍憲子卻以此說明「性」乃是「民主根基」的確據。伍氏對「天命之性」的詮釋在於證明「人性」為上天給予，並含有上天賦予的「善的可能和根據」，此乃是民主可能實現的基礎，當然因為人人皆有「天命之性」，故此世界上所有人都是擁有共同的「性質」，這種「同質性」在伍氏

107 有關董仲舒人性論的論述，可參考金春峰：《漢代思想史》（北京：中國社會科學出版社，1987），頁183-187。

108 伍憲子：《中國民主主義》，頁127。

109 楊祖漢：《中庸義理疏解》（臺北：鵝湖出版社，2007），頁100。

的整個民主理論，以至大同理想裡佔了非常重要的位置。「率性之謂道」是指所有人都可以透過發揮天賦的性，將之擴充使之成就民主人格。就此伍氏曾言：

> 道是人人必由之道，亦是人人共通之道，何以必由而不誤，何以共通而不塞，其要義就在我能率之，人亦能率之，則彼此之道可以相通。[110]

雖然所有人皆可有成就民主人格的可能，惟怎樣能保證人人皆會共赴同途。伍氏將這種「保證」放在人性和教育上。所謂「是性方可教」的意義有二：一是「有善的可能和根據」便有被教育的可能；二是透過教育便可以將善惡兼具的人性轉化，使之「無厭之求」不致過度膨脹。故伍氏一直重視「教」，一直傳揚孔子之道，也是因為他相信只要透過教方可培養民主人格，民主人格成功才可以讓民主政治得以實現。

第六節　對「大同夢」的追尋

自「大同世界」在中國人的「意義世界」出現以來，一直是中國知識分子的烏托邦。有論者認為大同之作為中國的傳統政治思想主流觀念，對於古典中國社會的實際運行而言，基本處於掛空狀態的。大同的懸浮性雖然有其正面影響，例如大同理想著眼於超越私人意欲的「公」的一面，對於人心的淨化可以有所幫助。但其虛懸性也同時影響到中國政治制度的安排上出現匱乏。[111]儘管儒家的大同世界高懸於空，但它仍藏在不少中國知

110　伍憲子：《中國民主主義》，頁127。

111　任劍濤：《中國現代思想脈絡中的自由主義》（北京：北京大學出版社，2004），頁76，79。

識分子心裡，學界也認同大同思想對近現代知識分子或革命運動的倡導者發揮著深遠的影響。[112]伍憲子也像其師康有為一樣，是深受大同理想影響的其中一員。關於這一點，我們可以從憲政黨和民憲黨的黨綱得到引證。在憲政黨《總章》的〈第一章〉〈政綱〉明言：

> 中國憲政黨以發揚中國文化養成人格建立國家為宗旨。以促進世界和平實現大同主義為究竟……[113]

到了民憲黨時期，黨的宗旨雖加入了「民主」的要求，但仍以世界大同為目的：

> 本黨宗旨。在培養人民民主人格，闡發中國民主主義，建立中國民主政治，以中國民化促進世界民主，期漸達到世界和平，共享人類大同幸福。[114]

此外，在《中國民主憲政黨政綱》〈(甲）文化方面〉明言：

> 本黨願本孔子以德行仁之誠意，推儒佛融通之真理，開諸教合一之途徑。使世界文化自由流通，促進世界民主政治。漸達於天下為公之大同。[115]

伍憲子追求大同，不僅見於民憲黨的宗旨和文化綱領，就是在經濟方面的

---

112 例如日本學者溝口雄三認為毛澤東領導的革命是源於傳統的大同思想。見溝口雄三：《作為方法的中國》(北京：三聯書店，2011)，頁17。

113 伍憲子：《中國民主憲政黨黨史》，頁165。

114 伍憲子：《中國民主憲政黨黨史》，頁177。

115 伍憲子：《中國民主憲政黨黨史》，頁193。

主張也能得之：

> 民主主義與社會主義，不是兩件東西。……所以本黨所主張之經濟政策，就是社會主義。[116]

上文所謂的「社會主義」主要包括以下幾點：一、鼓勵生產，所謂「生之者眾」、「為之者疾」。二、側重分配，所謂「不患寡，而患不均；不患貧，而患不安」。三、藏富於民，所謂「民」，是指普遍民眾。四、限制私有財產與土地最高額。五、扶植國民經濟，劃分國營、公營、民營之界限，以期彼此相互交益。[117]要達到大同世界的理想，伍憲子認為不是從制度改革著手，而是要由文化方面進行之。而文化改革的落實又以培養「民主人格」為首要。故此「民主人格」的培養，不僅是成就民主政治的關鍵，更是讓人類世界趨向大同的不二法門。

所謂「民主人格」，依伍憲子所言，就是一種「獨立自主」的人格。這裡所指的「獨立自主」與自由主義者所理解的迴異：

> 何謂獨立自主？須從自身做起，不是從外邊爭來。《易》說「澤滅木，大過，君子以獨不懼，遯世無悶」，此是獨立者所遭遇之環境。《論語》說「主忠信」，此是自主者的抱負。佛說：「上天下地，惟我獨尊」，獨立自主者當同具此精神。我所謂不為奴役之道理在此，我所謂實踐之行為亦在此，此是求自由平等之因。假令缺乏此，不會得自由平等之果。[118]

---

116 伍憲子：《中國民主憲政黨黨史》，頁195。

117 伍憲子：《中國民主憲政黨黨史》，頁195-196。

118 伍憲子：《中國民主主義》，頁146。

眾所周知，自由主義的整個思想傳統，認定個人具有自成一格的、最高的價值。究竟這意味著什麼呢？若按錢永祥的說法，「個人具有最高的價值」是說個人乃是「價值之源」。這並不是說價值僅僅是主觀的，事物本身不可能具有獨立的內在價值，只能由人來賦予；而是說，任何價值（包括毫無疑義的諸般內在價值）都不是個人需要無疑義接受或者拒絕的。相反，個人可以對事物的價值進行論證、反思、否定或者接受。個人的這種「主體」地位，代表個人才是價值的終極認定者，即使個人的認定並不是一定是正確的，不能、不會檢討修正甚至於改弦易轍。在這個意義上，個人具有一種凌駕於其他價值的獨特價值。[119]顯然易見，伍憲子說「獨立自主」是追求「自由平等」之「因」，但這與西方自由主義者守護的個人「自由」有著顯著不同。在這裡我們先借用牟宗三的一段說話闡述儒家的「精神自由」與西方的「自由主義」的「自由」之間的分別：

> 此具有普遍性的原理，儒家名之曰「仁」。吾人現在亦可轉名之曰「絕對理性」。此絕對理性在人文的實踐的過程中彰顯著自己。吾人即由此實踐而認識其為指導歷史或貫穿歷史之精神原則，即吾人上文所說孔子經由反省而顯之「意義」。黑格爾名之曰精神。黑格爾謂此精神之本質曰「自由」。此所云之「自由」與時下「自由主義」中之自由不同。下文再稍論此兩者之關係。此言自由乃係於精神自由而言。即人類在實踐過程中亦即歷史發展中，自我之覺悟所透露之精神之自己。[120]

119 當然，這種個人的「評價」必須獲得「理由」支持，而「理由」涵蓋著公共理性及普遍主義。有關自由主義的價值認定及涵蘊可見錢永祥：《動情的理性：政治哲學作為道德實踐》（臺北：聯經出版公司，2014），頁3-6。

120 牟宗三先生這段話原載於1949年9月1日《民主評論》第一卷第六期的〈儒家學術之發展及其使命〉一文。在文中，牟宗三將黑格爾的「精神」與儒家的「仁」關聯起來，認為「自由」的本質在於「自我覺悟」所透露的「精神」。以上所述，見彭國翔：《智者的現世關懷：牟宗三的政治與社會思想》（臺北：聯經出版公司，2016），頁344-345。

彭國翔指出，牟先生意識到儒家傳統的「自由」只是道德意義上的自我覺悟，他稱之為「主觀自由」，而這種主觀自由並不是現代民主政治意義上的自由。對於民主政治意義上的自由，他稱為「客觀自由」。並引牟先生在《人文講習錄》第二八講〈中西思想諸問題之討論〉作佐證：

> 孔、孟與理學家固亦常講覺悟，講自我作主。此當然有個性有自由。然此乃道德意義，是主觀自由，故能成人格成聖賢，而不是客觀自由，故未能開出近代化的政治意義。[121]

在這裡，筆者並不會就牟宗三先生的「主觀自由」和「客觀自由」作進一步討論。筆者只是借牟先生的話說明伍憲子所講「獨立自主」的只是一種精神的、主觀的自由。準確的地說，如前所述，伍氏提倡的整個中國民主主義，也是同出一轍的精神性、主觀性的理論，並不是一種客觀的，服務於現實政治制度的理論資源。不論是「民主精神」，還是「民主人格」，伍憲子說的就是孔子講的「忠恕之道」、「成人成己」的學問。如伍氏講「獨立自主」要從「自身做起」時指出：

> 但從自身做起，不是獨善其身。大凡獨善其身，人格無從建立，須知我是人，我是站在人群中的人，人格就是從此鍛鍊出來。世界上若只有我一個人，則人格不能表現，有人與人之相處，而後人格始顯。[122]

伍氏又謂：

121　彭國翔：《智者的現世關懷：牟宗三的政治與社會思想》，頁347。

122　伍憲子：《中國民主主義》，頁146。

> 因此，吾人可以斷定，民主人格，不是單純爭個人之權，更不是單純爭個人之利，必要識得盡己之性，以盡人之性，如此，則吾人當從中國文化中求忠恕之道。[123]

從上觀之，伍氏所說的「民主人格」的成就，都從一種是由「群」立「己」的自我確認出發。儒家關注自我確認，追求自我人格，重視自我實現。這一切都是從群體中去把握，在情脈脈的相互規定中去把握。有人認為，「自我」處於內外親疏、上下尊卑、高低貴賤、男女長幼、愛尊厚薄等關係網中，這會喪失了權利平衡和個體自主。但我們要注意的是「自我」其實並未因此而喪失；相反，「自我」正正融入了日常人倫之中，讓人感到安全。儒家把外在的規範約束，解說成人心的內在要求，用心理情感原則，把「自我」引導到人際關係之中。孔子也說：「弟子入則孝，出則弟，謹而信，泛愛眾，而親仁。」（《論語・學而》）人與人之間的關係規定，已成為「自我」認可並自覺遵循的原則。[124]「民主人格」的建立進路是「成己成人」，其最終目標又是什麼？伍憲子致力推動「民主人格」的最終目標就是成就世界大同的實現。伍氏言：

> 蓋民主之義，在於互相尊重，互相讓，「己所不欲，勿施於人」，是互相尊重互相讓之實踐行為，民主人格之始基在此。然僅此不足，民主人格必須擴大，「己欲立而立人，己欲達而達人」，則是由互相尊重，互相讓，而進於互助，是民主人格之擴大。然則此猶未足，世界一日未進入大同，最高之民主人格，不能希望人人達到……[125]

---

123 伍憲子：《中國民主主義》，頁148-149。

124 劉志輝：〈在「孝」以外——《孝經》的現代詮釋〉，載中華書局編輯部編：《經典之門：新視野中華經典文庫導讀（哲學宗教篇）》（香港：中華書局，2017），頁90。

125 伍憲子：《中國民主主義》，頁151-152。

「民主人格」的基礎是相讓相助，但原來「民主人格」是有層級性的，要將其推至「最高之民主人格」必要待世界進入「大同」之境才可。伍氏又指出：

> 故要達到世界大同境界，非迂腐所能，亦非計較功利所能，尤非恃殘暴武力所能，必有待極圓滿之民主人格……民主只有一個世界，從一心推出，從吾身實踐。我與人，乃至整個社會，整個國家，及整個人群世界，皆同此性。[126]

由於人人「皆同此性」，此「性」就是之前伍憲子所講的「天命之性」。從上可見，伍氏講的大同世界，秉承了一種儒家的樂觀主義。這裡所謂的「樂觀主義」不是相信人性皆善，而是相信世界上不同國族、不同地域、不同文化背景的人皆有一種共同的特質，此種共同的特質兼具優越性，能對個體與群體產生決定性的影響；又相信個人有能力，也有願意通過有本身的實踐，提升個人的道德素養，成為身體力行的道德主體；更建基在人類「同質」的條件上，相信人人能「感通」無礙，個人的「發心」和實踐必然可以影響他人，繼而擴展到社會、國家和世界。從以上的討論中，我們不難發現伍憲子提倡中國民主主義不論基本信念，實踐的進路，還是最終的理想，皆是孔門中「仁」學的發揚，也是「為仁由己」，「成人成己」的工夫，最重要的，是一切舉措的最終目的是要成就大同世界的實現，將二千多年中國知識分子的幻想，落實到二十世紀的世界，成為救世匡時的最後良藥。要言之，伍氏當時講的是「民主」、「自由」、「平等」，此乃是九江之學的「變」；惟其內容卻沒有離開孔門之學，此則是承九江之學「不變」者。

---

126 伍憲子：《中國民主主義》，頁154。

第七節　小結

1951年3月11日，梁漱溟的弟子胡應漢初訪伍憲子，在客廳看見伍氏自書的對聯：

> 必有事焉，知止乃定。莫非命也，樂天不憂。

在此聯後，附有題記，彌足珍貴，值得一讀，故不嫌煩瑣，全錄於下：

> 吾輩不幸生混濁之世，天時人事之相厄者無所不用其極。無以勝之，必隳落而不能復振。勝之之道，惟有以自樂，兼有以自信。否則馳逐於物，而歆羨憂戚日乘之，必漸移為流俗人矣。或主求治於先儒語錄，此藥物耳，可以治標；但其道大觳，營養不足，懼居之不安，一旦厭棄，必放倒而佚，蕩然失據矣。故必求可以居之安而自得者。上之則應無所住，次之則主一無適。然吾人不能謝絕百事，則應無所住甚難。惟有主一無適，平實切用。所謂主者足乎己無待於外；能足乎己無待於外，自然有以自樂，有以自信。有以自樂，則不至於閒而憧擾；有以自信，則不至於有所恃而蹉跎不振。今當喪亂之世，欲養成瑰偉絕特之士，非用此工不可。三十年前梁任公曾擬此十六字為座右銘寄麥孺博；偶憶及之，寫以自儆。己丑夏至。[127]

作為當代一位儒者，伍憲子一生恪守和弘揚孔道，並推重精神文化的優先性，乃與當代新儒家的思想性格相似。[128]如徐復觀先生（1904-1982）說，

---

127 胡應漢：《伍憲子傳記》，頁3-4。

128 在伍憲子的現存著述，如《國學概論》、《經學通論》、《孔子》等，都有明顯的「精神文

儒學源於「憂患意識」，[129]這種憂患指的是「憂道不憂貧」之「憂」，是「憂以天下」之「憂」，「憂患」是緣於「道」而來的，「道」指的是民族文化的綜體，是整個民族的倫理精神象徵，是形而上的道德實體，而之所以為此而憂，乃因為「道」乃是全民族之所以能存活的精神依據。從思想史的角度言之，憂患意識的興起乃是面臨意義危機（crisis of meaning）而生的。當代新儒家就是感受到這個「意義的危機」，而苦心探索，欲謀求一理論和實踐上的解決。[130]綜觀伍氏之言行，他畢生求道和傳道也是與中國，甚或是世界的「憂患」，有著密不可分的關係。[131]

若要理解伍憲子與「道」的關係，我們不妨以一位新儒家的說話作參考。1945年，熊十力先生避難於陪都，在艱苦的環境下，寫就《讀經示要》。熊先生說「經為常道」；所謂「道」的意義有二：其一是宇宙本體；其二是「凡事理之當然，通古今中外而無可或易者」。[132]在1957年，在離世前兩年，伍氏的最後遺著《中國民主主義》刊行。在序言的字裡行間，伍氏隱隱流露出無奈之情：

> 吾人不幸，生當其間，一方面受握政權者之忌，一方面不能取人民之信，縱有極好主義，有極美政制，等於手捧明珠，投人於道，徒遭按劍之叱，夫復何言。……吾行年七十，學問無所成就，談政治

化」為尚的特徵。另一方面，伍氏與當代新儒家，如張君勱、唐君毅，雖然關係深淺不同，但都是相遇相知的。

129 胡應漢：《伍憲子傳記》，頁20。

130 林安梧：《牟宗三前後：當代新儒家哲學思想史論》（臺北：臺灣學生書局，2011），頁13-14。

131 如伍憲子講孔子時明言：「故人類需要科舉技能，更需要高度文化，如此則萬不能藐視孔子。須知今後仍是人類世界，仍是很長久的人類世界，西方宗教祇知人與神，科學則祇知人與物，對於人與人之間，尚未研究深透，今後希望世界和平，給予人類福利，非虛心請教孔子不可。」見伍憲子：《孔子》，頁2。

132 熊十力：《讀經示要》，頁6-7。

> 四十餘年，亦無所成就，原諒我者尚以為曲高和寡，不原諒我者以為迂論違時，因此垂每與政府當局不能合作。[133]

寫此序時，伍氏已年屆七十，是時國府已遷台數載，神州大地已變色，民憲黨日暮窮途，已無所作為。作為一書生，伍憲子秉筆著書並謂：

> 正惟我是書生也，乃敢在此兵爭第一武力萬能之世，尚有閒心來寫此一本《中國民主主義》。……然則何所為，為我到底是書生也。書生有剛氣，不為流俗屈，書生有迂氣，思以道易天下，我於是毅然、決然，我說我的話，寫我的書。[134]

在「實然」的世界裡，要「以道易天下」確已難做到，但有伍憲子心中之「道」，仍如先聖前賢孔孟所守的「道」一樣，如熊十力先生所說的「凡事理之當然」。有此「道」在，伍氏才可以坦然面對人生：

> 息慮焚香讀異書，客來不速愛吾盧。
> 欲傾肝膽難為語，正待風雲敢目迂。
> 酒醉莫妨今日事，名高豈動一時譽。
> 偶然心會存微笑，相對忘形在太初。[135]

由是觀之，伍憲子從少年「求道」，到青年「傳道」，再用一生來「證道」。此「道」不僅是孔孟所傳，是中國文化之「道統」，更是伍氏終身所

133 伍憲子：《中國民主主義》，頁1。

134 伍憲子：《中國民主主義》，頁2。

135 胡應漢：《伍憲子先生傳記》，頁61-62。

慕，至死不渝的「生命之道」。在伍憲子建構的「世界」裡，不斷的「弘道」和「傳道」，就是伍老一生向前的動力。[136]

136 伍憲子曾說：「然天地之大人猶有所憾，仁之功用亦無圓滿之時，故《易》終未濟，乾坤方不息。孔子所以『是知其不可而為』，『吾非斯人之徒與而誰與』，其中心思想在此，其仁在此。」，伍憲子：《孔子》，頁82。

第六章
總結

第一節　異代跫音：朱、簡、伍三人對「孔道」的揚棄

本文研究的時間跨度，以1850年代為起點，至1950年代作終點；敘事的焦點，以朱次琦、簡朝亮、伍憲子三人求道、衛道、傳道之行誼為中心。在百年的時代巨輪下，我們可以透過三位儒者的行誼，窺探知識分子面對不同時代課題的時候，如何對儒家之「道」進行揚棄。在探討朱、簡、伍三人如何對儒家之「道」進行揚棄以先，或許我們必須要對三人所處的時代及其思想特點有一個扼要的認識，從而讓我們更容易明白儒者對「道」之揚棄的時代意義。

1840年鴉片戰爭失敗。把被漢宋之爭所隱蔽的明清之際中西學術的爭論以更加激烈的形式，重新搬進了歷史舞台。明清之際東漸的西學，雖然無法與十八世紀中工業革命之後的近代學術相比，但它畢竟繼承了古希臘羅馬時代的早期民主和科學的因素。而當時的精英大都主張「西學中源說」，不同程度地打開「心門」，在格致學、哲學、政治學之方面，接受西學的影響，解開了以「復古為解放」的思想路徑。在乾嘉漢學之興盛，以及嘉道漢學宋學之爭，是在宋學演變為官方學術之後產生的，漢學家採用「禮失而求諸野」的思維方式，以考據學為工具，向統治者爭民生之「理」。這種努力不僅受到官宋學的猛烈評擊，同時也因其瑣碎而受到日益崛起的經世學派的質疑。恰在此時，隨著中西不平等條約的相繼簽訂，西方思想文化不斷向中國推進。於是官宋學與經世學術結合在一起，一方面共同抵禦西學對中國傳統思想價值的侵蝕，同時又想利用西學科技的力

量，來發現「制夷」和「鎮民」的雙重企圖。在此過程中，逐步將明清之際形成的「西學中源說」演變成「中學為體，西學為用」這一根本思想文化形式。[1]但對於朱次琦而言，無論是「西學中源說」還是「中學為體，西學為用」皆不是孔道之所在。活躍在道、咸年間的朱次琦，面對的「時患」固然離不開列強侵凌，但更切身的可能是結構性的官僚制度及吏治問題。縱然身負功名，朱次琦仍以將問題的根源歸因於漢學獨尊，並其引發的種種問題：如經學義理的隱沒，儒學真理的體認，孔門之道與生活世界的分離等問題。由此可見，朱次琦提倡的「四行」、「五學」，絕非是純學術的轉換，而是一種解決時患的議程。簡言之，九江學術的「四行」、「五學」是一種以「學」解「學」的進路，在朱次琦眼裡「時患」的根源是一個「學術」問題，是「漢宋之爭」的延續。

到簡朝亮生活的世代，晚清的內憂外患更為熾烈，惟在傳統的讀書人眼中，西學迭興，意義世界的動搖才是時患之最。故作為朱九江的弟子，簡朝亮表面上做的工作是發揚其師之學，努力重建孔門之道，但實際上簡朝亮竭力向他的受眾說明孔道的根本意義和時效性。簡朝亮之所以竭力說明孔道的根本意義和時效性，是因為感受到「道出於二」的壓力。在英法聯軍之役以後，洋務運動的改革風潮蔚然成風。一時之間，西學成為不少中國人心中的救世之「道」，是時的西學已經不是一種外來之學，而是一種救世之方。到了甲午戰爭以後，儒家之「道」凌夷已經是不爭的事實。至此，簡氏的任務與其師不一樣，他再不是要解決一個學術問題，而是一個儒家之「道」存亡的問題。職是之故，簡朝亮申明儒家經學的大義，主要目的是抗衡西方文化的侵凌。換言之，簡朝亮眼中的的「孔學」已經不是解決「時患」的良方，而是被拯救的對象。

迄至民國初年，隨著帝制的殞落，教育制度的改變，新文化運動的勃興，孔學受到空前的，摧毀性的衝擊。不論是孔子也好，經學也好，基本

1　蔣廣學著，李昱校訂：《中國學術思想史綱要》（南京：南京大學出版社，2014），頁316。

上已成為國家發展，民族強化的絆腳石。但更加重要的，自民國建立以後，中國人並未因為滿清帝國的倒台而重獲生機。對外而言。中國面臨被列強瓜分的命運仍未有一絲的改變。對內而言，中國政治紛亂無章，人民大部分時間仍然生活在水深火熱之中。故此，伍憲子面對的問題既不是學術問題，也不是如何挽救儒家文化的危亡問題，而是如何在世界文化為中國文化尋找新的定位的問題。中國文化的重新定位，並不僅僅是一個文化問題，而是一個中華民族的存亡問題。作為一位現代的儒者，伍憲子必須把孔學重新改造，並且努力把孔學作為中國文化的代表與世界接軌。由此而觀之，我們便不會為中國民主主義的出現會感到驚訝，也不會為中國的孔子變成世界的孔子而感到奇怪。故此，伍憲子的經學所關心的不再是儒學內部的問題，也不是單純的孔學存亡問題，而是如何讓孔學成為中國文化的代表列席在世界文化版圖之上。

第二節　「變」中之「不變」：實踐孔門之學的一致性

從考察朱次琦、簡朝亮和伍憲子的私人文獻——如私人信件、詩歌、對話紀錄——的過程中，我們不時會發現憂傷和悵惘，同時也會看見堅持與希望。這正好反映不管是晚清或民國，不管是在國內抑或是海外，對孔道的承傳者來說，經學所載的不是國故，而是富有生命力的精神資源。此不變者一也。其次，「道德內在說」的體現。筆者發現雖然身處的時代不同，著眼的關鍵處有別，然而朱、簡、伍三人的道德實踐觀也是一致的。如錢永祥引述徐復觀先生的說法所言，儒家思想的產生，是一個將「天命」逐漸內化為人性內在潛能的思想發展過程。自周初到春秋時代，「天命」一向被視為行為的「根源與保障」：人間道德的根源，要在天地的道德法則中追求。直到孔子，「開闢了內在的人格世界」，認定「性」係由天所命，那麼既命之後天道成為人之性，進入了人心／身之內，所以可以由人從內部建立道德自主性，形成道德的根源。如此，道德目標和規範已不是來自任何超越的權威，而是出於一己的應然，也就是徐先生所謂的「道德內在說的人之「性」。[2]

縱觀朱次琦、簡朝亮和伍憲子的現存文獻，從大體上來說，三位對人類有道德實踐能力的看發應該是一致的。此不變二也。最後，三人對感通的肯定。在儒家傳統的教育觀裡，人固然有學習知識的能力。然在道德倫理的角度言之，個人樹立道德模範，以使感化他人和群眾，以至影響社會甚或國家、才是最主要和最有效的「化民成俗」之路。在理論背後，實存在人人皆能有所感而通於彼的假設。在簡朝亮的兵學理論和伍憲子的民主理論裡，不約而同都相信個人可感動他人，個體的努力可以擴充至全體，此乃是承傳儒家感通說的明證。此不變三也。

由上觀之，世代變易有時，時患隨景遷而別，傳揚儒家之道的法門亦會與時並進。但作為孔道的追尋者，對儒家固有信念的堅持，卻不會輕易改變的。

第三節　「內聖外王」的困境：論以儒學開出民主的困難

楊貞德認為近代中國知識分子相信社會文化和個人思想是決定政治和社會性質的根本要件，也是改造政治和社會的關鍵。在他們心中，預設了人心的活力和動力，亦即：(一) 人心在影響和控制事物上，具有相當程度的獨立性和有效性；(二) 人心在面對真理時將會為其所動、乃至於把握並追求其實現；(三) 改變人心最根本和有效方式，在於直接訴諸人心。[3]在儒家思想的傳統裡「人心」的位置確是非比尋常，如南宋朱熹便曾

2　錢永祥：《動情的理性：政治哲學作為道德實踐》，頁289-290。

3　楊貞德：《轉向自我：近代中國政治思想上的個人》(臺北：中研院文哲所，2009)，頁7。

經提出「心統性情」說。按陳來所言，「心」是意識活動的主體；「性」是現實意識和情感所產生的根源；「情」即是具體的情感念慮。而「統」就是指「兼」和「包」之意，即是說「心」是貫通「性」和「情」的本體。此外，「性」作為意識活動的本質，對意識活動本來有一定的支配作用，但「心」的修養在一定程度上決定著「性」的支配作用能能否得到正常的發揮。由此可見，中國儒家傳統對「心」的重視並不是偶然的。[4]職是之故，不論是朱次琦倡導的「四行」、「五學」；還是簡朝亮強調的「明經之大義」；甚或伍憲子孜孜於「民主人格」的建立。他們的目標都是一致的，這就是由改變「人心」為進路，從而改變社會、國家，甚至世界。對「人心」的樂觀認知，讓中國儒家建構了一套「內聖外王」的政治理念。借用陳弱水對「內聖外王」觀念的理解：

> 扼要地說，就是「王」與「聖」之間存在著「跡本關係」。聖與所以成其聖的心性本體是「本」，理想的政治、社會秩序是「跡」；兩者之間有著「由本顯跡」的直接關聯。[5]

但上述這種「由本顯跡」的關聯是否具有可實踐性呢？經過「內聖外王」觀念預設的探討，陳弱水得出如下結論：修身與治國平天下之間未含有孔、孟所想像的簡單邏輯關係，個人的道德修養絕不能成為理想政治、社會秩序的基礎；任何依照「內聖外王」觀念構思的政治方法都無法真正解決問題。[6]若據陳的說法，「內聖外王」不僅無法「修己安人」、「修己以安百姓」。反之，理想和現實之間的巨大落差，會使讓知識分子陷入嚴重的心理困境之中。另一方面，筆者要指出一點，就是伍憲子本人對民主的理

4 陳來：《宋明理學》，頁200-202。

5 陳弱水：《公義觀念與中國文化》（臺北：聯經出版公司，2020），頁342。

6 陳弱水：《公義觀念與中國文化》，頁376。

解頗有不足。為了防止「個人權利」泛濫，伍氏的中國民主主義既不可以反對「個人權利」，但又處處避重就輕，以「寬容」和「尊重」取代「個人權利」的重要性。我們可以說，中國民主主義的特點在於：重「寬容」和「尊重」而輕「個人權利」。但亦因為這個原因，讓中國難以藉著儒家學說開出現代世界民主政治的藍圖。

第四節　孔學猶存：儒家文化與民主政治的互補

在寫就本文之後，筆者部分同意陳弱水的觀念，「內聖外王」的構想不能以簡單的邏輯關係去理解，例如憑個人道德的「單向」擴充，便可以理所當然地影響他人、影響社會、改變國家，或甚世界。就如朱、簡、伍堅持傳揚孔門之道，但以現實的政治成果來估量，三位傳道者可謂徒勞無功。但筆者相信儒家學說對今天的現實政治和社會秩序，仍是有其理論性和實踐性價值的。例如對孔、孟的仁者和智者人格與現代自由民主的人格特質作比較研究後，任劍濤便發現孔子的仁者之人格理想，表現寬容的人格特質，孟子的智者的人格理想，表現的接近積極自由的人格特質，二者與現代自由民主的人格結構具有相似性，就是一個好例子。[7]當執政者明白寬容和積極自由的重要性，對於實現民主政治的理想是有利而無害的。又如當代政治學者曾指出：儒家思想自肇始以來，就一直面對著社會政治理想與現實之間存在巨大差距的問題。但其實問題不是在儒家規範性理想本身，而是出於如何建構出一套有效的管治方法。[8]劉述先便以新加坡為例說明儒家現代化的可能和作用：

7　任劍濤：《複調儒學——從古典解釋到現代性探究》（臺北：臺灣大學出版中心，2013），頁267-298。

8　Joseph Chan, *Confucian Perfectionism: A Political Philosophy for Modern Times* (Princeton: Princeton University Press, 2013), p.17.

> 像新加坡實行的柔性威權主義與民間的小傳統結合，卻樹立了一種新的典型，成為宣揚亞州價值論者所依賴的支柱。[9]

最後，筆者認為近現代「保守」知識分子的經歷和論述仍是一片蘊藏豐富研究價值的寶地，冀望有未來的日子更多的有識者能發掘之。

9　劉述先：〈論當代新儒家的轉型與展望〉，載氏著，東方朔編：《儒家哲學研究：問題、方法及未來開展》（上海：上海古籍出版社，2010），頁357。

附錄一

朱次琦生平大事年表

年份	年齡	生平大事
1807年		9月23日（農曆8月22日），朱次琦出生在廣東南海九江上沙里（今九江下西太平約）。
1811年	4歲	冬，朱次琦入師塾，師從族師朱祥麟。
1819年	12歲	由鄉人曾釗帶引，謁見兩廣總督阮元，奉命作《黃木灣觀海詩》，獲阮元激賞。
1821年	14歲	冬，生母張茂蘭病逝，朱次琦守喪三年。
1824年	17歲	肄業羊城書院，師從謝蘭生。夏，朱次琦赴院試。
1827年	20歲	夏，朱次琦赴院試，皆為第一，補博士弟子員，成秀才。
1828年	21歲	朱次琦赴鄉試。
1829年.	22歲	春，父親朱成發去世，朱次琦守喪三年。
1832年	24歲	肄業越華書院，得山長陳繼昌器重。秋，朱次琦赴鄉試，不第。
1833年	26歲	5月。廣東南海九江題為出現險情，朱次琦親臨現場。
1835年	28歲	被選為學海堂第一屆專業高材生之首，朱次琦以疾辭。
1837年	30歲	秋，朱次琦赴鄉試，不第。
1838年	31歲	第三次被南海縣學選為優行生之首。朱次琦皆不赴。
1839年	32歲	冬，朱次琦與長兄朱士琦北行會試。
1840年	33歲	春，朱次琦北行會試，不第。
1841年	34歲	春，朱次琦北行會試，不第。秋，朱次琦南歸。
1842年	35歲	朱次琦在南海陳氏賓館開館授徒。
1843年	36歲	冬，朱次琦與長兄朱士琦北行會試。
1844年	37歲	春，朱次琦與長兄朱士琦會試不第。秋，繼母關氏去世。
1845年	38歲	居正覺寺，朱次琦守喪三年。

年份	年齡	生平大事
1847年	40歲	春，朱次琦與長兄朱士琦北行會試，成進士，即用知縣，簽發山西。
1849年	42歲	正月，朱次琦不挈家而行，出發山西。
1850年	43歲	朱次琦任職山西。
1851年	44歲	朱次琦任職山西，晉中之士多與之游。
1852年	45歲	5月，朱次琦前往幕南，化解晉北邊亂。 7月，官山西襄陵190天，民俗大化。
1853年	46歲	春，朱次琦辭官襄陵。
1855年	48歲	6月，朱次琦南歸。
1856年	49歲	居邑學尊經閣，學子從游。6月，朱宗琦去世。9月，朱次琦返南海九江。
1857年	50歲	居廣東南海九江，自此足不出城市，「九江先生」之名由此而起。
1858年	51歲	開館廣東南海九江禮山草堂，從學者眾。
1861年	54歲	《朱氏傳芳集》編纂完畢。
1862年	55歲	奉詔召用，朱次琦以疾辭。
1863年	56歲	兩度謝絕廣東巡撫郭崇禧求見之請。
1868年	61歲	謝絕某外國人造訪。。
1871年	64歲	冬，朱炳琦去世。
1874年	67歲	簡朝亮師從朱次琦。
1880年	73歲	拒絕府軍張裕赴海防之請。
1881年	74歲	5月，朱士琦卒。 6月，府軍張裕以「講明正學，身體力行，比閭族黨，動德善良」奏聞。 7月，詔賜五品卿銜。 12月19日（公曆2月7日），朱次琦病逝。

附錄二

簡朝亮生平大事年表

年份	年齡	生平大事
1852年		1月7日（農曆11月21日），簡朝亮出生在廣東佛山忠義鄉。
1854年	2歲	6月，為避佛山紅巾軍之亂，簡朝亮父親簡金勝領家人返回廣東順德簡岸。
1857年	5歲	簡金勝教授《孝經》，簡朝亮依膝下讀。
1858年	6歲	農曆2月，簡朝亮入師塾。
1862年	10歲	塾師教授《程氏家塾讀書分年日程》。
1865年	13歲	簡朝亮誦《七經》。簡金勝教以義重於富。
1868年	16歲	簡朝亮初赴邑試。
1869年	17歲	簡朝亮始以教授私塾為業。
1870年	18歲	簡朝亮苦讀於順德簡岸竹林。
1871年	19歲	農曆7月，簡朝亮進邑學。
1873年	21歲	簡朝亮執教順德簡岸北滘莘村曾氏賓館。 農曆8月，簡朝亮鄉試不第。
1874年	22歲	農曆正月，簡朝亮游學朱次琦。
1875年	23歲	秋，簡朝亮赴考鄉試不第。
1876年	24歲	簡朝亮復執教順德簡岸曾氏賓館，講《春秋》三傳。 農曆8月，簡朝亮赴考鄉試不第。
1877年	25歲	冬，簡朝亮離開南海九江禮山草堂。 12月31日，與楊氏成婚。
1878年	26歲	簡朝亮執教順德龍山譚氏賓館。 夏，簡朝亮赴考，以一等第一補廩生。
1879年	27歲	8月，簡朝亮參加鄉試，不第，設館廣州南門。 父簡金勝去世，簡朝亮居家守孝。

年份	年齡	生平大事
1881年	29歲	12月19日，朱次琦去世。簡朝亮、康有為、梁巨川等前往南海九江拜祭。
1882年	30歲	8月3日，母親老氏去世，簡朝亮居家守孝。 秋，簡朝亮參加鄉試，不第。
1883年	31歲	簡朝亮開館六榕寺。
1884年	32歲	11月，簡朝亮治族中三惡。
1885年	33歲	8月，簡朝亮參加鄉試，不第。
1886年	34歲	為治族中賭博者，簡朝亮被魏令控以誣盜，並押至廣州受審，後終得白。
1887年	35歲	簡朝亮旅次澳門、香港。
1888年	36歲	春，陳樹鏞去世。八月，簡朝亮前往廣東新會拜祭，與康有為攜手登黎貞釣台。同月，簡朝亮參加鄉試，不第。
1889年	37歲	簡朝亮棄館六榕寺。 夏，參考科考，學政樊恭煦以簡朝亮為一等第一。簡朝亮報病不復試。
1890年	38歲	12月，簡朝亮借金築順德簡岸讀書草堂。
1891年	39歲	春，諸學子來讀書草堂，從學者眾，「簡岸先生」之名由是而始。 10月3日，學政樊恭煦以簡朝亮學行，特旨訓導選用，簡朝亮以疾未赴。
1893年	41歲	9月，簡朝亮始著《尚書集注述疏》。
1895年	43歲	簡朝亮還畢修築草堂的欠款。
1896年	44歲	黃節、鄧實、鄧方、任元熙、趙集等游學簡朝亮。
1897年	45歲	黃節離開順德簡岸讀書草堂。 夏，簡朝亮以三鄉堤事直爭於行省讞局，惜未遂。
1898年	46歲	門人鄧方去世。
1899年	47歲	12月朔夜，順德簡岸讀書草堂遭劫，幸藏於《邸報》叢中的束修之金獨存。

年份	年齡	生平大事
1900年	48歲	6月，簡朝亮攜妻兒離開順德簡岸，至清遠陽山縣水口留賢堂村。 10月5日，在陽山黄賓夔的資助下，陽山讀書草堂落成。
1902年	50歲	農曆正月3日，汪辛白致書，請簡朝亮就郡學教習，簡朝亮卻之。
1903年	51歲	農曆正月7日，簡朝亮著畢《尚書集注述疏》。
1905年	53歲	12月，驚聞清政府宣布廢科舉，禁止讀經，簡朝亮謝諸學子，默而山居。
1906年	54歲	黄賓夔將長女許予簡咏述。
1907年	55歲	8月21日，妻楊氏去世，葬於將軍山。《尚書集注述疏》校刊完畢，張子沂編纂《讀書堂答問》附於後。
1908年	56歲	禮部尚書溥良奏聘簡朝亮為禮學館顧問官，簡朝亮以疾辭。
1909年	57歲	簡咏述至陽山親迎黄賓夔女兒。
1910年	58歲	驚聞廢經，簡朝亮以為乾坤之變。
1911年	59歲	4月6日，簡朝亮上書張制軍，乞弭粵事，書不上報。 在兒子簡咏述、門人張夢熊、李禮興的協助下，簡朝亮編纂《順德簡岸簡氏家譜》。
1912年	60歲	清朝覆亡，簡朝亮簪以竹縚，撮如古詩人。
1915年	63歲	8月，袁世凱命人致書簡朝亮，書至陽山，簡朝亮戲之。
1916年	64歲	3月，趙爾巽致書聘簡朝亮為《清史稿》纂修，簡朝亮卻之。
1917年	65歲	2月，廣東省省長朱慶瀾命邑令尋訪簡朝亮其人其書，未遂。 12月，簡朝亮著畢《論語集注補正述疏》。
1918年	66歲	農曆正月，簡朝亮始著《孝經集注述疏》，9月著畢。
1919年	67歲	9月，簡朝亮著畢《禮記子思子言鄭注補正》。
1920年	68歲	夏，簡朝亮開始編修《粵東簡氏大同譜》。
1921年	69歲	《論語集注補正述疏》、《孝經集注述疏》校刊完畢。 冬，順德鄉人請簡朝亮任邑志總纂，簡朝亮固辭。
1924年	72歲	清明節後，簡朝亮至佛山忠義里和義榕社。

年份	年齡	生平大事
1926年	74歲	《粵東簡氏大同譜》編纂完畢。
1928年	76歲	閏二月，簡朝亮旅滬南園，刊印《順德簡岸簡氏家譜》、《粵東簡氏大同譜》。是年，簡朝亮作《孔聖堂記》。
1929年	77歲	農曆正月後，簡朝亮著畢《讀書草堂明詩》。 10月10日，簡朝亮南返佛山忠義鄉。
1930年	78歲	簡朝亮命門人張啟煌著《朱九江先生集注》，並作《朱九江先生傳》。
1931年	79歲	編纂《朱子〈大學章句〉釋疑》，作《毛詩說習傳序》。
1932年	80歲	正月，簡朝亮著《酌加畢氏續資治通鑑論》。 9月，簡朝亮前往廣州松桂堂，留居此地著書。
1933年	81歲	農曆6月，簡朝亮患疾。 9月29日，簡朝亮病逝於廣州松桂堂。 12月28日，簡朝亮葬於廣東南海蘆塘牛眠山。

附錄三

伍憲子生平大事年表

年份	年齡	生平大事
1881年		6月3日，伍憲子生於廣東順德古朗鄉。
1883年	2歲	伍憲子之弟文琮出生。
1885年	4歲	伍憲子之妹琰文出生。
1886年	5歲	8月，伍憲子之父福田公去世。
1887年	6歲	伍憲子奉母命入塾開蒙。
1892年	11歲	伍憲子就讀鄰鄉吉祐麥氏之家塾。
1893年	12歲	伍憲子從康門弟子麥孟華、仲華兄弟家，得讀康有為的《長興學記》。

年份	年齡	生平大事
1895年	14歲	伍憲子應童生試，並在廣州得讀康有為的《桂學答問》。
1896年	15歲	伍憲子得康門弟子劉楨麟介紹，謁康有為於萬木草堂。
1897年	16歲	2月，伍憲子奉母命到簡岸草堂從學於簡朝亮。 7月，伍憲子重返萬木草堂聽講。
1898年	17歲	戊戌政變起，萬木草堂散，伍憲子復歸簡岸。
1900年	19歲	伍憲子與同邑石灘黃文學之女雪芬結婚。是年，春，伍氏曾一度往陽山，居留半載。
1902年	21歲	伍憲子赴順天鄉試。後又就廣州十三甫馮氏家塾師席，教學生五人。
1903年	22歲	伍憲子改就廣州雅荷塘余氏家塾師席，教學生五人。
1904年	23歲	奉康有為命，伍憲子助徐勤辦《香港商報》。
1905年	24歲	伍憲子主《香港商報》筆政，並開始參加憲政黨的活動。
1908年	27歲	因「二辰丸事件」，伍憲子在《香港商報》發表反日言論，並發起振興國貨會，實行抵制日貨。是時，港府欲逼令伍氏離境，後幾經波折事件始平息。同年，黃雪芬女士去世。
1909年	28歲	伍憲子出遊南洋，謁康有為後，續遊爪哇各地，並向華僑演講。同年，伍氏曾短暫在星洲華僑朱子佩所辦的《南洋總匯報》主筆政。
1910年	29歲	伍憲子由南洋回香港，再赴北京，會同各省諮議局代表，請願速開國會。會畢，伍氏繼續回港主《香港商報》筆政。
1911年	30歲	10月10日，武昌起事。時伍憲子奉康有為之命赴日，同於須磨之雙濤園，日談國事。
1912年	31歲	伍憲子離開日本到加拿大，在溫哥華住一月。後接梁啟超電促回國，冬月，取道檀香山抵日，再經大連入京。
1913年	32歲	伍憲子在北京，初與徐佛蘇辦《國民公報》。秋，熊希齡先生組閣，伍氏被簡為廣東省內務司長，遂回廣東。 是年，伍氏之異母弟文珣去世，得年二十七歲。

年份	年齡	生平大事
1914年	33歲	伍憲子奉命調鄂。農曆4月，先入京，後被改任龍州關監督，亦不就。是時，梁任公、湯覺頓、蔡松坡、黃孟曦、黃孝覺俱在北京。
1915年	34歲	帝制議起。夏間，伍憲子上書袁世凱，力陳國體之不容變更，書到袁克定之手，被格而不逮。
1916年	35歲	袁氏稱帝，伍憲子在京被監視。待監視放鬆後，伍氏取道津浦路離都。及後袁氏眾叛離，終於憂懣而死。袁氏死後，黎元洪任總統，馮國璋入副總統。伍氏應馮國璋之邀，任副總統府諮議，往來於北京與南京之間。
1917年	36歲	張勳復辟，康有為被邀入京，伍憲子亦隨之。
1918年	37歲	伍憲子復任總統府諮議，並續以辦報為業。
1919年	38歲	秋，伍憲子接辦《共和日報》。
1922年	41歲	農曆正月，伍憲子入京，任國務院參議。是年，伍氏曾到洛陽，游說吳佩孚，欲促成南北議和。
1923年	42歲	伍憲子先由北京轉赴洛陽，晤吳佩孚。旋至杭州天一山，謁見康有為。及後赴香港，再轉往廣州。冬，赴廈門。
1924年	43歲	伍憲子赴北海。
1925年	44歲	春杪，伍憲子奉康有為之命到昆明，與唐繼堯會晤。
1926年	45歲	伍憲子在香港，與劉德譜、陳廉伯、葉蘭泉等辦平民自救會，又創辦《平民週刊》、《丙寅雜誌》。
1927年	46歲	3月31日，康有為病逝青島。秋，伍憲子離港赴北京。 冬，與梁啟超、徐勤會商民憲黨黨務於天津。議定，伍氏主持海外黨務。
1928年	47歲	5月，伍憲子在滬辦《雷風雜誌》，指責對濟南慘案之軟弱無能，近乎媚敵。雜誌僅出兩期，便遭封閉。7月，伍氏由香港赴洋，赴美國三藩市，主《世界日報》筆政。不料，抵美後數月，伍氏的女兒婉媚病逝港寓。

年份	年齡	生平大事
1929年	48歲	1月19日，梁啟超病逝於北京，伍憲子悲歎莫明。
1933年	52歲	9月29日，簡朝亮病逝於廣州松桂堂。
1935年	54歲	春，伍憲子由三藩市赴洛杉磯，乘車與電車相撞，昏厥5小時，後休養三個月始癒。夏，由洛杉磯乘汽車出發，遊歷美國，經三十餘省。到紐約後，曾為致公堂開辦《紐約公報》。
1936年	55歲	夏，伍憲子回國。抵港兩月，應宋哲元之邀赴北京。在北京，伍氏晤張君勱，提及民憲黨與國社黨合併之議，擬定草約。
1937年	56歲	春，伍憲子回港。5月，又返北京。後蘆溝橋事變起，伍氏移家天津英界。
1938年	57歲	3月，伍憲子之子學琦出生於津寓，為如夫人尤氏所出。
1939年	58歲	伍憲子仍居天津。
1940年	59歲	汪精衛屢邀加入偽國民政府，伍憲子固拒之。其後，天津陷日軍手中，伍氏舉家取道南京赴港，留三天，與汪精衛晤。
1941年	60歲	日軍攻港之謠日熾，伍憲子不信。不料，冬月，太平洋戰爭爆發，香港淪陷。是時，伍氏居於九龍。
1942年	61歲	伍憲子欲回順德故里，不料在廣州乘汽車碰傷頭部，流血甚多，最後決定留港。
1945年	64歲	春，憲政黨主席徐勤在天津去世。夏，憲政黨召開大會於加拿大東部之滿城，推伍憲子為主席，並議決與國社黨合併。
1946年	65歲	8月，國社黨與民憲黨開聯席大會於上海，實行合併，改稱中國民主社會黨。
1947年	66歲	春，伍憲子赴滬。夏，民社黨中常會開於上海，會內發生爭執，伍氏飛滬調解，無效。8月，民憲黨宣佈退出民社黨。而民社黨之革新委員會，在滬舉行第一屆全國代表大會，選伍氏為主席。冬，伍氏在香港辦《人道週刊》。
1948年	67歲	伍憲子有意遊美，未能成行。
1949年	68歲	農曆九月十二日，伍憲子生母羅氏在九龍寓次去世。

年份	年齡	生平大事
1950年	69歲	伍憲子守制，不應酬，不發表文章。
1951年	70歲	冬，伍憲子服闋，應臺灣當局之邀請，一度赴台。後回港，伍氏曾在新亞書院講學。
1952年	71歲	伍憲子仍居港。
1953年	72歲	伍憲子致力發揚新孔學，先後在孔聖講堂、學海書樓演講。
1956年	75歲	在垂暮之年的伍氏，仍致力以講學為務，履聯合書院講席，以提倡中國文化，發揚人道正義為職志。
1959年	78歲	伍憲子於九龍寓所逝世。

徵引書目

（甲）中文資料

一　古籍及文獻

《清代稿鈔本》，第三輯，第101冊（廣州：廣東人民出版社，2010年）。

丁文江、趙豐田編：《梁啟超年譜長編》（上海：上海人民出版社，1983年）。

中國第二歷史檔案館編：《中國民主社會黨》（北京：檔案出版社，1988年）。

仇　江：《嶺南歷代文選》（廣州：廣東人民出版社，1993年）。

方宗誠：《柏堂集·餘編》，《清代詩文集彙編》卷三（上海：上海古籍出版社，2010年）。

王先謙撰，沈嘯寰，王星賢點校：《荀子集解》（北京：中華書局，1996年）。

王國維：《論政學疏稿》，《王國維全集》，第14卷（廣州：廣東教育出版社，2009年）。

魏　源：《海國圖志》，第五卷（上海：上海古籍出版社，1995年）。

王錫彤：《抑齋自述》（開封：河南大學出版社，2001年）。

伍　莊：《美國游記》（三藩市：世界日報社，1936年）。

伍憲子：《中國民主主義》（香港：自由出版社，1957年）。

伍憲子：《中國民主憲政黨黨史》（舊金山：世界日報社，1952年）。

伍憲子：《孔子》（香港：自由出版社，1956年）。

伍憲子：《國學概論》（香港：東方文化，1934年）。

伍憲子：《經學通論》（上海：上海東方文化出版社，1936年）。

朱次琦等修，朱宗琦纂：《南海九江朱氏家譜》，《北京圖書館藏家譜叢刊，閩粵僑鄉卷》，卷22（北京：北京圖書館出版社，2000年）。

朱　熹：《四書章句集注》（北京：中華書局，2008年）。

朱　熹：《朱子全書》（上海：上海古籍出版社，2002年）。

朱　熹：《論語集注》（北京：中華書局，2008年）。

朱熹著，鄭明等校點《朱子全書》，第14冊（上海：上海古籍出版社，2002年）。

江藩，方東樹：《漢學師承記（外二種）》（香港：三聯書店，1998年）。

吳天任：《康有為先生年譜》（臺北：藝文印書館，1994年）。

李巽仿等編：《松桂堂集》（香港：1985年）。

李澤厚：《論語今讀》（香港：天地圖書，1998年）。

阮　元：《揅經室集》（北京：中華書局，1993年）。

周敦頤著，陳克明點校：《周敦頤集》（北京：中華書局，2009年）。

胡應漢：《伍憲子先生傳記》（香港：胡應漢出版，1953年）。

香港中文大學：《明德新民：聯合先賢書畫展》（香港：香港中文大學，2007年）。

馬端臨：《文獻通考》，《欽定四庫全書．史部．政書類》（臺北：臺灣商務印書館，1984年）。

康有為：《中庸注》（臺北：臺灣商務印書館，1966年）。

康有為：《孔子改制考》（臺北：臺灣商務印書館，2011年）。

康有為：《日本書目志（卷7）》（1898年），《康有為全集》，第3卷（上海：上海古籍出版社，1987年）。

康有為：《俄彼得變政記，日本變政考》，《南海先生遺著彙編（十）》（臺北：宏業書局公司，1987年）。

張伯行輯訂：《朱子語類》，卷三（中國：商務印書館，1937年）。

張集馨：《道咸宦海見聞錄》（北京：中華書局，1981年）。

章錫琛點校：《張載集》（北京：中華書局，1985年）。

陳永正選注：《嶺南歷代詩選》（廣州：廣東人民出版社，1993年）。

陳皓著，萬久富整理：《禮記集說》（南京：鳳凰出版社，2010年）。

曾國藩：《曾國藩全集·詩文》（湖南：岳麓書社，1986年）。

焦循撰，沈文倬點校：《孟子正義》（北京：中華書局，1998年）。

程樹德撰；程俊英，蔣見元點校：《論語集釋》（北京：中華書局，1996年）。

馮栻宗編著：《九江儒林鄉志》（香港：旅港南海九江商會重刊，1986）。

黃壽祺，張善文：《周易譯注》（上海：上海古籍出版社，2000年）。

楊天宇：《禮記譯注》（上海：上海古籍出版社，2011年）。

董仲舒：《春秋繁露》（上海：上海古籍出版社，1989年）。

齊思和整理：《黃爵滋奏疏許乃濟奏議合刊》（北京：中華書局，1959年）。

樓宇烈整理：《康有為自編年譜（外二種）》（北京：中華書局，1992年）。

蔣永敬：《民國胡展堂先生漢民年譜》（臺北：臺灣商務印書館，1981）。

戴　震：《孟子字義疏證》（北京：中華書局，2012年）。

簡朝亮：《孝經集注述疏：附《讀書堂答問》》（上海，華東師範大學出版社，2011年）。

簡朝亮：《尚書集注述疏：附《讀書堂答問》》（上海，上海古籍出版社，1995年）。

簡朝亮：《論語集注補正述疏：附《讀書堂答問》》（上海，華東師範大學出版社，2013年）。

簡朝亮：《禮記子思子言鄭注補正》，《續修四庫全書》，第932冊（上海：上海古籍出版社，1995年）。

簡朝亮：《讀書堂集》，《清代詩文集彙編》，第774冊（上海：上海古籍出版社，2010年）。

簡朝亮編，關殊鈔點校：《朱九江先生集》（香港：旅港南海九江商會，1962年）。

關殊鈔，余敏佳：《朱九江先生行誼輯述》（香港，旅港南海九江商會，1976年）。

顧炎武著，黃汝成集釋，欒保群，呂宗力點校：《日知錄集釋》（上海：上海古籍出版社，2006年）。

龔自珍：《龔自珍全集》，第三輯（上海：上海古籍出版社，1999年）。

二　專著

（日）伊東貴之著，楊際開譯：《中國近世的思想典範》（臺北：臺灣大學出版中心，2015年）。

（日）溝口雄三：《作為方法的中國》（北京：三聯書店，2011年）。

（美）張灝：《時代的探索》（臺北：聯經出版公司，2004年）。

（美）張灝：《張灝自選集》（上海：上海教育出版社，2002年）。

（美）詹姆斯著，蔡怡佳，劉宏信譯：《宗教經驗之種種》（臺北：立緒文化公司，2001年）。

方敏，董增剛，陳建堂著：《中國近代民主思想史（1840-1949）》（北京：人民出版社，2014年）。

王汎森：《中國近代思想與學術的系譜》（臺北：聯經出版公司，2003年。

王汎森：《思想是生活的一種方式：這中國近代思想史的再思考》（臺北：聯經出版公司，2017年）。

王汎森：《權力的毛細管作用：清代的思想、學術與心態》（臺北：聯經出版公司，2014年）。

王建朗，黃克武主編：《兩岸新編中國近代史．民國卷》（北京：社會科學文獻出版社，2016年）。

王建朗，黃克武主編：《兩岸新編中國近代史．晚清卷》（北京：社會科學文獻出版社，2016年）。

王國維：《觀堂集林》（石家莊：河北教育出版社，2001年）。

王雪卿：《靜坐、讀書與身體——理學工夫論之研究》（臺北：萬卷樓圖書公司，2015年）。

王開璽：《晚清政治史：數千年未有之變局（上卷）》（北京：東方出版社，2016年）。

王業鍵：《清代經濟史論文集（二）》（臺北：稻鄉出版社，2003年）。

王葆玹：《西漢經學源流》（臺北：東大圖書公司，2008年）。

王爾敏：《中國近代思想史論續集》（北京：社會科學文獻出版社，2004年）。

王德昭：《清代科舉制度研究》（北京：中華書局，1984年）。

左松濤：《近代中國的私塾與學堂之爭》（北京：三聯書店，2017年）。

田富美：《乾嘉經學史論：以漢宋之爭為核心之研究》（臺北：文史哲出版社，2013年）。

任劍濤：《中國現代思想脈絡中的自由主義》（北京：北京大學出版社，2004年）。

任劍濤：《複調儒學——從古典解釋到現代性探究》（臺北：臺灣大學出版中心，2013年）。

安樂哲著，彭國翔譯：《自我的圓成：中西互鏡下的古典儒家與道家》（石家莊：河北人民出版社，2006年）。

朱憶天：《邁向近代文明國家的探索——康有為後期思想研究》（上海：上海人民出版社，2016年）。

余英時：《中國文化與現代變遷》（臺北：三民書局，2015年）。

余英時：《中國知識人之史的考察》（桂林：廣西師範大學出版社，2004年）。

余英時：《中國知識階層史論（古代篇）》（臺北：聯經出版公司，2014年）。

余英時：《朱熹的歷史世界：宋代士大夫政治文化的研究（上冊）》（臺北：允晨文化，2003年）。

余英時著，程嫩生，羅群等譯：《人文與理性的中國》（臺北：聯經出版公司，2008年）。

余嘉錫：《四庫提要辯證》（香港，中華書局，1974年）。

吳啟超：《朱子的窮理工夫論》（臺北：臺灣大學出版中心，2017年）。

呂妙芬：《成聖與家庭人倫：宗教對話脈絡下的明清際儒學》（臺北：聯經出版公司，2017年）。

李澤厚：《中國古代思想史論》（安徽：安徽文藝出版社，1999年）。

杜維明：《道・學・政：儒家公共知識分子的三個面向》（北京：三聯書店，2013年）。

杜維明：《儒家思想——以創造轉化為自我認同》（臺北：東大圖書公司，2014年）。

汪榮祖：《從傳統中求變——晚清思想史研究》（南昌：百花州文藝出版社，2002年）。

汪學群：《中國儒學史（清代卷）》（北京：北京大學出版社，2011年）。

沈衛威：《回眸衡派：文化保守主義的現代命運》（臺北：立緒文化公司，2000年）。

肖宗志：《候補文官群體與晚清政治》（成都：巴蜀出版社，2007年）。

林安梧：《牟宗三前後：當代新儒家哲學思想史論》（臺北：臺灣學生書局，2011年）。

林志宏：《民國乃敵國也：政治文化轉型下的清代遺民》（臺北：聯經出版公司，2010年）。

林毓生：《中國激進思潮的起源與後果》（臺北：聯經出版公司，2019年）。

林滿紅著，林滿紅、詹慶華等譯：《銀線：十九世紀的世界與中國》（臺北：臺灣大學出版中心，2016年）。

金春峰：《漢代思想史》（北京：中國社會科學出版社，1987年）。

徐復觀：《中國人性史論：先秦篇》（臺北：臺灣商務印書館，2010年）。

桑兵，關曉紅：《先因後創與不破不立：近代中國學術流派研究》（北京：三聯書店，2007年）。

桑兵著：《晚清民國的國學研究》（北京：北京師範大學出版社，2014年）。

郝大維，安樂哲著，蔣戈為，李志林譯：《孔子哲學思微》（南京：江蘇人民出版社，2011年）。

馬大正：《清代邊疆開發研究》（北京：中國社會科學出版社，1990年）。

張汝倫：《現代中國思想研究》（上海：上海人民出版社，2014年）。

張紋華：《朱次琦研究》（廣州：廣東高等教育出版社，2012年）。

張紋華：《簡朝亮研究》（廣州：廣東高等教育出版社，2013年）。

曹秀美：《論朱一新與晚清學術》（臺北：大安出版社，2007年）。

梁啟超：《中國近三百年學術史》（臺北：五南圖書公司，2013年）。

梁啟超：《清代學術概論》（上海：上海古籍出版社，2011年）。

梁漱溟：《中國文化要義》（臺北：臺灣商務印書館，2013年）。

許紀霖：《中國知識分子十論（修訂版）》（香港：香港中和出版公司，2016年）。

陳永正主編：《嶺南文學史》（廣州：廣東高等教育出版社，1993年）。

陳旭麓：《近代社會的新陳代謝》（上海：上海社會科學院出版社，2005年）。

陳　來：《仁學本體論》（北京：三聯書店，2014年）。

陳　來：《孔夫子與現代世界》（北京：北京大學出版社，2011年）。

陳　來：《古代思想文化的世界——春秋時代的宗教、倫理與社會思想》（北京：三聯書店，2002年）。

陳　來：《早期道學話語的形成與演變》（合肥：安徽教育出版社，2007年）。

陳　來：《宋明理學》（臺北；允晨文化，2010年）。

陳弱水：《公義觀念與中國文化》（臺北：聯經出版公司，2020年。）

陳祖武：《清代學術源流（下冊）》（桃園：昌明文化，2016年）。

陳寶泉：《中國近代學制變遷史》（太原：山西人民出版社，2014年）。

陸國燊：《孫中山與美洲華僑：洪門致公堂與民國政治》（香港：商務印書館，2019年）。

陸鴻基編：《中國近世的教育發展（1800-1949）》（香港：華風書局，1983年）。

陸寶千：《清代思想史》（上海：華東師範大學出版社，2009年）。

喬納森・沃爾夫著，王濤，趙榮華，陳任博譯：《政治哲學導論》（長春：吉林出版集團，2009年）。

喻大華：《晚清文化保守思潮研究》（北京：人民出版社，2001年）。

彭國翔：《智者的現世關懷：牟宗三的政治與社會思想》（臺北：聯經出版公司，2016年）。

彭國翔：《儒家傳統：宗教與人文主義之間》（北京：北京大學出版社，2007年）。

程元敏：《先秦經學史（上）》（臺北：臺灣商務印書館，2013年）。

費正清編，中國社會科學院歷史研究所編譯室譯：《劍橋中國晚清史：1800-1911》（北京：中國社會科學出版社，1993年）。

黃克武：《近代中國的思潮與人物》（北京：九州出版社，2013年）。

黃俊傑：《東亞儒學史的新野（修訂一版）》（臺北：臺灣大學出版中心，2015年）。

黃俊傑：《儒家思想與中國歷史思維》（臺北：臺灣大學出版中心，2014年）。

黃俊傑編：《東亞視域中孔子的形象與思想》（臺北：臺灣大學出版中心，2015年）。

黃家儉：《李鴻章與北洋艦隊》（北京：三聯書店，2008年）。

楊貞德：《轉向自我：近代中國政治思想上的個人》（臺北：中研院文哲所，2009年）。

楊祖漢：《中庸義理疏解》（臺北：鵝湖出版社，2007年）。

楊儒賓：《從《五經》到《新五經》》（臺北：臺灣大學出版中心，2013年）。

葛兆光：《思想史研究課堂講錄：視野、角度與方法》（北京：新華書店，2005年）。

熊十力：《讀經示要》（北京：中國人民大學出版社，2006年）。

劉述先著，東方朔編：《儒家哲學研究：問題、方法及未來開展》（上海：上海古籍出版社，2010年）。

劉師培：《清儒得失論：劉師培論學雜稿》（北京：人民大學出版社，2004年）。

劉師培：《劉申叔先生遺書》（南京：江蘇古籍出版社，1997年）。

劉笑敢：《詮釋與定向——中國哲學研究方法之探究》（北京：商務印書館，2009年）。

蔣志華：《晚清醇儒：朱次琦》（廣州：廣東人民出版社，2007年）。

鄭宗義：《明清儒學轉型探析：從劉蕺山到戴東原》（香港：香港中文大學出版社，2009年）。

蕭公權：《中國政治思想史》（北京：中國人民大學出版社，2014年）。

錢永祥：《動情的理性：政治哲學作為道德實踐》（臺北：聯經出版公司，2014年）。

錢基博：《現代中國文學史》（上海：上海書店出版社，2004年）。

錢　穆：《中國近三百年學術史》（臺北：臺灣商務印書館，1995年）。

錢　穆：《中國學術思想史論叢（八）》（臺北：東大圖書公司，1980年）。

戴鞍鋼：《晚清史新編》（香港：中華書局，2011年）。

薛化元：《中國現代史》（臺北：三民書局，2018年）。

羅志田：《中國的近代大國的歷史轉身》（香港：三聯書店，2019年）。

羅志田：《權勢轉移：近代中國的思想、社會與學術》（武漢：湖北人民出版社，1999年）。

關曉紅：《科舉停廢與近代中國社會》（北京：社會科學文獻出版社，2013年）。

三　期刊及專業論文

（日）別府淳夫：〈朱次琦與康有為——晚清的朱子學研究〉，《孔子研究》，第2期（1987年7月），頁115-121。

丁業鵬：〈清末新式知識分子的邊緣化與志士化〉，《鄭州師範教育》，第1卷第5期（2012年10月），頁61-66。

丁寶蘭：〈簡論朱次琦〉，《中山大學學報》（社會科學版），第4期，（1983年8月），頁77-83。

尹　濤：〈中國民主社會黨的成立及特點〉，載《民國檔案》（2009年2月），頁127-128。

王汎森：〈如果把概念想像成一個結構：晚清以來的「複合性思維」〉，《思想史》第6期，（2016年6月），頁240-242。

王汎森：〈思想是生活的一種方式〉，見氏著：《思想是生活的一種方式：這中國近代思想史的再思考》，頁21。

王思杰：〈從先秦到兩漢中國復仇倫理的轉變〉，《黑龍江省政法管理幹部學院學報》，第3期，（2014年5月），頁136。

王業鍵：〈十九世紀前期物價下落與太平天國革命〉，見氏著：《清代經濟史論文集（二）》（臺北：稻鄉出版社，2003年），頁251-287。

王爾敏：〈中西為源流說所反映之文化心理趨向〉，載氏著：《中國近代思想史論續集》（北京：社會科學文獻出版社，2004），頁59-60。

王爾敏：〈經世思想之義界問題〉，《中國近代思想史論續集》（北京：社會科學文獻出版社，2005年），頁38-39。

王應憲：〈民國時期大學經學教育視〉，《中國學術年刊》，第35期（2013年9月），頁110及113-114。

朱杰勤：〈朱九江先生學述〉，《學術研究》，第4期（1987年5月），頁76-86。

何冠彪：〈「六經尊服、鄭，百行法程、朱」——惠士奇紅豆山房楹帖問題考釋〉，《臺灣師大歷史學報》，第38期（2007年12月），頁29-68。

何澤恆：〈大學格物別解〉，《漢學研究》，第18卷第2期（2000年12月），頁1-34。

余英時：〈中國知識人史的考察〉，見余英時著：《中國知識人之史的考察》（桂林：廣西師範大學出版社，2004年），頁11-12。

宋敘五、趙善軒：〈包世臣的貨幣思想研究〉，《新亞學報》，第23期（2006年2月），頁327-355。

岑麗華：〈從詩歌分析簡朝亮的思想性格〉，《順德技術學術學報》，第7卷第1期（2009年3月），頁6-11。

車行健：〈現代中國大學中的經學課程〉，見氏著：《現代學術視域中的民國經學——以課程、學風與機制主要觀照點》（臺北：萬樓卷圖書公司，2011），頁5-40。

周予同：〈『漢學』與『宋學』〉，《中國經學史論著選編》（上海：復旦大學出版社，2015年），頁404。

周積明，雷平：〈清代經世思潮研究述評〉，《漢學研究通訊》，第25卷第1期（2006年2月），頁5。

屈行甫：〈復仇觀念與儒家仁愛思想的衝突與調和——由《禮記》「父之仇弗與共戴天」談起〉，《道德與文明》，第3期（2016年5月），頁146。

林永勝：〈作為樂道的孔子：論理學學家對孔子形象的建構及其思想史意義〉，《清華中文學報》，第13期（2015年6月），頁5-48。

林慶彰：〈民國時期幾位被遺忘的經學家〉，《政大中文學報》，第21期（2014年3月），頁15-36。

邵寧、王瀟：〈論清末科舉制的廢除對邊緣化知識分子的影響〉，《宜賓學院學報》，第10期（2006年10月），頁41-43。

邵寧、高小蘭：〈試論清末知識分子的邊緣化與邊緣化知識分子〉，《蘭州學刊》，第2期（2008年2月），頁115-117。

黃俊傑編：《東亞視域中孔子的形象與思想》（臺北：臺灣大學出版中心，2015年），頁83-130。

唐小兵：〈清議、輿論與宣傳清末民初的報人與社會〉，載李金銓編：《報人報國》（香港：中文大學出版社，2013年），頁52。

唐貴明：〈簡朝亮《論語集注補正述疏》的特色〉，《聊城大學學報》（社會科學版），第1期（2010年1月），頁18-20。

孫燕京：〈晚清知識層的差異及士人的邊緣化〉，《史學理論研究》，第3期（2006年7月），頁70-80。

徐鶴濤：〈近二十年中國近代思想史研究的若干趨勢——圍繞問題意識與研究方法的討論〉，《史林》，第2期（2015年4月），頁207。

馬永康：〈直爽：《論語中的「直」》〉，《現代哲學》，第5期（2007年9月），頁62-69。

張付東：〈《簡朝亮研究》訂誤〉，《廣東技術師範學院學報》（社會科舉），第8期（2014年），頁61-68。

張付東：〈論簡朝亮《孝經集注述疏》〉，《順德職業技術學院學報》，第10卷第2期（2012年4月），頁79-83。

張昭軍：〈晚清漢宋調和論析〉，《清史研究》，第4期（2006年11月），頁36。

張紋華、傅永聚：〈簡朝亮與康有為論述〉，《聊城大學學報》（社會科學版），第4期（2012年8月），頁50-54。

張紋華：〈「九江學派」考辨〉，《貴州師範大學學報》（社會科學版），第5期，總190期（2014年10月），頁118。

張紋華：〈近代廣東名儒簡朝亮的詩歌意象與文人心態〉，《嶺南文史》，第4期（2013年12月），頁30-33。

張紋華：〈從蠢氣、蠻氣到霸氣——從《嶺南宣言》想到簡朝亮〉，《粵海風》，第1期（2011年1月），頁54-56。

張紋華：〈清末民初嶺南大儒末簡朝亮研究述評〉，第12卷第3期（2010年8月），頁26。

張紋華：〈廣東名儒簡朝亮的注經特色及其若干不足〉，《江南大學學報》（人文社會科學版），第12卷第5期（2013年9月），頁44-49。

張紋華：〈論朱次琦與簡朝亮〉，《江南大學學報》（人文社會科學版），第13卷15期（2014年9月），頁51-59。

張紋華：〈嶺南儒宗簡朝亮與香港的因緣〉，《順德職業技術學院學報》，第2期（2012年4月），頁84-86。

張紋華：〈簡朝亮生平事蹟考辨〉，《五邑大學學報》（社會科學版），第1期（2012年2月），頁47-51。

張紋華：〈簡朝亮的文章創作〉，《廣東技術師範學院學報》（社會科學版）第10期（2013年10月），頁28-33。

張紋華：〈簡朝亮的詩歌分期及其特點〉，《順德職業學院學報》，第11卷第1期（2013年1月），頁82-85。

張紋華：〈簡朝亮對朱次琦學說的傳承與發展——兼與錢穆先生商榷〉，第14卷3期（2015年5月），頁69-73。

張樹旺：〈《尚書》政治思想發展脈絡簡論〉，《廣西大學學報》（哲學及社會科學版），第24卷第3期（2002年3月），頁22-26。

張麗珠：〈紀昀反宋學的思想意義——以《四庫提要》與《閱微草堂筆記》為觀察線索〉，載《漢學研究》，第20卷第1期（2002年6月），頁253-276。

許紀霖：〈重建社會重心——現代中國的「知識人社會」〉，王汎森等著：《中國近代思想史的轉型時代》，頁138-139。

陳　來：〈論道德的政治——儒家政治哲學的特質〉，見氏著：《孔夫子與現代世界》（北京：北京大學出版社，2011年），頁170-173。

陳恩維：〈論嶺南近代愛國詩人簡朝亮詩中的時務及其文化抉擇〉，《廣州大學學報》，第8卷第3期（2009年3月），頁3-8。

陳運星：〈從民本到民主：儒家政治文化的再生〉，《中山人文社會科學期刊》，第12卷第2期（2004年12月），頁91-94。

陳澤環：〈「中國文明實可謂以孔子為代表」——梁啟超國性論中的儒學觀〉，載於《船山學刊》，第6期（2015年11月）頁51-56。

程美寶：〈從思想史到思想家的歷史——評麥哲維《學海：十九世紀廣州的社會流動性與身分認同》〉，第2期（2007年5月），頁120-124。

黃坤堯：〈香港詩詞中的人文景觀〉，見《香港詩詞學會》網頁：http://www.hkscxh.com/pinglunshow.asp?id=30

楊儒賓：〈變化氣質、養氣與觀聖賢氣象〉，《漢學研究》，第19卷第1期（2001年6月），頁109。

詹宜穎：〈論康有為《中庸注》、《孟子微》、《論語注》對「仁」的詮釋〉，刊於《靜宜中文學報》，2015年第7期（2015年6月），頁95-116。

劉正剛，劉宇力：〈南宋以降虞夫人信仰中心演變研究〉，《暨南史學》，第3期（2018年3月），頁44-57。

劉光漢：〈孔學真論〉，《國粹學報》，第十七期。載《國粹學報（分類合訂本）》，第2卷第4期（1906年）頁82-83。

劉志輝：〈在「孝」以外——《孝經》的現代詮釋〉，載中華書局編輯部編：《經典之門：新視野中華經典文庫導讀（哲學宗教篇）》（香港：中華書局，2017年）。

劉禺生：〈嶺南兩大儒〉，《世載堂雜憶》（沈陽：遼寧教育出版社，1997年），頁236。

劉述先：〈論當代新儒家的轉型與展望〉，載氏著，東方朔編：《儒家哲學研究：問題、方法及未來開展》（上海：上海古籍出版社，2010年）。

黎齊英、張紋華：〈簡朝亮的教育活動與教育思想〉，《韶關學院學報》（社會科學），第35卷第7期（2014年7月），頁55-58。

盧啟聰：〈民國時期「經學概論」類教材與陳延傑的《經學概論》〉，《中國文哲研究通訊》，第28卷2期（2018年6月），頁58-60。

羅志田：〈由器變道：補論近代中國的「天變」〉，《探索與爭鳴》，第8期（2018年8月），頁123。

羅志田：〈近代中國「道」的轉化〉，方維規編：《思想與方法：近代中國的文化政治與知識架構》（北京：北京大學出版社，2015年），頁23-45。

四　學位論文

白紅兵：〈中國近代文學觀念的傳承與裂變——以朱次琦、康有為、梁啟超為線索〉（廣州中山大學博士學位論文，2008年）。

張紋華：〈「九江學派」研究——從朱次琦到簡朝亮〉（華南師範大學博士論文，2011年）。

張惠雁：〈論朱次琦及其詩文創作〉（華南師範大學碩士學位論文，1995年）。

楊翔宇：〈朱次琦學術思想研究〉（華東師範大學碩士學位論文，2005年）。

劉　斌：〈民國《論語》學研究〉（山東大學博士學位論文，2008年）。

五　報刊資料

《人道週刊》

《大公報》

《公平報》

《世界日報》

《丙寅雜誌》

《申報》

《安徽白話報》

《東方雜誌》

《政府公報》

《香港工商日報》

《國粹學報》

《華僑日報》

（乙）英文資料

一　專著

Benedict Anderson, *Imagined Communities: Reflections on the Origin and Spread on Nationalism* (London: Verso,2016).

Chow Kai-wing, *The Rise of Confucian Ritualism in Late Imperial China: Ethics, Classics, and Lineage Discourse* (Standford University Press, 1994), pp. 187-204.

Faure, David, *Emperor and ancestor: state and lineage in South China* (Calif.: Stanford University Press, 2007), pp.291-298.

Ho, Ping-ti, *The ladder of success in Imperial China: aspects of social mobility, 1368-1911* (New York: Da Capo Press, 1976), p.113-134

Joseph Chan,*Confucian Perfectionism: A Political Philosophy for Modern Times* (Princeton: Princeton University Press, 2013), p.17, 29-32.

Joseph R. Levenson, *Confucian China and Its Modern Fates: A Trilogy* (Berkeley: University of California Press, 1965), pp.77-78.

William, James, *The varieties of religious experience* (Mineola: Dover Publications, Incorporated, 2018), p.402.

Zhongli, *The income of the Chinese gentry* (Seattle, University of Washington Press, 1962).

二　論文

Steven B. Miles “Creating Zhu ‘Jiujiang’: Localism in Nineteenth-Century Guangdong.” *T’oung Pao International Journal of Chinese Studies,* 90.4 (December 2004), 299-340.

後記

二○○○年九月，我入讀香港科技大學的文學碩士課程。記得，在上中國哲學專題課的時候，葉錦明教授要求同學簡述選這門課的原因。當時，我表明冀能藉這門課，對儒家哲學作更深入的了解，並將儒學的理念在教育工作的領域上予以實踐。葉師聽罷，笑言若我企圖以儒學「移風易俗」，必然會以失敗告終。逝者如斯，時逾廿載。恐怕，葉師萬料不到，學生愚鈍，年來雖嘗出入釋老，惟慕儒之志，一貫如初。

《孔道追尋的變與不變：以朱次琦、簡朝亮和伍憲子為討論中心》（下稱《孔道追尋》）是我的博士論文題目。猶記得題目擬定之時，業師麥勁生教授屢屢叮囑，要以三人所經歷的時代背景為線，考察他們在求道與弘道的時候，如何就時代所需對所學作出揚棄。麥師的深意，是希望能重構九江一門朱、簡、伍三人求道與弘道的軌跡，從而了解知識人如何更新儒家傳統的思想資源以對應時變。三年過去，博士論文終於在二○二○年十二月殺青，並於翌年三月通過了口試。筆者以為若以學術論文視之，《孔道追尋》無論在材料蒐集、研究深度、理論應用等方面，還有不少有待改善的地方。但若作為弘揚儒道的見證錄而言，本書記述有關朱、簡、伍三位先生的行止，可以說是儒者處世弘道的鐵證。

在本書的討論裡，雖然並沒有涉及儒家是否宗教的問題。但對儒家的「宗教性」或「宗教意涵」的探討，確實是這次研究所隱含的議題。故此，筆者一方面從學理上講，嘗試探討儒學重要理念歷時的變化；另一方面，則企圖突顯儒學的理念如何成為弘道者面對生活困難的支點。眾所周知，世界上任何一種宗教信仰都不可能只著眼於死後何去何從的問題。解決個人在現世生活所遇到的疑難和困惑，也是所有宗教信仰要處理的共同課題。在處理上述課題的時候，儒學從來就不會缺席。透過認識三位儒者的行誼，筆者不僅體味到儒學理念——如「仁」——在生活實踐中的力量，還可以透過拼湊和重整他們的生活與經歷，更加堅定自己履行儒道信仰的決心。如果說本書是研究嶺南九江學派的一個研究報告，毋寧說這是一部儒者實踐儒家信仰的見證書。

拙作承蒙業師麥勁生教授多年以來的悉心指導，並得劉詠聰教授細心提點，終於能順利完成。師恩浩瀚，無以回報，本人謹此向兩位老師致以最高敬意。又在論文口試期間，感謝校外委員香港大學中文學院陳永明教授、香港嶺南大學協理副校長劉智鵬教授；並校內委員鍾寶賢教授、李建深博士，就本論文的觀點及細節作出細意點評，並賜予寶貴意見，使拙作更趨完善，本人謹此致以真誠謝意。

此外，本書能夠成功出版，實有賴張偉保教授的幫忙，更有幸得到楊永漢校長的支持，願意將拙作歸入「新亞文商學術叢刊」系列，並交付臺北萬卷樓圖書股份有限公司出版。而在出版過程中，亦承蒙萬卷樓總編輯張晏瑞先生和學術編輯蘇輗女士的鼎力協助，讓拙作能成功出版。

最後，六載寒暑過去，二十多年的「工讀生涯」也該劃上句號。回想兼讀歲月，工作與學業繁重。曾幾何時，在身心困乏的時候，幾番想過放下黄卷，別去青燈，回復「自由身」。可幸，有賴賢妻支持和鼓勵，才可以繼續走下去，終遂多年宿願。如今拙作付梓在即，現謹將本書獻給愛妻梁月媚女士，以聊表寸心。

大學叢書·新亞文商學術叢刊 1707005

孔道追尋的變與不變：以朱次琦、簡朝亮和伍憲子為討論中心

作　　者　劉志輝
責任編輯　蘇　輗

發 行 人　林慶彰
總 經 理　梁錦興
總 編 輯　張晏瑞
編 輯 所　萬卷樓圖書股份有限公司
　臺北市羅斯福路二段 41 號 6 樓之 3
　電話 (02)23216565
　傳真 (02)23218698

發　　行　萬卷樓圖書股份有限公司
　臺北市羅斯福路二段 41 號 6 樓之 3
　電話 (02)23216565
　傳真 (02)23218698
　電郵 SERVICE@WANJUAN.COM.TW
香港經銷　香港聯合書刊物流有限公司
　電話 (852)21502100
　傳真 (852)23560735

ISBN 978-986-478-552-0
2022 年 2 月初版
定價：新臺幣 400 元

如何購買本書：
1. 劃撥購書，請透過以下郵政劃撥帳號：
　帳號：15624015
　戶名：萬卷樓圖書股份有限公司
2. 轉帳購書，請透過以下帳戶
　合作金庫銀行 古亭分行
　戶名：萬卷樓圖書股份有限公司
　帳號：0877717092596
3. 網路購書，請透過萬卷樓網站
　網址 WWW.WANJUAN.COM.TW
大量購書，請直接聯繫我們，將有專人為您服務。客服：(02)23216565 分機 610
如有缺頁、破損或裝訂錯誤，請寄回更換

國家圖書館出版品預行編目(CIP)資料

孔道追尋的變與不變 ： 以朱次琦、簡朝亮和伍憲子為討論中心 = The unending quest for the Confucian way : with reference to Zhu Ciqi, Jian Chaoliang and Wu Xianzi / 劉志輝著. -- 初版. -- 臺北市 ： 萬卷樓圖書股份有限公司, 2022.2
面 ；　公分. -- (新亞文商學術叢刊 ; 1707005)
ISBN 978-986-478-552-0(平裝)
1.儒家 2.儒學
121.2　　110020173